KB265246

세계 속의 한국의 역사와 문화

이지원(李智媛)

연세대학교 사학과 졸업

연세대학교 대학원 사학과 석사

서울대학교 대학원 역사교육과 박사

현 대림대학 부교수

논저·「1930년대 前半 民族主義 文化運動論의 성격」, 「1920년대 민족주의자들의 民族觀과 '國粹' 인식」, 「역사의 대중화, 역사교육의 대중화」, 「일제하 민족문화인식의 전개와 민족문화운동」 외 다수

세계 속의 한국의 역사와 문화

이지원 지음

초판 2쇄 인쇄 2006년 2월 21일

초판 2쇄 발행 2006년 2월 25일

발행처 · 도서출판 혜안

발행인 · 오일주

등록번호 · 제22-471호

등록일자 · 1993년 7월 30일

121-836 서울시 마포구 서교동 326-26번지

전화 · 3141-3711, 3712

팩시밀리 · 3141-3710

값 12,000 원

ISBN 89-8494-240-5 93910

세계 속의 한국의 역사와 문화

이지원 지음

혜안

책을 시작하며

　최근 주변 국가들의 역사 왜곡과 역사패권주의가 심화되는 상황에서 우리의 역사교육을 강화해야 한다는 주장이 일어나고 있다. 1990년대 중반 이후 세계화의 구호 속에서, 또 유신체제의 잔재라는 매도 속에서 한국사 교육은 중고등학교와 대학교육에서 위축되어 왔다. 그러나 미국이나 유럽의 나라들, 그리고 가까운 일본과 중국은 세계화를 추진하면서도 자국의 역사학과 역사교육을 강화해 왔다. 최근에 문제가 된 일본의 교과서 문제나, 중국의 동북공정은 그러한 활동의 결과물들이다. 이러한 상황에 직면하여 우리사회는 자신에 대한 성찰과 정체성(Identity)을 새롭게 정비할 필요성을 절감하게 되었다. 진정한 세계화는 남을 좇아가는 것이 아니라 나를 중심으로 진실에 바탕을 둔 나와 남의 관계를 발전시켜 가는 것이기 때문이다. 이제 세계화를 위한 우리의 노력은 기술과 자본의 문제가 아니라 기억과 지식의 차원으로까지 확장되기를 요구한다.

　이를 위해 우리는 다시금 거울 앞에 돌아와 우리의 역사를 들여다보지 않을 수 없다. 역사는 과거에 대한 진실과 진실에 대한 기억이다. 우리가 무엇을 기억하느냐는 곧 우리가 누구이며 무엇을 할 것인가를 생각하는 출발점이 된다. 21세기를 살아가는 우리는 무엇을 기억하는가. 이 책은 이러한 물음에 답하기 위한 작은 실천의 일환이다. 특히 세계에서 가장 역동적인 역사를 유전인자에 담고 태어나 무한한 가능성을 열어 나갈 이 시대의 젊은 학생들이 함께 기억하기를 바라며 쓴 책이다.

　효율적이고 경쟁력있는 역사 기억은 보다 객관적이고 풍부한 설명을 필요로 한다. '오천년 역사' 운운의 총론에 묻혀 각론적인 역사 접근이 부재하거나, 배타적 민족감정에 압도되는 일방적 열망의 강요는 흥미롭지도 유익하지도 못한 역사 기억을 남길 뿐이다. 세계화 시대에 경쟁력을 갖는 자국사(自國史)에 대한 기억과 지식은 문화의 다양성을 포괄하고, 민족과 국가를 형성한 이후 삶의 발자취를 보편사(Universal History)의 일환으로 이해하는 능력을 높이는 것이라고 하겠다. 이 책은 이러한 의도를 살리는 방향에서 구상되었다. 이를 위해 이 책은 한국사를 통사적으로 서술하되 구체성을 띠는 주제를 중심으로 체제를 짜서 각각의 시대상을 전달하고자 하였다. 그리고 내용 설명에 있어서 한국사에만 국한된 것이 아니라 보편적인 인류역사의 흐름이나 주변 국가 또는 세계사와의 관계를 배경에 넣어서 서술하였다. 또한 사진이나 그림, 도표 등을 활용하여 시각적인 효과를 높이고자 하였다.

새로운 구상과 의욕를 가지고 시작했음에도 불구하고 내용을 충실히 담아내는 데에는 여러 가지로 미진한 부분이 많다. 앞으로 이 책을 이용하시는 분들의 지적과 충고를 지렛대 삼아 더 많은 고민과 연구를 하여 지속적인 보완을 해나가고자 한다. 끝으로 이 책이 나오기까지 촉박한 시간에도 불구하고 공력을 아끼지 않으신 오일주 사장, 김현숙 편집장을 비롯한 혜안출판사 측에 깊이 감사드린다.

2005년 2월

임곡골에서 이지원

차 례

제2부 고려, 조선의 역사와 문화 · 91

제1부
문명의 발생과 고대 국가의 역사와 문화

1장 선사시대 인간생활과 문화

1) 인간의 진화와 우리의 조상

인류는 언제부터 지구상에 살았고, 우리 조상들은 언제 어떻게 이 땅에
살게 되었는가. 현재의 발달된 과학적 학문의 성과에 의하면, 지구의
역사는 대략 46억 년으로 추정하고 있다. 그리고 사람에 속하는 동물이
나타난 것은 300만 년 전이며, 겨우 2, 3천 년 전에야 비로소 인간이
자신의 생활을 문자로 남기기 시작하였다. 따라서 과거 시간의 99.9%를
차지하는 긴 기간 동안의 인간 역사는 단지 그들이 남긴 흔적을 통해
유추해볼 수 있을 따름인데, 문자에 의한 기록이 없던 시기를 선사(先史)
시대라고 한다.

선사시대의 인간 생활을 연구하는 고고학자들은 지질학, 동식물학 등
과학의 도움을 받으면서, 인류가 남긴 흔적을 통해 선사시대 인간 생활의
모습을 복원하였다. 그 연구 결과에 의하면 인간은 어느 한순간에 현재와
같은 모습으로 지구에 나타난 것이 아니라, 영장류 내부의 진화를 거듭하
여 유인원과 다른 형질적·문화적 특징을 갖추어 나가면서 오늘에 이르
렀다고 한다.

지금으로부터 300만 년 전에 등장한 최초의 인류 오스트랄로피테쿠스
(Australopithecus Afarensis, 남쪽원숭사람)는 유인원과 인간이 분화되는
과정에서 나타난 존재다. 인류 공통의 조상인 이들은 원숭이와 흡사한
외모를 가지고 두발 걷기를 할 수 있었다. 이들의 뒤를 이어 200만 년
전에 손쓰는 사람(Homo habilis)이 출현하여 최초로 뗀석기를 사용한
흔적을 남기고 있다. 그리고 약 100만 년 전 곧선사람(Homo Erectus,
직립원인)이 등장하게 된다. 곧선사람은 오스트랄로피테쿠스에 비하여
두뇌 용량이 훨씬 늘어났으며, 턱도 전체적으로 작아지고 얇아졌다. 두뇌

크로마뇽 동굴벽화

용량의 증가는 대체로 지능이 발달한 것을 의미한다. 또 말 그대로 허리가 훨씬 펴져서 똑바로 설 수 있는 모습으로 변하였다. 세계 각 지역으로 퍼진 이들이 슬기사람(Homo Sapience, 네안데르탈인)으로 진화하게 된 것은 10만 년 전쯤의 일이다. 슬기사람도 현재의 인류에 비하면 이빨과 턱이 앞으로 튀어나와 원숭이 같은 외모를 완전히 탈피하지는 못했다. 현대인과 똑같은 외모와 지능을 갖춘 인류가 나타난 것은 약 4만 년 전의 슬기슬기사람(Homo Sapience Sapience, 크로마뇽인)이다. 프랑스의 크로마뇽 동굴에 그 유명한 동굴벽화를 남긴 크로마뇽인이 그들이다. 이들이야말로 수천만 년에 걸친 영장류 진화의 마지막 결과로서, 현재 지구상에 살고 있는 사람은 모두 슬기슬기사람에 속한다. 구석기시대는 인간이 영장류 내부에서 진화를 거듭하여 유인원과 다른 형질적·문화적 특징

주먹도끼

을 갖추어 나갔던 시기였다.

곧선사람, 슬기사람, 슬기슬기사람 등의 분류는 단지 서양의 이야기가 아니라 우리나라의 선사시대에도 적용할 수 있는 공통된 개념이다. 인간의 진화단계와 그들이 만들어 쓰던 도구의 발전단계를 연결지어 슬기슬기사람이 생활하던 시기를 후기 구석기시대, 슬기사람이 생활하던 시기를 중기, 그 이전 곧선사람이 생활하던 시기를 전기 구석기시대라고 한다.

인류는 자연과 재해, 맹수에 대처하는 데 빈약한 육체조건을 지혜와 손을 사용하여 도구를 만들고 불을 발견함으로써 극복하였다. 이 점은 동물과 비교하면 최대의 장점이다. 한반도에

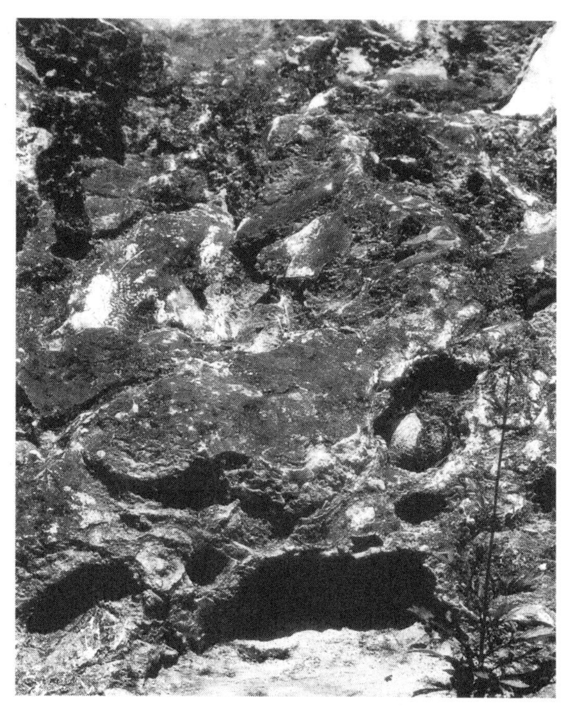

검은모루 동굴

서 인류가 살았던 흔적으로 곧선사람 단계인 70만~50만 년 전 전기 구석기시대의 뗀석기가 상원 검은모루동굴, 단양 금굴 유적, 공주 석장리 등에서 발견되었다. 그러나 맨 처음 이 땅에서 생활한 사람의 뼈는 발견되지 않았기 때문에, 이들의 구체적인 모습은 아직 알 수 없다.

자신의 뼈를 이 땅에 남긴 최초의 사람으로는 역포사람, 덕천사람이 있다. 북한에서 출토된 이 사람들의 뼈는 발견된 지역의 명칭에 따라 이름 지어졌다. 자바원인이나 네안데르탈인, 크로마뇽인이 발견 지역에서 이름을 따온 것과 같다. 겨우 머리뼈 조각의 일부와 어금니 정도를 남긴 이들이 지금 복원할 수 있는 한반도에서 가장 오래된 인류다. 슬기슬기사람의 특징을 보이고 있는 사람뼈는 보다 많이 출토되었다. 북한에서는 아래턱뼈가 출토되어 복원한 승리산사람이 있다. 그리고 청원 두루봉 홍수굴에서는 완전한 개체분의 사람뼈가 발견되었다. 발견자의 이름을 따서 홍수아이로 이름 붙여진 이 주인공은 약 4만 년 전에 살았던 것으로 보인다. 결국 역포사람, 덕천사람은 우리나라의 네안데르탈인이며, 승리산사람과 홍수아이는 우리나라의 크로마뇽인이라고 할 수 있다.

 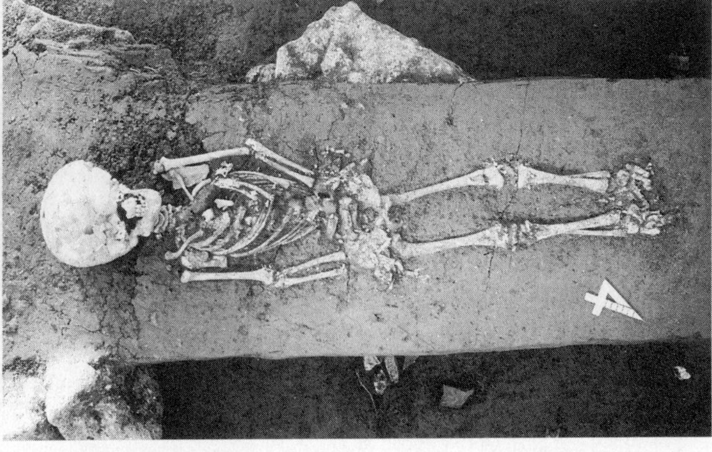

덕천 승리산 사람 복원상　　　두루봉 동굴 출토 흥수아이

　　이들 구석기인들은 우리의 직계 조상인가? 구석기시대 이후 한반도에 거주하며 진화를 계속해 온 이들이, 신석기시대를 거쳐 고유한 우리 민족을 이루었다고 보는 견해가 있다. 그러나 구석기시대에는 빙하기와 간빙기의 환경 변화와 긴 시간의 흐름에 따라 많은 인류의 이동이 있었고 멸종이나 진화의 과정도 거쳤다. 또한 아직은 인종적인 구분도 확실히 드러나지 않았던 시기였다. 결국 이들은 현대의 한국인들에게 체질적 유전 인자를 남기지는 못하였다고 할 수 있다. 따라서 구석기인들이 떠난 다음 한반도 바깥에서 신석기 인들이 이주해 온 것인지, 아니면 구석기인들이 중석기 문화 단계를 거쳐 신석기 문화를 꽃피웠는지 선뜻 단정할 수는 없다고 하겠다.

　　다만 분명한 것은 신석기시대 이후 한반도에서는 주민의 전면적인 이동이나 교체가 없었다는 점이다. 지금으로부터 1만 년 전 마지막 빙하기가 끝나고, 지구는 지금과 같은 지형과 기후, 자연환경이 조성되어 지금까지 이어지고 있다. 이 이후부터 신석기시대가 시작되었다.

　　대체로 이 땅의 주인공인 한국인의 직계 조상은, 신석기시대 이후 한반도에 거주하던 사람들인 것으로 보인다. 신석기시대 사람은 빗살무늬토기를 사용했다고 해서 빗살무늬토기인이라고 부르기도 하는데, 우리나라의 빗살무늬토기인은 고아시아족이라는 견해가 일반적이다. 고아시아족은 본래 동북 시베리아의 변두리 지역에서 생활하던 무리다. 이들은 청동기를 가진 이주민에 밀려 만주, 한반도 등지로 남하한 것으로 보인

암사동 집터(왼쪽)와
빗살무늬 토기(오른쪽)

다. 그리하여 이 지역에 거주하던 사람들과 동화되면서 하나의 종족으로 통일되었는데 이들이 우리나라 사람의 조상이다.

흔히 우리 민족을 단일민족이라고 부르면서 혈통의 순수성을 강조하는 경우가 있다. 그러나 현대 한국인의 혈통은 처음부터 변함없이 단일한 것이 아니었다. 청동기시대 이래로 고조선, 삼국 등의 고대국가를 세운 것은 예족(濊族), 맥족(貊族), 한족(韓族) 들이다. 이들은 크게 보아 언어와 풍습이 비슷하였지만 거주지역이나, 문화발전 정도에서 약간의 차이가 있었다. 이들은 제각기 국가를 세우고 분열과 통합을 거듭하면서 국가와 민족의 통합을 이루어 나갔다. 요컨대 순수한 의미의 단일 혈통에 의한 단일민족은 없다. 현재 우리 민족의 형질적·문화적 특징은 역사적으로 오랜 기간을 거치며 갖추어졌지, 과거 어느 한때에 완성된 모습으로 갑자기 나타나서 지금까지 아무런 변화 없이 이어져온 것이 아니다. '단일한', '유구한' 것을 강조하여 선사시대부터 오늘까지의 우리 민족을 초역사적인 존재로 간주하는 것은 인종적·배타적 사고의 오류를 초래한다는 점에서 경계해야 할 바다.

2) 생산경제와 정착생활

인간 생존의 기본조건을 의·식·주라고 할 때 그 중에 가장 중요한 것은 식, 즉 먹는 것이다. 살아있는 유기체로서 인간은 끊임없이 먹어야만 살 수 있었기에 먹는 것은 생존의 본능이자 욕망이었으며, 오늘날까지도 굶주림은 여전히 인류 최대의 재난이기도 하다. 선사시대 오랜 기간동안 인간들은 자연 속에서 먹을 것을 직접 생산하지 못하고 자연이 만들어 놓은 것을 채집하여 먹고 살았다. 그들은 먹을 것을 구하기 위하여 산이나 들판으로 다니며 열매를 따 모아야 했고, 여럿이 힘을 합쳐 자신보다 덩치가 큰 짐승을 사냥하기도 하였다. 나무열매를 채집하거나 동물을 사냥하려 해도 그것들이 항상 가까이 기다리고 있는 것이 아니었으므로 사람들은 자신의 생명을 유지하기 위한 최소한의 물자를 얻지 못하는 경우가 자주 있었다. 굶어 죽거나 추위에 얼어 죽거나 심지어는 사나운 맹수의 먹이가 되기도 하였다. 채집과 사냥이 주된 식량 획득 수단이었던 이들은 부단히 돌아다녀야 했다.

이 시기 인간 생활에서 중요한 의의를 지니는 것은 불의 이용이다. 약 40만 년 전에 시작된 불의 사용은 인간의 생활을 크게 바꿔놓았다. 사람들은 불을 이용하여 추위를 막고, 맹수의 습격으로부터 자신을 보호할 수 있게 되었다. 또 이전에는 날것으로 먹던 것을 구워 먹을 수 있게 되었다. 더 부드럽고 맛있는 음식을 먹게 된 것이다. 많은 구석기 유적지에서 불을 피운 흔적이 발견되고 있어서 이런 사실을 확인할 수 있다. 그러나 이 기간 동안 인간 생활의 발전은 매우 더디었다. 거의 수십만 년 동안 큰 변화없이 똑같은 생활 방법이 유지되었다. 언제나 먹는 문제를 비롯한 살아남는 문제가 커다란 고민일 수밖에 없었다. 도구 사용법의 발달과 축적된 경험의 전수를 통해 생활에 커다란 변화가 생기게 된 것은 신석기시대에 접어들면서부터였다.

흔히 신석기혁명(The Neolithic Revolution)이라 부르는 농경의 시작은 인간 생활을 생산경제 단계에 들어가게 하여 생존방식을 근본적으로 바꿔놓았다. 씨를 뿌리고 이를 돌보며 수확하기 위해서는 떠돌이 생활을 그만두고 한 곳에 정착하여야 했다. 한반도에서 농경의 흔적은 탄화된 곡물을 통해 확실히 알 수 있다. 황해도 봉산군 지탑리에서는 조와 피가,

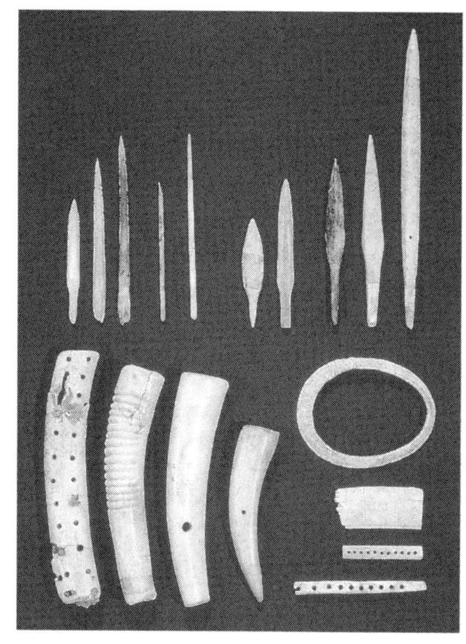

농경용
골각기 및 석기

평양의 남경유적에서는 조가 발견되었다. 또한 농기구도 종종 발견되는데, 평남 온천군 궁산리에서는 사슴 뿔로 만든 괭이, 짐승의 이빨로 만든 낫, 갈돌 등이 발견되었다. 신석기시대에 들어서 식생활에 가장 큰 변화를 가져온 요인은 토기의 제작과 사용이었다. 토기는 음식물을 보관하고 다양하게 조리하는 것을 가능하게 하였다.

농사는 인류의 생산경제를 가능하게 하여 인간의 먹고사는 문제를 한 곳에서 해결할 수 있게 하였으며, 정착생활의 결과 마을이 형성되고 인구도 급격히 늘어나게 되었다. 신석기시대 사람들은 주로 바닷가나 강가, 낮은 구릉지대에 움집을 짓고 생활하였는데, 이러한 집의 바닥은 흙을 고르게 깔거나 불로 구워 단단하게 만든 경우가 많았다. 바닷가나 강가에 살았던 사람들의 흔적으로 대표적인 것이 먹고 버린 조개나 굴껍질이 쌓여서 이루어진 조개무지(패총)다. 뼈로 만든 작살, 매끄럽게 간 돌과 뾰족한 뼈를 연결시켜 만든 낚싯바늘, 흙을 구워 만든 그물추 등도 발견되고 있다. 농경생활에서의 커다란 변화는 쌀농사로부터 시작되었다. 쌀은 다른 곡물에 비하여 영양가가 우수하고 단위면적당 수확량도 많아서 많은 인구를 부양하는 데는 더할 나위 없이 훌륭한 곡물이다. 쌀 재배에 대해서는 인도에서 시작하여 동남아시아로 퍼졌다고 보는 설이 유력하다. 우리나라에서 쌀농사가 시작된 것은 청동기시대인 기원

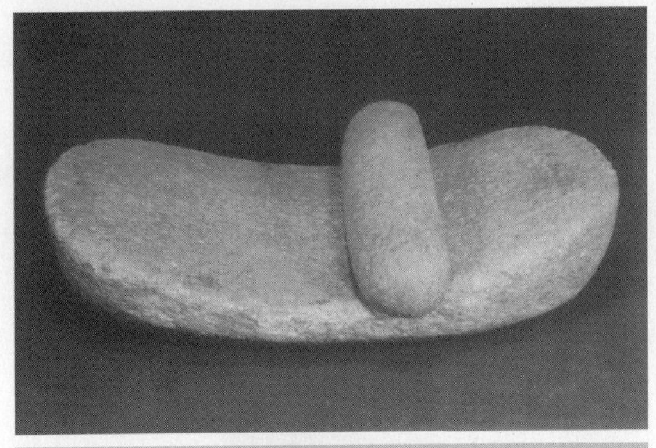

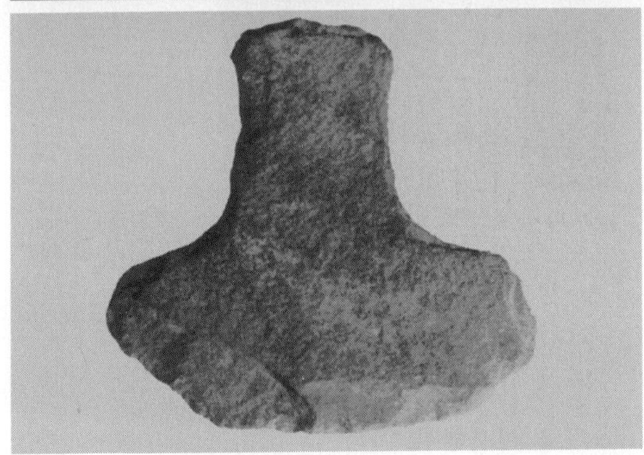

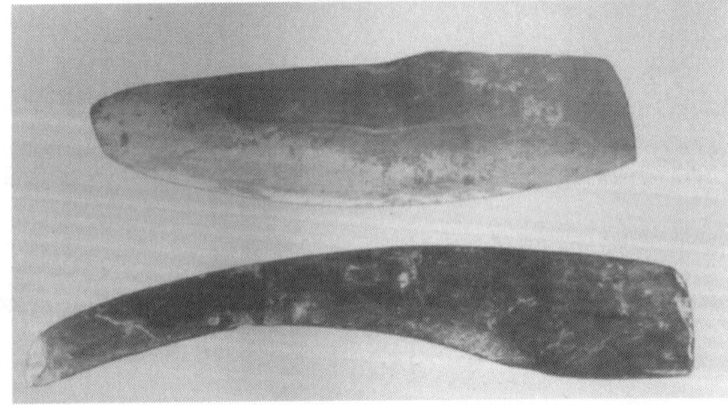

신석기시대 갈돌판, 괭이, 낫

전 10세기경부터라고 파악되는데, 여주 흔암리, 부여 송국리, 평양 남경유적 등에서 탄화된 쌀이나, 토기 바닥에 볍씨의 흔적으로 남아 있다.

농사를 짓고 정착함으로써 이전에 비하여 안정된 생활을 누리게 되었다고 하지만 신석기 시기에도 거대한 자연 앞에서는 혼자만으로 생존하기는 어려웠다. 대부분의 노동을 힘을 합쳐서 해야 했고, 따라서 결과물은 평등하게 나누어 가질 수밖에 없었다. 대체로 씨족의 지도자는 경험이 많은 원로가 맡았다. 그의 주도하에서 회의를 통해 생산과 분배가 공동으로 이루어졌다. 그러나 이 사회의 평등은 인간의 생산력 수준이 보잘것없었기 때문에 가능한 것이었다. 이와 같이 공동으로 생산하고 공동으로 분배하는, 불평등이 없는 사회를 원시공동체 사회라고 한다. 또한 농사 자체가 자연조건에 절대적으로 의존할 수밖에 없는 상황에서 자연에 대한 관심은 클 수밖에 없다. 신석기시대 사람들은 사람은 물론 산이나 바위 등 모든 자연물에 영혼이 있다는 믿음을 갖고 있었으며, 풍요를 비는 주술적인 의미를 갖는 물건들을 만들기도 하였다. 부산 율리 패총이나 양산 신암리 유적에서 출토된 여성의 모습을 표현한 흙인형 같은 것이 대표적인 예다.

2장 청동기문화와 한민족의 형성

1) 비파형동검 문화권

　신석기 말기에 농경이 시작된 이래, 기원전 10세기경 청동기시대로 접어들면서 농업생산력은 크게 높아졌다. 다양한 석기 농기구가 사용되는 한편 농법이 발달하여 고랑과 이랑을 만들어 밭농사를 시작하였고, 벼농사가 보급되어 본격적으로 농업생산을 하게 되었다. 이에 생산물과 생산도구를 독점적으로 소유하는 계급이 형성되고 원시공동체 사회는 해체되면서 국가가 성립되었다. 국가의 성립은 공통의 생활기반과 혈연적·문화적 동질성을 갖는 민족의 형성을 촉진하였다. 이러한 국가 형성 단계의 문명 수준을 보여주는 대표적인 유물로서 비파형동검을 꼽을 수 있다. 인간이 사용한 최초의 금속인 청동기의 용도는 주로 무기나 공구·장신구였다. 청동제 칼, 창, 화살촉 등은 이웃 집단과 전투를 벌이거나 집단 내부의 권력을 유지하는 데 위력을 발휘하였다. 청동제 무기로 무장한 사람들은 그렇지 못한 사람과의 전투에서 우위를 점할 수 있었고, 사회적으로 우월한 지위에 올라선 사람들은 자신들의 권위를 과시하는데 청동제 장신구와 의식용 기구들을 이용하였다.

　칼날이 비파(琵琶)

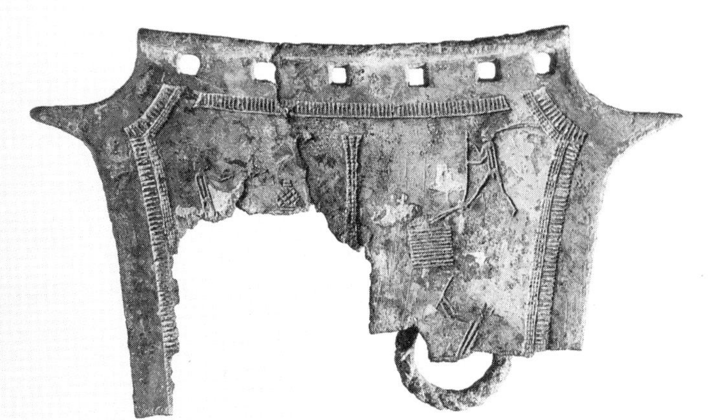

대전지방에서 출토된 농경문 청동기

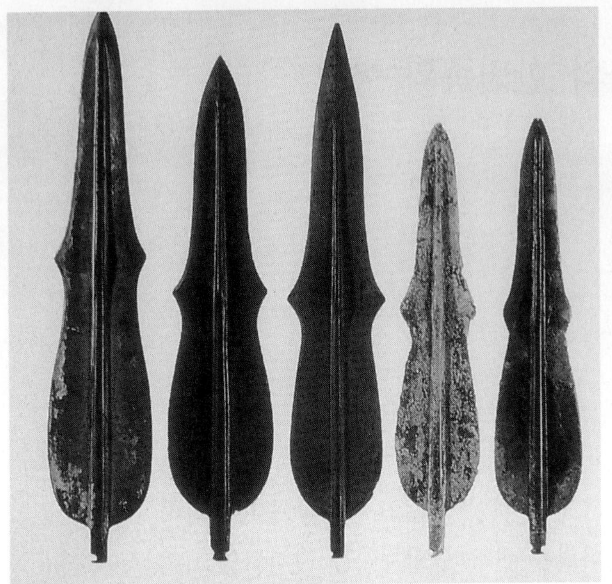

비파형동검(왼쪽)과 세형동검(오른쪽)

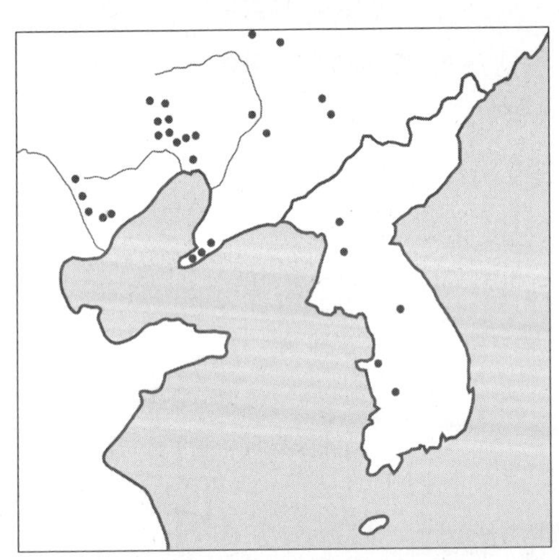

비파형동검 출토지

모양에 조립식인 비파형동검은 한반도 전역에서 출토되는데, 초기의 것들이 랴오닝(遼寧) 지방의 요하유역에서 집중적으로 발견되었다. 이는 한국인의 조상들이 랴오닝 지방을 중심으로 거주하다가 점차 한반도로 들어왔음을 보여주는 증거로서, 중국인들은 비파형동검 문화권에 건설된 사회를 일찍부터 동이(東夷)라고 불러 자기들과 구분하였다. 대체로 동북아시아의 청동기문화권을 동검을 표지로 하여 구분할 경우, 손잡이가 검 몸과 붙어 주조되며 동물장식이 있는 북방식(Ordos식) 동검문화권, 날이 곧고 손잡이도 함께 만든 동주식(東周式) 동검문화권, 그리고 비파형동검문화권으로 나눌 수 있다. 이 때 비파형동검문화권은 랴오닝-쑹화강(松花江)-한반도에 걸치는 청동기문화권과 거의 일치하며, 넓은 의미의 예맥족(濊貊族)문화권이라 할 수 있다.

이러한 비파형동검문화는 역사상으로는 고조선 사회와 깊은 관련이

있었던 것으로 보이며, 이 문화 이후 단계의 한국식 동검(세형동검)문화
는 비파형동검문화의 바탕 위에서 이루어진 것이 확실하다. 또한 비파형
동검문화권은 대체로 빗살무늬토기가 출토되는 지역의 범위와 일치하는
데, 이를 통해 이미 신석기시대부터 한민족의 토대가 형성되었음을 알
수 있다. 즉 토착의 빗살무늬토기인들과 새로 유입된 청동기인들이 오랜
기간에 걸쳐 민족적·문화적 융합 과정을 거치면서 발전하여 독자적인
민족 단위로 파악할 수 있는 문화적 동질성을 갖게 된 것이다.

2) 고인돌이 전하는 시대상

비파형동검의 출토지역은 고인돌이 발견되는 범위와 대략 일치한다.
고인돌은 한국의 청동기시대를 대표하는 거석기념물이다. 우리나라에는
중국, 일본 등 동아시아 다른 나라와는 비교도 되지 않을 만큼 많은 고인
돌이 있다. 수만 기에 이르는 많은 고인돌이 내륙은 물론 제주도에까지
퍼져 있어서 쉽게 눈에 띈다. 고인돌은 커다란 돌을 가지고 만든 구조물
로서 종교적인 의식을 위한 제단의 성격을 띤 것도 일부 있기는 하나,
선사시대 이래의 공통된 매장풍습을 보여주는 무덤이다.

우리나라의 고인돌은 적어도 4톤 이상이며, 큰 것은 수십 톤이나 된다.
대개 거대한 탁자형은 중국 동북지방에서부터 한반도 중·북부지방에서
많이 발견된다. 한편 중부 이남지방에서는 몇 개의 작은 돌 위에 커다란

고인돌

돌덩이를 올려놓아서 바둑판 모양으로 만든 것을 흔하게 볼 수 있다.

거대한 탁자형 고인돌을 만들기 위해서는 수십 명, 많은 경우에는 수백 명의 노동력이 필요하였다. 또 대체로 평지의 고인돌 주변은 바윗돌이 나지 않는 지역인 경우가 많고, 심지어는 수킬로미터 주변에서는 바윗돌을 찾아보기 어려운 곳에 고인돌이 있는 경우도 많다.

고인돌은 매장의 풍습과 죽음에 대한 공동의 의식을 상징하는 조형물이지만, 고인돌이 만들어지는 시대의 상황을 이해하는 여러 가지 코드를 담고 있다. 우선 수톤에서 수십만 톤에 달하는 무거운 돌을 운반하기 위해서는 많은 인력이 필요하였다. 또 이들 인력을 먹이기 위한 생산물의 축적이 필요하였다. 그리고 이러한 인력을 동원하고 부리기 위한 통솔력 등이 기본적으로 요구되었다. 따라서 고인돌에 묻힌 자는 당시의 족장이거나 또는 그것을 뒷받침할 수 있는 경제적 능력이 있는 자였다. 또는 그들의 가족들로 생각할 수 있다. 이들은 신석기 후기에 나타나기 시작한 부족장의 후예로서 그 부족의 전통을 계승한 자였을 것이다. 그들은 농업 생산의 증가에 따른 생산물을 자신의 소유로 만들었다. 그리고 자신을 부족과 신의 중재자, 신의 사자라는 것으로 정당화하여 지배자로 군림하게 되었다.

그들의 지배한 사회의 규모는 어느 정도였을까? 강화도 부근의 고인돌은 덮개돌 하나의 무게만 약 80톤 정도다. 이 정도의 큰 돌을 운반하기 위해서는 대략 장정 500여 명은 필요하였을 것이다. 청동기시대의 집터 크기로 보아 한 가족의 규모는 5인 정도로 추정되므로, 이 족장이 지배하는 지역의 인구는 대략 2,500명 정도의 규모였다. 따라서 족장은 이 정도 인구의 집단을 지배하는 권력을 가진 자라고 볼 수 있다. 또 전북 고창의 죽림리를 비롯한 여러 지역에는 수십, 수백 기의 고인돌이 한 곳에 널려 있는 곳도 있다. 이것은 고인돌이 여러 대에 걸친 당시 사회의 지배자의 가족 공동묘지로 이용되었음을 보여주는 예라고 볼 수 있다. 이 무덤떼는 많은 노동력을 동원하여 개인의 무덤을 만들 수 있었던 지배자의 권력이, 여러 대에 걸쳐 계속되었음을 반영하는 것이다. 또 그것을 뒷받침할 수 있는 생산력 수준의 향상을 보여주는 것이기도 하다. 죽은 사람을 씨족 또는 가족 공동묘지에 정해진 질서에 따라 묻는 풍습은 영혼 숭배와도 관련되어 있다. 당시 사람들은 죽은 다음에도 영혼은 계속 남아 후손들에

고창 죽림리
고인돌

게 영향을 미치는 것으로 생각하였다. 그 같은 관념은 주검 곁에 그가 쓰던 물건과 음식을 담은 그릇을 함께 묻는 데서도 나타나고 있다.

고인돌에서 나오는 부장품들에는 청동기 유물들이 많다. 칼, 창 화살촉 등의 무기와 공구·장신구나 의식용 기구 등 위주다. 사회적으로 우월한 지위에 올라선 사람들은 자신들의 권위를 과시하는 데 청동제 장신구와 의식용 기구들을 유용하게 이용하였다. 번쩍이는 청동 장식품들을 몸에 매달거나 손으로 흔들어 자신이 하늘로부터 선택된 자임을 내세우면서 많은 사람들을 거느릴 수 있었다.

고인돌과 거기에서 나오는 부장품들은 청동기시대가 신석기시대와 다른 사회로 돌입하였음을 말하여 준다. 그것은 공동체 성원 사이의 사회적·경제적 차이와 불평등이 발생하고 권력에 의한 인간의 지배가 가능했음을 보여주는 것이다. 수십만 톤의 거대한 덮개돌을 얹은 고인돌을 만들기 위해서는 수많은 사람들의 시간과 노력을 필요로 하는 것인데, 이는 많은 사람들을 동원해서 거대한 무덤을 만들어 자신의 권위를 드러내려고 한 지배자가 등장하였음을 말하는 것이다. 이 지배자들은 다른 집단과의 교역이나 전쟁을 주도하면서 더 많은 사유재산을 축적하고

부를 독점함으로써 자기 집단 내에서 권력을 증대시켜 갔다. 그리하여 이제는 평등한 사회의 지도자가 아니라 불평등한 관계를 바탕으로 한 정치적 권력자, 지배자로 행세하기 시작하였다. 지배자들이 고인돌을 만든 이유는 커다란 기념물을 세움으로써 죽은 사람의 영혼이 신에게로 간다거나, 후손에게 좋은 영향을 끼친다고 생각했기 때문이다. 또 이것을 기회로 해서 죽은자의 권력을 계승하고, 그것을 과시함으로써 자신의 지배력을 확고히 하려는 의도였다. 고인돌이 만들어진 것은 청동기 문화가 전개되면서 구성원 간의 평등한 관계를 바탕으로 한 원시공동체 사회가 붕괴하고, 사회적으로 우세한 집단이나 개인이 등장하는 상황을 반영하는 것이었다. 이들은 서로간에 정복과 복속을 통한 통합 과정을 거치면서 점점 더 큰 규모의 정치집단을 형성하였으니, 한민족의 '국가'는 이렇게 해서 역사에 모습을 드러내게 되었다.

3장 천손족 단군과 고조선

1) 신화(神話)의 역사성

고대사회 역사에 대한 기록의 첫 장에는 항상 신화가 등장한다. 거기에는 인간의 능력으로는 범접할 수 없는 세계와 초월적인 위력을 갖는 신들의 이야기가 펼쳐진다. 그러나 신화가 사람들에게 받아들여지고 공감을 얻는 것은 인간의 언어와 추상능력의 범위 내에서 납득할 수 있도록 대상이 의인화되고, 집단적·사회적 경험이 담겨 있기 때문이다. 신화세계의 주인공은 신과 그 자손들이지만 거기에는 인간이 자연계와 맺고 있던 관계 또는 인간 상호간에 맺고 있던 사회관계가 간접적으로 표현되어 있다. 그것은 정착문명·계급사회의 시작과 함께 형성된 관념 형태다. 현재 우리에게 전하는 신화는 과거 어떤 특정한 시점에 완전한 형태로 정착된 것이 아니다. 신화의 원형은 고대인들이 경험한 지식이 객관화된 것인데, 그 경험은 개인적인 것이 아니라 집단적·사회적인 것인 만큼 그 자체 역사의 산물이다. 민족과 집단에 따라 신화가 형태와 내용을 달리하는 것은 이 때문이다. 요컨대 신화는 민족이나 집단의 여러 가지 사회적 의식 형태들 중 하나다.

우리나라의 고대 신화는 나라를 세우는 과정과 연관된 '건국신화'가 많다. 이 신화의 주인공들은 나라를 세운 시조왕들이고, 그들이 세운 각 나라들은 신의 혈통을 이어받은 권위와 자부심을 합리화하고 부각시키는 공통점을 띠고 있다. 고조선의 단군신화나 부여의 해모수신화, 고구려의 주몽신화, 신라의 혁거세신화, 가야의 수로신화 등에서 그 주인공들은 하늘과 관련되어 묘사되는데 천제(天帝)나 천제의 자손으로 등장하고 있는 것이 그 단적인 예다. 그리고 그러한 신성한 왕들이 다스리는 나라는 다른 어느 나라보다 우월한 나라라는 자부심도 아울러 가질 수 있었

다. 건국신화는 인간세계의 이야기를 '신'들의 권위에 가탁하려는 고대
적 관념의 산물로서, 지배층을 중심으로 하는 천손족 사상이 강조되면서
고대사회 지배층들의 지배이데올로기로서 중요한 구실을 하였다. 건국
신화는 원시 공통체사회의 여러 가지 경험과 의식들이 계급사회의 발전
과정에 영향받아 계급의식·국가의식을 반영하며 윤색되고 합리화되어
나타나고 있었다.

2) 단군신화와 고조선

　단군신화는 한민족이 세운 최초의 국가인 고조선의 건국 과정에 대한
신화다. 단군신화가 실려 있는 가장 오래된 기록은 13세기 후반 일연(一
然)의 『삼국유사(三國遺事)』다. 삼국유사에는 「고기(古記)」에서 인용한
다음과 같은 내용이 실려 있다.

　……옛날에 하늘나라의 왕 환인(桓因)의 아들 환웅(桓雄)이 인간세상
을 지망하더니 그 아버지의 허락을 받았다. 환웅은 천부인(天符印) 세
개를 얻어 3천 명의 무리를 거느리고 태백산 꼭대기 신단수(神檀樹)

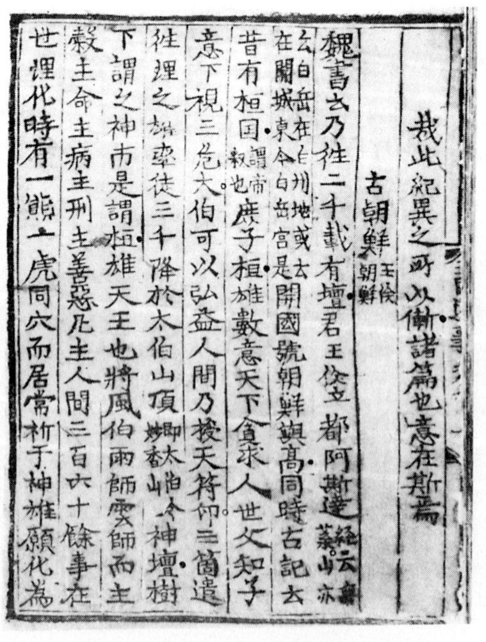

『삼국유사』의 고조선 부분 원문

아래 내려와 그 곳을 신시(神市)라 이름하였
다. 그리고 바람, 비, 구름을 관장하는 자(風
伯·雨師·雲師)들을　거느리고　곡식·목
숨·질병·형벌·선악 등 무릇 인간세상의
360여 가지 일들을 주관하였다. 때마침 곰
한 마리와 범 한 마리가 나타나 환웅에게
인간이 되게 해달라고 빌었다. 환웅이 이들
에게 신령스러운 쑥과 마늘을 주면서 이것
을 먹고 100일 동안 햇빛을 보지 않으면 인
간이 된다고 가르쳐주었다. 그러나 참을 성
없는 호랑이는 굴을 뛰쳐나가 버렸고, 이를
잘 견뎌낸 곰은 여자[熊女]가 되었다. 웅녀가
항상 신단수 아래에서 어린아이를 낳게 해
달라고 기원하자 환웅이 잠시 변해 혼인하
여 아들을 얻으니 그의 이름이 단군왕검(檀
君王儉)이다. 그는 중국의 요임금이 즉위한

지 50년에 평양성에 도읍을 정
하고 나라이름을 조선이라 하
였다. 1,500년 동안 나라를 다
스리다가 주나라 무왕이 즉위
한 해에 기자(箕子)를 조선에
봉하므로 장당경(藏唐京)으로
옮겼다. 뒤에 아사달로 돌아와
숨어 산신이 되니 이 때 나이
가 1908세였다.

단군신화는 그 서술구조나
등장인물의 성격이 후대 건국
신화들의 형식을 두루 갖추고
있다. 이는 후대에까지 고조선
이 최초의 국가로 인식되어 온
사실과도 연계가 된다. 단군신

단군영정

화의 중심 구도는 하늘에서 내려온 천손족 환웅과 지상의 웅녀가 결합하
여 단군을 낳았다는 데 있다. 이러한 천강신화(天降神話)는 동북아시아
여러 나라에서도 나타나는 건국신화의 기본구도 가운데 하나다. 하늘나
라 왕 환인(桓因)은 천신·태양신을 상징하는 것으로 단군이 환인의 손자
라 함은 곧 태양신의 손자라는 뜻이다. 그러나 환인이라는 용어 자체는
산스크리트어 Sakrodevendrah라는 말의 한자어인 석제환인다라(釋帝桓
因陀羅)에서 나온 말이다. 환웅은 환인과 마찬가지로 태양신 또는 천신을
뜻하며 웅녀와 혼인한 것으로 보아 남자신이다. 이에 비해 곰은 땅신이나
여성을 뜻하는 것으로 환웅과 결합하게 된 정치집단을 상징하는 것으로
볼 수 있다.

단군신화에는 고대국가의 건설을 추동하는 중요한 요소들을 상징적으
로 함축하고 있다. 환웅이 하늘에서 데리고 온 풍백·우사·운사 등은
농경의 발전을, 곡식·형벌을 비롯한 인간사 360가지 일을 관장한 것은
당시 사회가 분화하여 지배계급이 경제생활과 사회생활을 주도하고 있
었던 것을 반영하고 있다. 또 환웅이 무리를 이끌고 태백산에 내려와
웅녀와 결합한다는 내용에는 당시 종족집단의 활발한 이동과 정복이라

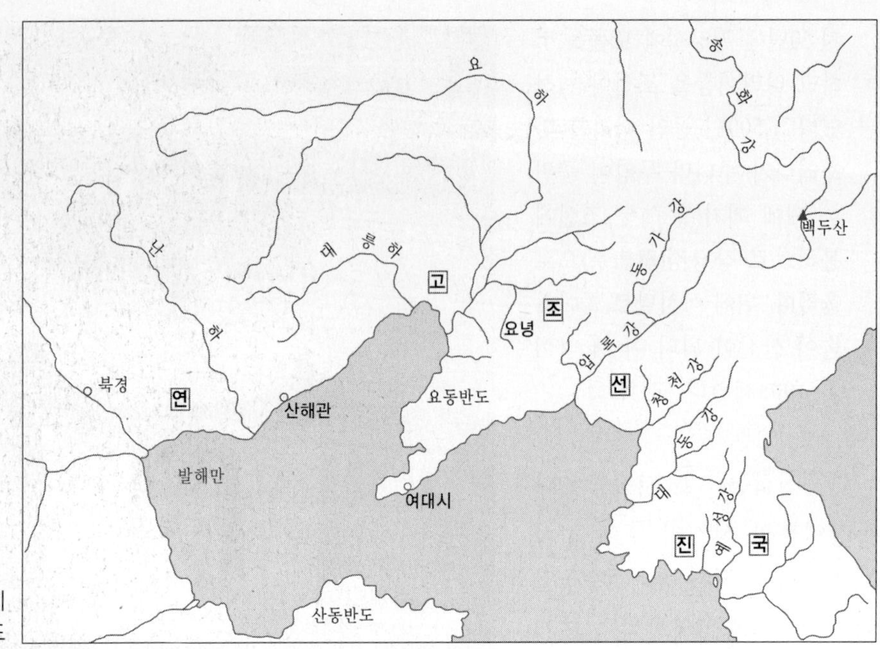

기원전 4세기
동아시아 형세도

는 사실들이 반영되어 있다. 환웅과 웅녀의 결합으로 태어난 단군왕검은 유이민집단과 토착집단을 아우르는 대표성을 갖는 존재다. 유이민집단과 토착집단의 융합의 산물로 대표성을 보장받는 지배자는 신성한 종교적 기능과 세속적인 정치적 기능을 한 몸에 지닌 지배자 즉, '단군왕검(檀君王儉)'으로서 제정일치적인 존재였다. '단군'은 무당 또는 하늘을 뜻하며 제사장의 의미를 지니고 있고, '왕검'은 정치적 군왕을 뜻하는 '임금'이다. 따라서 단군왕검이란 특정한 어느 개인을 가리키는 것이 아니라 당시 사회에 통용되던 보통명사와 같은 것이다. 이러한 칭호를 가진 지배자는 하늘로부터 받았다고 믿는 천·부·인(天·符·印) 3개를 권위의 상징으로 삼고 종교행사를 주관하면서 현실의 지배자 구실도 하였다. 이와 같은 상태는 제정일치적인 고조선 초기의 모습을 잘 반영하고 있다.

고조선은 북방계통인 예족(濊族)과 맥족(貊族)을 중심으로 이루어졌다. 이들 예족과 맥족은 언어와 생활풍속이 대체로 동일한 종족의 갈래로서, 한반도 서북부와 요동반도 일대를 포괄하는 발해만 연안에 정착하여 살고 있었다. 기원전 7세기경 고조선의 실체에 대한 기록이 중국의 역사책『관자(管子)』나『산해경(山海經)』에 나타나고 있다. 이들 기록에 의하면 고조선은 중국 제(齊)나라와 교역을 하였고, 발해만 북쪽 요하유역에서 한반도 서북지방에 걸쳐서 성장하고 있던 여러 지역집단으로 서술되고 있다. 그 후 기원전 4세기 무렵에는 조선후(朝鮮侯)가 스스호 '왕'을 칭하고 군사를 동원하여 중국의 전국7웅(戰國七雄) 가운데 하나인 연(燕)과 대립할 정도로 성장하였다.

3) 고조선의 성장과 한(漢)과의 전쟁

기원전 3세기 말 중국은 춘추전국시대의 격동기를 거쳐 진(秦)에 의해 통일되고 뒤이어 한(漢)이 건국되었다(B.C. 202). 이 때 고조선은 패수(浿水)를 경계로 한과 접하게 되었다. 이 무렵 위만(衛滿)이 무리를 이끌고 고조선으로 이주해 와서 서쪽의 1백리를 통치하며 변방을 수비하였다. 그러나 위만은 한과 고조선의 긴장관계를 이용하여 준왕을 몰아내고 정권을 차지하였다(B.C. 198). 위만은 집권 후 강대한 군사력과 경제력을 가지고 진번, 임둔 등 주변세력을 복속하는 한편 남쪽의 진국(辰國)을 비롯한 여러 나라와 한과의 중계무역을 독점하면서 세력을 강화하였다. 한은 이러한 고조선의 성장에 불만을 품고 무력침공을 시도하였으니, 한의 무제(武帝)가 5만 명이 넘는 군대를 동원하여 고조선을 공격하였던 것이다. 고조선은 처음에는 한군을 패배시켰으나, 계속되는 공세에 밀려 수도 왕검성이 포위되었다. 한의 대군에 포위된 왕검성의 지배층 내부에도 동요가 일어나 1년 가까이에 걸친 항전에도 불구하고 고조선은 멸망히였다(B.C. 108).

고조선이 한의 대군과 맞서 1년 가까이 버틸 수 있었던 것은 고조선의 철기문화나 이를 기반으로 한 군사력이 한에 비해 뒤떨어지지 않았기 때문이다. 고조선 후기에는 철기문화의 보급이 한층 강화되면서 농업과 수공업이 더욱 발전하였고 대외교역도 확대되었다. 그리고 이러한 경제적 발전을 기반으로 정치적 통합도 한 단계 진전되어 갔다. 고조선 후기에는 세습적 지위를 누리던 국왕을 정점으로 하여 그 아래에 관료기구를 갖추고 있었다. 기원전 4세기 무렵에는 대부라는 관직이 보이며, 기원전 2세기 무렵에는 비왕이나 조선상, 니계상 등의 상, 대신 등의 중앙 최고 관직, 그리고 장군 등의 무관직이 있었다.

이와 같은 중앙 관료기구와 상비군을 기반으로 고조선의 중앙정권은

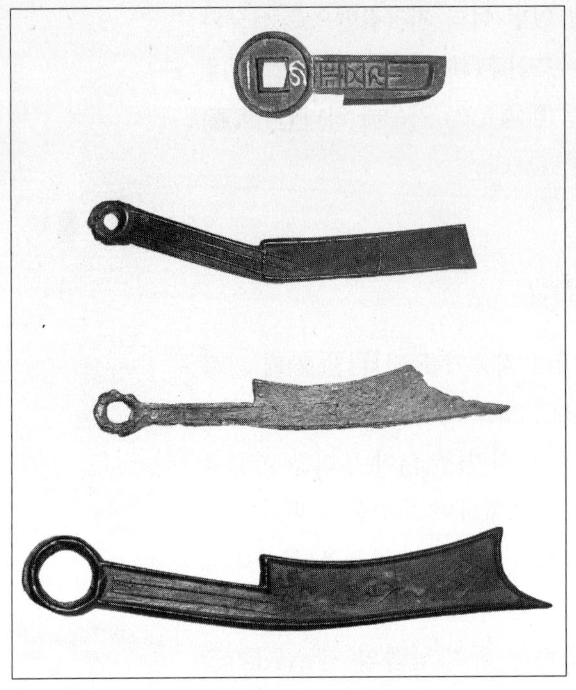

명도전

지방세력을 통제하였다. 특히 기원전 2세기 무렵에는 대외무역권과 군사권을 중심으로 통제력이 보다 강화되었다. 예군 남려 세력이나 진번, 임둔 등은 고조선 세력권의 외곽에 편입된 세력집단으로서 고조선 정권은 중국과의 교섭이나 무역을 중계하면서 이들을 자기 영향권 아래 두고 거느릴 수 있었다. 그러나 아직 이 시기의 지방세력은 내부적으로 상당한 독자성을 유지하고 있었으며, 중국정권과의 관계도 다양한 형태를 띠고 있었다.

고조선 사회 내부의 성격은 남아 있는 형률을 통해 알 수 있다.『한서(漢書)』지리지에 전해지는 8조의 범금 가운데 3조가 그것이다.

사람을 죽인 자는 사형에 처한다.
남에게 상해를 입힌 자는 곡물로써 배상케 한다.
도둑질한 자는 그 집의 노비로 삼는다. 단 노비를 면하고자 할 때는 50만의 돈을 내야 한다.

사람을 죽인 자를 사형에 처하는 것은 인간의 생명을 중시하는 고조선 사회의 기본율을 보여준다. 상해를 입힌 자에게 곡물로써 배상하게 한 것이나 도둑질한 자를 그 집의 노비로 삼는 것은 인간의 노동력을 경제적 가치로서 인식하고 있음을 보여준다. 특히 노비의 존재는 계급분화의 산물로서 당시 경제적으로 빈곤한 처지에 있거나, 형벌이나 채무 등으로 인하여 평민이 지배층의 노예로 떨어지는 경우가 많았음을 보여준다.

한편 고조선이 발전함에 따라 그 영향으로 주변지역에서도 여러 국가가 등장하였던 사실에 주목할 필요가 있다. 나중에 고조선에 편입된 예

(濊)·진번·임둔 등과 지금의 만주 길림(吉林) 지역에 자리잡은 부여,
한반도 중부 일대에 소규모의 정치체를 통솔하였던 진국(辰國) 등이 독자
적인 국가로 발전하였다. 고조선을 멸망시킨 이후 한은 동방정책의 수행
을 위한 전진기지로서 과거 고조선의 세력권 안에 4군(郡)을 설치하였다.
그러나 고조선 단계에서 국가 경영을 경험한 사회 기반은 쉽사리 해체되
지 않았다. 오히려 철기문화가 한 단계 진전되고 외부로 확대되면서 고조
선의 외곽지역에는 새로운 국가들이 형성되었던 것이다. 압록강 중상류
지역에는 부여의 후예로서 고구려가 나타났고, 진국 사회를 비롯한 한반
도 내에서는 고조선 유이민의 이주에 따라 철기문화가 확대되면서 마
한·변한·진한의 삼한이 등장하였다.

4장 고구려·백제·신라·가야의 나라 세우기

1) 고구려

고조선 멸망 이후 고대사회의 발전은 기원전 4세기 무렵부터 철기문화 보급 이후 한사군과 대립하며 정치적 성장의 길을 걸었던 고구려의 성립으로 가시화되기 시작하였다. 나(那)나 노(奴)로 불린 집단이 현도군을 몰아낸 뒤 정치적 통합을 이루면서 좀더 규모가 커지고 조직화된 단위정치체인 여러 개의 부(部)를 형성하였다. 이러한 몇 개의 부가 중심이 되어 연맹체 형태로서 고구려 국가가 성립하였다. 처음에는 소노부(消奴部)가 연맹체의 주도권을 장악하였으나, 곧 북부여에서 이주해 온 계루부(桂婁部)가 대두하여 고구려 사회를 이끌었다.

주몽이 고구려를 건국하는 과정은 옛 고구려의 수도인 중국 집안시(集

동명왕릉

오녀산성

安市)에 있는 광개토대왕비와 중국의 역사책『위서(魏書)』와 우리의『삼
국사기』,『삼국유사』, 이규보의『동명왕편』등에 신화 형태로 전해지고
있다. 각 문헌마다 약간씩 내용의 증감은 있으나 거의 대동소이하다.
천제의 아들 해모수와 물의 신 하백의 딸 사이에서 태어난 주몽은 좋은
혈통임에도 불구하고 나라를 세우기까지 숱한 어려움을 겪는 것으로
묘사되고 있다. 태어나자마자 버려질 운명이었으며, 뛰어난 활 솜씨 때문
에 부여왕과 왕자들의 질투를 받았고, 새로운 땅 졸본에 도착하여서는
비류국 송양왕의 도전을 받았으나 마침내 송양왕과의 활싸움에서 승리
하여 비류국을 통합하고 고구려의 건국을 완성하였다. 이러한 어려움을
묘사하는 것은 주몽이 고구려를 세운 시대가 단군이 고조선을 세운 시대
와는 다른 분위기임을 짐작하게 해준다.

　기원전 4, 5세기부터 만주와 한반도 일대에 철기문화가 보급되면서
기존의 사회체제는 크게 흔들리게 되었다. 이 때 한나라의 침입으로 고조
선은 멸망하였고, 그 주변지역들은 한의 영향력 아래에 놓이거나 작은
나라들로 해체되었다. 이 과정에서 부여와 고구려 등 몇몇 세력은 보다
강력한 지배체제와 권력구조를 갖춘 새로운 연맹국가를 세우고자 하였
다. 주몽의 건국신화에 보면 주몽은 동부여에서 성장하여 자기 세력을
키운 후, 졸본(압록강 중류 동가강 유역)으로 이동하였는데, 이동하는
과정에서도 미리 정착하였던 예맥의 약소 세력을 포용하였고, 졸본지역

광개토대왕비

의 토착세력인 송양의 비류국(소노부)을 통합하면서 더욱 큰 세력으로 성장하였음을 알 수 있다. 이 새로운 형태의 연맹국가는 강력한 권력을 행사하기에 적합한 영웅과 같은 능력을 지닌 왕을 필요로 하였다. 주몽은 그러한 사회적 요구에 부응하여 등장한 새로운 국가의 건설자였으며, 위기 극복의 지혜와 무술을 지닌 능력있는 영웅이었다. 또한 그는 철기의 보급으로 더욱 생산력이 높아진 농경사회에 필수적인 빛(해모수)과 물(하백)의 신성한 혈통을 지닌 인물로서 묘사되었다. 농경문화가 발전할수록 태양신과 수신에 대한 숭배가 무르익어 갔는데, 현실사회의 정치적 지배자는 그러한 신의 자손으로 자처하면서, 혈통상 일반민과 자신을 엄격히 구분하려 하였다.

고구려의 성장은 국가체제를 중앙집권적 형태로 변화시켜 나갔다. 2세기 이후 고구려는 지배체제를 정비해 나가는 한편, 대외적으로도 활발하게 세력을 팽창하였다. 계루부를 중심으로 하는 5부체제가 성립된 태조왕 때는 요동·현도·낙랑 등 중국 군현을 대대적으로 공격하였고, 동옥저와 동예를 비롯한 주변 종족을 복속시켰다. 4세기 초반 미천왕 때에는 그동안 한반도 서북부에 존속하고 있던 낙랑군과 대방군을 잇따라 공격하여 완전히 병합하였다. 한반도 내 중국 군현의 축출은 고구려의 대외팽창 과정에서 획기적인 사건이었다. 이제 고구려는 척박한 토양과 농경에 불리한 기후조건을 가진 압록강 중류지역을 벗어나 물산이 풍부한 남쪽 농경지대로 진출할 수 있게 되었던 것이다.

그리하여 4세기 소수림왕 때에는 고구려 사회 내부의 체제를 효과적으로 재정비할 수 있게 되었다. 소수림왕은 전연을 멸망시킨 전진과 평화관계를 수립하고 불교를 받아들임으로써, 부족적인 분열을 극복하여 국민의 사상적 통일을 꾀하였다. 또 태학(太學)을 세워 새로운 인재 등용의 기준을 마련함으로써 새로운 관료층을 확보하고, 율령을 제정하여 국왕 직속의 관료조직을 확대함으로써 대가(종래의 부족장)들이 독자적인 관리들(사자, 조의, 선인)을 거느리지 못하게 하였다. 이러한 소수림왕의 개혁은 뒤를 이은 광개토왕, 장수왕 때에 펼쳐진 고구려 전성시대의 바탕이 되었다.

5세기는 고구려의 시대였다. 뛰어난 전략가의 자질을 갖춘 광개토왕(재위 391~413)은 18세에 왕위에 올라 대대적인 정복사업을 전개하였다. 서쪽으로의 팽창을 마무리지어 요동 지방을 완전히 차지하였고, 동북쪽의 숙신을 복속시켰으며, 남쪽으로 한강 이북까지 진출함으로써 만주와 한반도 북부를 아우르는 광대한 영토를 지배하였다. 만주 통구 지방에 남아 있는 거대한 광개토왕비는 광개토왕의 이러한 위대한 정복 업적을 전해주고 있다.

2) 백제

부여(夫餘) 계통의 이동은 한반도 남부에까지 미쳐서, 마한 54국 중의 하나가 되는 백제를 성립시키게 되었다. 『삼국사기』에 실린 백제의 건국

석촌동 4호분

몽촌토성

설화는 이 같은 과정을 잘 보여주고 있다.

백제의 시조 온조왕은 그 아버지가 추모(주몽)이다. 주몽은 동부여에서 도망쳐 졸본 부여로 이동하였다. 주몽은 새로이 왕비를 얻어 두 아들을 낳았는데, 큰 아들은 비류이고 그 다음이 온조였다. 그러나 주몽이 동부여에 있을 때, 예씨 부인에게서 낳은 아들인 유리가 찾아와서 태자가 되니, 비류와 온조는 유리를 두려워하여 오간, 마려 등 열 명의 신하와 함께 남쪽으로 내려오니 따르는 백성이 많았다. 비류는 백성을 나누어 미추홀(인천 부근)에 가서 살았고, 온조는 하남 위례성에 도읍을 정하여 10신하의 보좌를 받았으므로 십제라 하였다. 그 후 비류를 따르던 무리들도 모두 온조에게 합류하였으므로 국호를 백제로 고쳤다. 온조는 고구려와 한가지로 부여에서 나왔기 때문에 부여로써 그 성씨를 삼았다.

온조의 설화는 백제 건국의 중심이 된 유이민집단이 부여 계통의 온조와 비류 세력이었음을 보여주고 있다. 아마도 초기에는 형이었던 비류 세력이 강성하였다가, 뒤에 온조 세력으로 주도권이 넘어간 것으로 추측된다. 그 후 백제는 다른 부족들을 정복 또는 수용하면서 그 세력을 확대시켜 나갔다. 그 대표적 부족이 해씨와 진씨였다. 해씨는 부여 계통의 또 다른 이주집단인 해루의 세력이었고, 진회로 대표되는 진씨는 아마도 한강 유역 즉 위례성(지금의 서울 강동구 일대) 부근의 토착세력이었던 것으로 짐작하고 있다.

백제는 한강 유역의 토착세력과 부여(고구려) 계통의 유이민세력이 결합하면서 급속히 발전해 갔다. 위례성을 중심으로 성장한 백제는 먼저 해상교통의 요지에 위치하여 서로 경쟁관계에 있었던 인천 지역의 미추홀세력을 통합하였다. 3세기 후반에는 목지국마저 복속시킴으로써 한반도 중부지역을 석권하였다. 대외적인 팽창과 함께 고이왕 때는 관등제의 골격을 갖추면서 집권체제를 정비하였다. 4세기 중반 근초고왕 때에는 전라남도 일대에서 명맥을 유지하던 마한(馬韓)의 나머지 세력을 복속시키고, 북쪽으로 황해도 지역을 놓고 고구려와 대결하였다.

백제금동용봉봉래산향로

그러나 5세기 이후 고구려의 적극적인 남하정책에 밀려 백제의 대외팽창은 차츰 위축되었고, 마침내 고구려군의 공격을 받아 개로왕이 죽고 수도 한성이 함락되어 웅진으로 수도를 옮겨야 하였다(475). 그 후 6세기 초반에는 중앙과 지방의 지배조직을 재정비하고, 지금의 전라남북도 지역을 본격적으로 개발함으로써 중흥의 발판을 마련하는 한편 남중국과 일본 열도를 잇는 해상활동을 활발하게 전개하였다.

3) 신라

북쪽에서 고구려와 백제의 움직임이 활발해질 무렵, 한반도의 동남부, 현재의 경상남도 지역에서도 부족국가들이 형성되어 가고 있었다. 이 부족국가 중의 하나가 사로국(斯盧國)이었다. 사로국은 신라의 옛 이름이다. 『삼국사기』에 전해지는 사로국의 건국신화는 다음과 같다.

박혁거세릉

　일찍이 고조선의 유이민들이 여섯 촌락을 이루고 있었다. 하루는 양산 촌의 나정이란 우물 옆 숲속에서 말이 무릎을 꿇고 울고 있는지라, 가서 보니 말은 간 데 없고 크고 붉은 알만 남아 있었다. 알을 깨뜨려 보니 사내아이가 모습을 드러내었다. 6부 사람들은 그 아이의 출생을 영험스 럽게 여겨 장성함에 이르러 임금으로 삼았다. 큰 알이 박과 같았다 하여 박으로써 성을 삼았다. …… 용이 알영 우물에 나타나 그의 오른쪽 갈빗 대에서 한 계집아이를 낳았는데 입술이 닭의 부리와 같이 생겼다. 이상하 여 월성 북천에 가서 씻으니 부리가 떨어지고 고운 입술이 나타났다. 한 할머니가 데려다 길렀는데 우물 이름을 따서 알영이라 이름을 지었다. 그 계집아이가 자라 덕이 있거늘, 시조가 이를 듣고 맞아서 왕비를 삼았 다. 그 때 사람들이 혁거세와 알영을 두 명의 성인이라고 불렀다.

　신라의 건국신화 역시 기마 기술을 갖춘 북방 유이민의 이동 과정을 담고 있다. 하늘신 부족(빛, 알, 말로 상징) 집단이 발달한 금속문화를 가지고 이동해 오면서, 미리 정착하고 있던 땅신 부족(개천, 우물, 닭으로 상징) 집단과 결합하는 과정을 표현하였다고 할 수 있다.

　신라의 정치적 변천은 지배자의 호칭 변화에서 그 과정을 짐작해 볼 수 있다. 초기 신라의 지배자는 거서간 또는 차차웅(제사장)으로서 경주 일대에 한정된 제정일치적 사회의 모습을 보여준다. 그 후 신라의 세력은 석탈해와 연합함으로써 울산, 감포 방면으로 확산되었다. 박·석·김씨 세력이 중심이 되어 이루어진 이 부족연맹체 단계의 지배자 명칭이 이사

천마총 금관

울진 봉평신라비

금이었다. 이사금 시대는 신라가 한반도의 동남부 지역의 주도적 세력으로 성장한 시기였다. 이 시기에는 제사를 주관하는 천군의 존재가 따로 있어 제정분리의 모습을 보여주고, 전 시대에 비하여 군장인 이사금의 정치력이 성장하고 있었다.

부족연맹체적인 신라의 국가체제가 중앙집권 국가체제로 전환되는 때는 마립간(우두머리, 대수장의 의미) 호칭을 사용하는 내물왕(재위 356~402)부터였다. 내물왕은 각 지역의 부족장들을 경주로 이동하게 함으로써 중앙 귀족화 시켰고, 이에 따라 6부의 정치체제를 마련하였다. 이를 통하여 내물왕은 김씨의 왕위 독점을 이루었고, 진한의 여러 나라에 대한 지배력을 강화시켜 나갈 수 있었다. 내물왕의 초기 시기는 백제의 근초고왕 시대였다. 당시 백제는 낙동강 유역에 세력을 뻗쳐 신라를 압박하는 동시에, 고구려를 공격하여 평양전투에서 고국원왕을 전사시켰기 때문에, 신라와 고구려 사이에는 자연스럽게 동맹관계가 형성되었다. 내물왕은 이 때의 고구려와의 우호관계를 바탕으로, 왜구의 침략으로 위기를 맞았을 때 광개토왕의 구원을 받기도 하였고, 재위 후반기에 들면 고구려

진흥왕순수비

를 통해 중국의 전진에 사신을 보냄으로써 국제무대에도 처음으로 등장하게 되었다.

6세기 초반 지증왕, 법흥왕 때에 이르러서 율령을 반포하고 불교를 공인하는 등 집권적 지배체제를 정비하였다. 이러한 체제 정비의 바탕 위에서 진흥왕 때부터는 본격적인 영역 확대에 나섰다. 한강 유역을 차지하고 북쪽으로 함경도 남부지역에까지 진출하였으며, 낙동강 서쪽의 가야세력들을 완전히 복속시켰다. 진흥왕 때의 이러한 대외팽창은 결국 고구려·백제와 치열한 전쟁을 불러일으켰고, 이는 영역확대 전쟁의 양상을 띠며 1세기 이상 지속되었다. 중흥을 꿈꾸던 백제 성왕의 기세를 꺾은 진흥왕은 고구려의 함경도 남부지방에까지 세력을 뻗쳤고, 가야마저 완전히 복속시킴으로써 국력을 크게 떨쳤다. 진흥왕의 위대한 영토팽창의 업적은 그가 세운 4개의 순수비와 단양 적성비가 잘 말해 주고 있다.

4) 가야

기원 전후한 시기에 철기문화가 보급되면서 경남 해안, 낙동강 유역에서 부족사회의 통합이 진전되었다. 그리하여 변한 12국으로 일컬어지는

김수로왕릉

작은 나라들이 나타나기 시작하였으며, 발전이 계속됨에 따라 작은 나라들 사이의 통합이 한 단계 더 진행되어 6가야가 성립했다. 일연이 지은 『삼국유사』의 「가락국기(駕洛國記)」에는 가야의 역사를 신화와 함께 시작하고 있다. 그 내용을 정리하면 대략 다음과 같다.

천지가 개벽한 이래 이 땅에는 국가나 임금, 신하라고 부르는 칭호가 없었다. 그 때는 9간의 촌장이 7만 5천 명의 백성을 거느렸다. 중국 후한 광무제 18년(42년) 3월 3일, 이 곳 구지봉에서 무엇을 부르는 소리가 났다. 9간과 백성 300여 명이 소리를 듣고 구지봉에 모였다. 9간 등이 하늘의 소리를 듣고 춤을 추고 노래를 부르고 있었더니, 갑자기 하늘에서 보랏빛 끈이 드리워지며 황금 상자가 땅에 내려왔다. 황금 상자를 열어 보니 금색의 알이 6개 들어 있었는데, 둥글기가 해와 같아 모두 놀라고 기뻐하였다. 다음 날에 9간 등이 다시 모여 신기한 황금 상자를 열어 보니, 여섯 알이 깨어지면서 6명의 사내아이로 변하였다. 이들은 용모가 뛰어나서, 모두들 이들에게 절하고 예의를 갖추어 모셨다. 그 달 15일 촌장들이 모여 먼저 나타난 분을 추대하여 임금의 자리에 모셨으니 바로 가락국 시조왕이다. 이렇게 해서 탄생한 가락국 시조 왕은 황금 상자에서 태어났으므로 성은 김씨라 했고, 또한 6개 알 중에서 먼저 태어났다 하여 이름은 수로라고 했다. 그리고 나라 이름은 대가락 또는 대가야라고 했다. 그리고 나머지 다섯 사람은 각각 5가야의 임금이 되었다.

가야의 갑옷과
말 얼굴가리개

　　시조가 하늘에서 내려온 알에서 태어났다는 이야기는 고구려나 신라
의 건국신화와 유사한 구조를 보여주고 있다. 6개의 알 가운데 맨 먼저
수로왕이 나와서 가락국(금관가야)의 왕이 되었다는 것은 김해지역을
중심으로 한 금관가야가 연맹체의 주도국이었음을 말해준다.
　　가야연맹의 맹주국이었던 금관가야가 위치한 김해 지역은 지리적으로
낙동강 하구에 위치하여 해상과 내륙을 연결하는 교통의 중심지였다.

가야의 철정

강을 따라 내륙과 교류할 수
있었고 바다를 통해 왜나 한
군현과도 무역할 수 있는 요
충지였다. 또 이 지역은 철이
풍부한 지역이었다. 가야의
여러 지역에서 발굴된 철정,
환두대도와 같은 철기류는 가
야가 풍부한 철을 바탕으로
성장하였음을 보여주는 대표
적인 유물이다. 금관가야는
풍부한 철을 바탕으로 하여
한군현이나 왜 등과의 교역을
주도하는 무역 중계지로서의
역할을 하면서 성장하였다.

또 새로이 북방계 유물을
수용하기도 하면서 발전의 기
틀을 마련하여 해상왕국으로
서 번영을 누렸다. 결국 풍부
한 자원과 대외 교류를 바탕

고령 지산동 고분군

으로 든든한 경제력을 깆게 된 금관가야는, 주변의 가야 소국을 주도하는
가야연맹체를 만들 수 있었던 것이다. 그리하여 4세기 후반 무렵 가야연
맹은 신라와도 맞설 수 있을 만큼 성장하였다.

그러나 5세기 전반에 신라가 급속히 성장하여 낙동강 방면으로 세력을
뻗치자, 남해안의 가야 소국들이 연맹에서 이탈하였고 낙동강 동쪽의
여러 나라들도 신라에 항복하는 사태가 벌어졌다. 그 결과 금관가야가
강력한 집권체제를 갖추기 전에 가야연맹은 와해되고 말았다. 김해 지역
을 중심으로 한 가야연맹이 해체된 뒤, 낙동강 서쪽 내륙지역에 있던
고령의 대가야를 중심으로 해서 다시 가야 소국들의 연맹체가 형성되었
다(후기 가야연맹). 후기 가야연맹의 맹주인 대가야는 중국 남조의 제
나라와 교류하여 작호를 제수 받는 등 대외적인 활동을 활발히 전개하였
다. 또한 악사 우륵으로 하여금 각 지역의 음악을 종합하여 새로이 가야

금 12곡으로 정리하게 함으로써 문화적 통합에도 노력하였다. 그러나 백제나 신라와 맞설 만한 집권적 지배체제를 갖추지는 못하였다. 결국 532년 금관가야가 신라에 투항한 데 이어 562년 대가야도 신라 장군 이사부가 이끄는 군대에 항복함으로써 가야의 역사는 끝이 나고 말았다.

5장 고대국가의 발달과 불교문화

1) 삼국의 불교 수용

전근대 사회에서 정치권력에 배치되는 종교는 존립할 수 없었으며, 특정 사상과 종교가 국교(國敎)처럼 신봉되고 통치자의 지배이데올로기로 기능하였다. 한국 고대사회에서 불교는 지배층으로부터 하층 민중에 이르기까지 광범위하게 보급되어 생활과 사상에 큰 영향을 미쳤다는 점에서 주목할 만하다.

고대 인도의 지배종교였던 브라만교에서 나온 불교는 새로운 인간관·종교관·세계관을 바탕으로 주변 종교의 다양하고 이질적인 신앙체계와 의식을 흡수하여 포용성 있는 관념체계를 갖춘 종교로서 성립하였다. 중국에 전래된 후에는 5호16국시대에 이르러 북중국 여러 나라의 국가종교로 채택되어 지배이념으로서의 역할을 담당하였다. 삼국의 지배층들도 변화해 가는 사회를 운영하는 데 적합한 이념으로서 불교에 주목하였다. 부족연합 단계에 있던 초기 국가들은 영토국가로 성장해 나가면서 토지와 백성을 효율적으로 다스릴 필요가 있었다. 재래의 신화적 관념이나 토착신앙이 지배적인 이념으로 강하게 자리잡힌 상태에서는 영토확장을 통해 새로 편입된 사람들을 통합할 수 없었다. 넓어진 영역 하에서 이전보다 분화되고 복잡해진 사회를 포괄할 수 있는 한 차원 높은 규범과 이를 뒷받침해줄 지배이념이 요구되었다. 불교는 이러한 시기에 지배층들에 의해 새로운 지배이념으로서 수입되었다.

고구려에 불교가 공식적으로 들어온 것은 372년(소수림왕 2년)이다. 전진왕(前秦王) 부견(符堅)이 고구려에 사신을 보낼 때 함께 온 승려 순도(順道)가 불상과 경문(經文)을 가져오면서 비롯되었다. 당시 소수림왕은 태학을 설립하고 율령을 반포하는 등 중앙집권적 지배체제를 정비하는

장천 1호분 예불도

데 노력을 기울이고 있었다. 그 후 왕은 온 백성에게 "불법을 받들고 믿어 복을 구하여라."고 교시하였고, 393년 광개토왕은 평양에 절을 아홉 군데나 짓는 등 국가의 적극적인 불교정책이 추진되었다.

백제에 불교가 전해진 것은 고구려에 불교가 들어온 지 12년 뒤의 일이다. 침류왕 원년(384년) 중국 남조의 동진에서 온 인도 승려 마라난타가 불교를 전하였다. 왕은 그를 맞아들여 궁궐 안에 모시고 받들면서 불법을 들었으며, 다음 해에는 한산(현 서울)에 절을 짓고 열 사람을 출가시켜 승려가 되게 하였다. 백제 역시 왕이 직접 교시하여 불교신앙을 대대적으로 권장 보급하였다. 이처럼 고구려와 백제는 각기 오랜 정치적 문화적 접촉이 있었던 전진과 동진으로부터 불교를 받아들였다. 그러므로 불교는 이렇다 할 갈등이나 문제 없이 오히려 처음부터 왕실에 의해 환영을 받으며 수용되었다.

그러나 신라의 경우는 달랐다. 사회발전의 속도가 비교적 느리고 무격적 토착신앙이 뿌리 깊게 유지되고 있던 신라에서는 지배층이 불교의 수용에 강력하게 반발하였다. 5세기 눌지 마립간 때 신라에 온 고구려 승려 묵호자(墨胡子)는 변방의 토굴에 숨어서 불법을 전했다고 한다. 신

라에서 불교의 공인은 지배층 내에서
새로운 지배이념으로 불교의 효용성
이 인정되고, 기존의 토착신앙과 일정
한 타협이 이루어진 6세기 전반 법흥
왕 때에 비로소 이루어졌다. 이차돈의
순교라는 처참한 과정을 거쳐 법흥왕
의 불교 수용정책은 관철되었고, 불교
는 마침내 공인되었다. 이는 고구려에
불교가 전해진 지 무려 150여 년 가량
이나 지난 후의 일이다.

삼국에 수용된 불교는 현실세계의
여러 질서를 성립시킨 근본 요인을 인
간 개개인의 인격적인 삶, 개인 또는
사회에 대한 공헌도에서 찾음으로써
현실사회에서 진행되고 있던 사회변
동과 지배질서에 새로운 이념적 근거
를 제공하였다. 이는 고대사회 초기에
보인 천제(天帝) 또는 하늘과의 혈연
적 관계를 기초로 한 지배자의 신격화

백률사석당기 (이차돈 순교 장면)

를 부정하는 것이었다. 그러나 불교의 인과응보설이나 연기설(緣起說)
등은 지배층의 지위와 권력을 옹호하는 것으로 기능하였다. 종래의 천손
족 설화에 대신하여 사회의 다양한 계층과 신분을 합리화하였다. 현생에
누리는 복락과 괴로움을 전생에서 자신이 행한 행위에 대한 과보로 보았
기 때문에 왕과 귀족층이 누리는 특권을 합리화시킬 수 있었다. 이러한
점에서 삼국 사회에 수용된 불교는 왕실불교·호국불교의 성격을 띠고
그 교단이 국가권력에 의해 장악된 국가불교로서 기능하게 되었다.

호국불교·왕실불교로서의 기능을 가장 활발하게 보여준 곳은 가장
늦게 불교가 공인된 신라에서였다. 법흥왕이 불교를 공인한 이후 선덕여
왕에 이르기까지 신라의 대부분 왕들은 불교를 진흥시키고 불교식 왕명
을 사용하였다. 종래의 천제(天帝) 관념을 적용한 왕즉불(王卽佛) 사상,
왕족이 석가모니의 후예라는 진종설(眞種說), 전륜성왕설(轉輪聖王說) 등

은 모두 왕권강화의 이념을 제공하였다.

2) 불교 신앙의 발달

삼국에 불교가 수용된 초기에는 토착신앙에 대치할 수 있는 현실구복적인 성격이 강조되는 융통성을 갖고 있었다. 즉 토착신앙처럼 병을 치유하고 국가와 개인의 복과 영화를 기원하기 위한 것으로 수용되었으며, 부처는 신과 같으며 승려는 무(巫)와 마찬가지로 향(香) 등을 통해 신과 교류하는 사람으로 이해되었다. 그리하여 초기 불교의 수용방식은 토착신앙을 거부하거나 배척하는 대신, 이를 받아들여 각 지역마다 고유한 모습으로 발달하였다. 전국 어떤 사찰에 가더라도 불교 본래의 불사를 올리는 대웅전 이외에 토착신을 모시는 명부전, 산신각, 칠성각 등을 볼 수 있다. 이것은 불교가 인도, 중국, 한국에서 각국의 토착신앙과 융화된 모습을 보여주는 것이다. 그 중에서도 특히 산신을 모신 산신각은 우리나라 토착신앙과 불교가 융화된 모습을 나타내주는 좋은 예라 하겠다.

그러나 신라에서 점차 중국 및 인도 유학승들이 나오기 시작하면서 불교에 대한 이해가 깊어지게 되었으며 다양한 불·보살신앙이 전해졌다. 다양한 불·보살 가운데 먼저 신앙된 대상은 석가불과 미륵보살이었다. 6세기 후반 7세기 전반에 걸쳐 미륵보살상이 집중적으로 조성되는 것이나 화랑(花郞)으로 상징되는 미륵하생신앙(彌勒下生信仰) 등에 비추어 볼 때 미륵신앙이 널리 성행했음을 알 수 있다. 그런데 미륵신앙은 계(戒)를 중시하였을 뿐만 아니라 선행공덕과 관법(觀法)의 실행 등을 필요로 하였다는 점에서 일반 대중들이 쉽게 실천할 수 있는 신앙은 아니었다. 대중들이 쉽게 믿을 수 있는 신앙형태로서 통일신라 초기에 많이 유행한 것은 현세구복적인 관음신앙(觀音信仰)과 죽은 후 극락왕생을 기원하는 아미타신앙(阿彌陀信仰)이었다. 관음신앙이나 아미타신앙의 수용과 정착은 신라의 삼국통일이라는 시대적 배경 속에서 불교의 대중화에 기여했다고 할 수 있다. 현실의 재난이나 번뇌에서 벗어나게 해주는 관음보살이나 아미타불 염불을 통해 극락왕생할 수 있다는 아미타신앙은 죽음의 공포에 시달리며 국가를 위한 전쟁에 동원되거나, 불사(佛事)를 이루는 데 빈번히 동원되던 백성들에게 강한 호소력을 지녔을 것이다.

또한 유학승이나 사행(使行)을 통해 한역(漢譯) 불교경전이 전래되면서 불교 철학도 점차 본격적으로 이해되기 시작하였다. 신라의 교학은 백제와 마찬가지로 율학을 기초로 하였는데 특히 대승보살계(大乘菩薩戒)를 중시하였다. 당시 삼국의 정복전쟁의 소용돌이 속에서 국가의 발전을 위하여 적극적인 계율관을 필요로 했다는 점과 관련시켜 보면 매우 중요하다고 하겠다. 6세기에서 7세기 초에 걸쳐 원광, 자장 등을 통해 중국의 유식학(唯識學)이나 화엄학(華嚴學), 여래장사상(如來藏思想) 등이 받아들여지고 이것은 동아시아 불교권에서 그 위치를 다지는 초석이 되었다.

특히 원효의 철학은 이 시기 불교철학의 꽃이었다고 할 수 있다. 원효는 기존의 중국 및 신라 불교

원효의 초상화

계의 사상적 경향을 계승하고 현장(玄奘)이 새로 전한 신유식사상(新唯識思想, 法相宗), 그리고 지엄(智儼)의 화엄사상을 받아들여 나름대로 체계화하였다. 원효사상의 궁극적인 목적은 인간의 본원적인 마음 즉 일심(一心)으로 돌아가는 것이다. 「대승기신론(大乘起信論)」에 따르면 일심에는 두 개의 문이 있다. 진여문(眞如門 : 차별이 없는 본체)과 생멸문(生滅門 : 온갖 차별이 있는 현실)이 그것인데, 마음의 이 두 측면의 상호작용에 의해 모든 현상이 발생한다고 보았다. 따라서 이 두 가지를 포괄하는 일심의 경지에서 보면 온갖 차별적인 것들은 없어지고 모든 것은 평등하다. 이는 인도와 중국에서 전개된 중관(中觀)과 유식(唯識)의 오랜 논쟁을

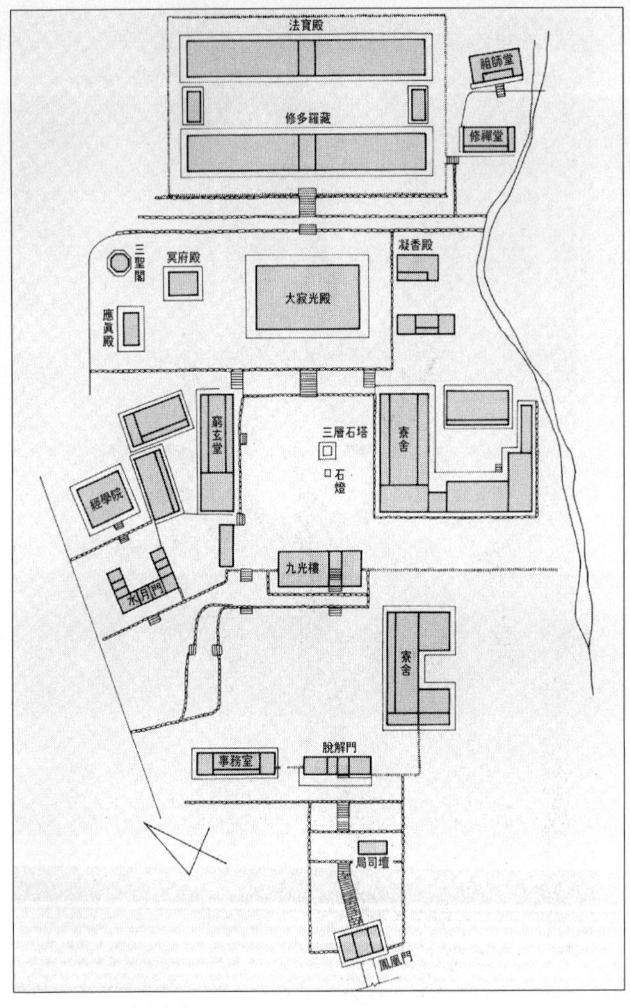

사찰의 구조―해인사

해소시킬 수 있는 길을 찾았다는 점에서 사상사적으로 큰 성과라고 할 수 있다. 또 원효는 「열반경」이나 「대승기신론」 등에 근거한 여래장사상을 수용하여 모든 인간은 불성(佛性)을 갖고 있다고 강조하고 보살계(菩薩戒)를 적극적으로 연구하여 정착시켰다. 이는 모든 인간의 본질적인 평등성을 강조하면서 재가신자(在家信者)들에게도 성불(成佛)의 길을 개방한 것이라는 점에서, 불교의 대중화를 가능하게 한 새로운 인간관의 변화를 보여주었다.

이러한 인간관의 변화는 고구려와 백제의 유민을 통합하여 동족의식을 강조하고, 전국을 일원적으로 편제하여 지배하면서 왕경인과 지방민에게 주어지던 관등의 차별을 철폐하기에 이르렀던 신라사회의 변화와 무관하지 않다고 할 것이다.

3) 불교 문화 양식의 발달

불교 수용의 역사가 오래된 만큼 고대사회 이래로 불교 신앙의 미의식을 표현한 다양한 불교 문화 양식이 조성되었다. 불교 문화의 신앙적·미적 의식을 보여주는 다양한 문화 양식들은 사찰이 담고 있는 조형예술품을 통해 우리에게 보여주고 있다.

불교가 처음 삼국에 전래되었을 때는 집을 바쳐 절을 만들었다고 한다.

일주문

차츰 불교의 교리가 널리 알려지면서 불교적 가람을 조성하게 되었는데, 불교적 건축물의 시작과 발전은 목조탑파의 채택에서부터 비롯되었다. 탑은 석가모니부처의 사리를 봉안하는 곳으로 불상이 만들어지기 전에는 가장 중요한 예배의 대상이었다. 따라서 우리나라에서 가람배치를 논할 때는 탑의 배치 형식을 기준으로 삼는다. 탑이 주 예배대상이었던 초기에는 일탑 일금당 양식의 가람배치를, 불상이 주일 때는 쌍탑 일금당의 가람배치를 취하였는데, 불전인 금당이나 사리신앙에서 나온 탑을 모두 신앙의 조형물로서 중시하였기 때문에 우리나라 가람배치의 골격을 이루면서 발전하였던 것이다.

절 입구에는 보통 절의 깃발을

당간지주

정림사탑

미륵사지탑

분황사탑

걸던 당간(깃대)을 받쳐주는 당간지주(幢竿支柱)가 있다. 당간은 보통
나무로 만들었지만 철이나 돌로 만든 것도 있었다. 당간지주를 지나 절에
다다랐을 때 가장 먼저 나타나는 것이 일주문이다. 일주문은 절이 있다는

황룡사 모형

표지판 역할을 하는 것으로, 그 다음에 절의 입구가 나타나는데 보통 금강문이 대문 역할을 한다. 금강문이 없는 절에서는 바로 사천왕문에 도달하기도 해서 사천왕문이 대문처럼 보이기도 하지만, 사천왕문은 중문에 해당된다. 중문으로 들어서면 절의 중심부에 도달하게 되는데, 중문에서 가까이 탑과 석등, 그리고 금당과 강당, 거기에 부속된 건물들이 있다.

고구려는 삼국 중 불교가 가장 먼저 도입된 나라로서 많은 불교 관계 유적을 남겼다. 375년 건립된 초문사(肖門寺)는 고구려 최초의 사찰이었으며, 그 후로도 적지 않은 사찰이 건립되었다. 그러나 오늘날 고구려의 사찰 건축물로 완전하게 남아 있는 것은 없으며, 고구려 절터로 알려진 평양 청암리사지(淸岩里寺址)나 대동의 상오리사지(上五里寺址) 등이 있다. 백제와 신라에서는 남북 일직선상에 중문, 탑, 금당, 강당이 순서대로 위치하고 있어 단탑식 가람배치를 보이고 있다. 그 예로는 백제의 정림사지(定林寺址)를 비롯하여 군수리사지(軍守里寺址), 금강사지(金剛寺址) 등과 신라의 황룡사지, 의성 탑리사지, 흥륜사지 등이 있다. 익산의 미륵사지는 북쪽에 동서로 나란히 3개의 금당과 각 금당에 해당하는 탑이 남쪽에 나란히 배치된 3탑 3금당 양식임이 밝혀졌다. 황룡사지는 신라 최대의 사찰로서 신라 가람배치의 원형이 되었다. 진흥왕 14년(553년)에

경주 삼화령 석조삼존불

서산 마애불

창건되어 선덕여왕 14년(645년)에 완공되었다. 황룡사에는 높이 50미터 규모의 목탑이 있었다고 전한다. 현존하는 삼국시대 석탑으로는 백제의 미륵사지 석탑과 정림사지 5층탑이 있고, 신라의 분황사 모전석탑(芬皇寺 摸塼石塔)과 의성 탑리 5층탑이 있다.

통일신라시대의 가람배치는 탑을 중심으로 한 일탑식 가람배치에서 불상을 안치한 금당을 중심으로 하고 그 앞에 2개의 탑을 놓는 형식의 쌍탑식 가람배치로 발전하게 되었다. 사천왕사지나 망덕사지(望德寺址)는 가장 오래된 쌍탑식 가람배치를 보이고 있다. 감은사(感恩寺), 불국사(佛國寺), 실상사(實相寺) 등은 전형적인 쌍탑식 가람배치를 보여주는 사찰이다.

탑과 함께 예배의 대상이
된 것은 불상이다. 6세기에
는 중국 북위(北魏)의 불상양
식이 유행하여, 살이 없는 길
죽한 얼굴에 법의는 중국화
된 복장으로 옷이 두꺼워 몸
의 윤곽이 표현되지 않으며,
옷자락이 좌우에서 여러 단
펴져 있고 주름선이 날카로
운 것을 특징으로 한다. 백제
에서는 보다 부드럽고 둥근
맛이 나는 불상양식이 유행
하였는데, 남조의 영향을 받
은 것이라고 한다. 그 후 7세
기에 들어오면 불상은 크게
부드러워져 얼굴은 둥글며
손발은 비교적 큰 편이고 몸
에 살이 붙고 점차 몸의 굴곡
이 보이는 등 새로운 특징을
보여주게 된다. 백제의 대표

석굴암 본존불

적 불상으로는 군수리출토 불상과 마애석불 등이 있고, 신라의 것으로는
경주 삼화령 석조삼존불(三花嶺石造三尊佛) 등이 있다.

통일신라 직후에는 삼국시대 양식을 계승하면서 새로운 전통을 확립
하여 8세기경에는 신라 문화의 황금시대를 맞이하였다. 불국사의 아미타
여래좌상과 비로자나불좌상은 이 시기를 대표하는 불상이다. 경주 토함
산의 석불사(석굴암)는 당시 신라 문화의 핵으로서 당대의 신앙 형태나
미의식을 집약시킨 민족적 문화유산이다. 석불사에는 마치 당시 만들어
진 불상들이란 불상들은 모두 모아놓은 듯 각기 아주 독특한 특징을
지닌 불상들이 조각되어 있다. 근엄하면서도 자비로운 본존불상의 표정,
미소를 머금은 11면관음보살상의 얼굴 표정, 화려한 장식, 손가락, 발가
락의 미묘한 움직임 등은 당시 조각 예술의 극치를 보여주고 있다. 화강

석굴암
보현보살 입상

암을 마치 돌이 아닌 듯 자유자재로 다루었던 신라인의 빼어난 조각기술
수준이 고스란히 담겨 있다. 특히 본존불상은 오른손을 무릎에 걸친 채
검지로 땅을 가리키는 항마촉지인(降魔觸地印)의 자세를 취하고 있는데,
이것은 성불(成佛)의 순간, 즉 중생이 부처가 되고 속세가 정토(淨土)가
되는 순간을 나타낸 정각상(正覺像)이라고 한다. 정각의 의미를 깨달으며
만민성불의 신앙을 조형예술로 승화시킨 정각상은 이후 고려·조선 시
대 불상의 주류로서 영향을 미쳤다.

6장 고대인들의 내세관과 일상생활

1) 고대인들의 내세관과 무덤

　동서양을 막론하고 고대사회의 대표적인 문화유산으로 거대한 무덤을 꼽을 수 있다. 이집트의 피라밋, 중국 진시황의 지하묘에서 한국의 고인돌, 경주나 부여 등지에 남아 있는 왕릉들까지. 규모 면에서 오늘날 어떤 무덤보다도 크고 웅대할 뿐만 아니라 화려한 장신구, 칼과 벽화가 남아 있다. 사람이 죽으면 육신은 썩어 없어지고 때로는 이름조차 후대에 전해지지 않는 법인데, 왜 고대인들은 죽어서 묻히는 무덤에 이렇듯 많은 공을 들였을까?

　거대한 무덤을 만든 고대의 지배층들은 죽은 뒤에도 영혼이 사라지지 않는다는 신앙을 갖고 있었다. 그래서 그들은 죽어서도 살아 있을 때와 똑같은 신분과 지위, 생활을 누리고자 하였다. 그런 바람의 한 표현이

장군총

순장(殉葬)이었다. 그들은 죽은자의 집인 무덤에서 순장된 처첩과 시종, 관리와 무사, 노비들의 시중을 받으며 생전과 똑같은 편안하고 즐거운 삶을 누리기를 바랐다. 그러나 점차 죽은자의 세계에서는 현세의 사람과 물건이 별 쓰임새가 없을 것이라는 인식을 갖게 되면서, 함께 묻었던 것들을 상징화하기 시작하였다. 순장이 거의 자취를 감추고 사람 대신 나무나 흙으로 빚은 인형인 토용(土俑)을 묻거나, 실제 사용하던 물건을 묻지 않고 무덤 안에 그림을 그려 이를 대신하게 되었다. 이것이 벽화고분이다.

　현재까지 발견된 고대의 벽화고분은 모두 90여 기 정도인데, 그 중 고구려의 것이 85기고 백제와 신라의 것이 각각 2기, 가야의 것은 단 1기에 불과하다. 백제, 신라, 가야의 벽화고분은 그 수도 적을 뿐만 아니라 만들어진 시기도 6세기경으로 한정되어 있다. 또 벽화의 내용과 표현 기법도 고구려 및 중국 남조의 영향이 강하다. 고구려의 벽화고분은 대략 3세기 말부터 멸망할 때까지 계속 만들어졌고, 거기에는 풍속화·사신도 (四神圖)들이 주로 그려졌다. 이러한 벽화는 죽음 앞에서 고구려인들이 일상을 되돌아보며 삶과 죽음을 어떻게 생각했는지를 잘 보여주고 있다. 우리는 고분벽화를 통해 고대인들의 생사관과 일상생활의 단면을 생생하게 들여다볼 수 있다.

2) 고분벽화에 그린 것들

　고분벽화는 그 내용과 구성방식, 표현기법, 분위기 등에서 각기 특정한 시기의 의식 변화를 반영하여 차이가 있는데, 그 변화 과정은 대략 3단계로 나누어 볼 수 있다.

(1) 생활풍속화 중심 : 3세기 말~5세기 초

　초기의 무덤은 주인공을 중심으로 그의 평상시의 생활상과 전쟁, 회의·주례 등 그가 생전에 행했던 특별한 사건들이 매우 사실적으로 그려졌다. 이러한 생활풍속도는 주인공이 살아 있을 때의 생활 가운데 기념할 만한 것과 풍요로운 생활모습을 그림으로써, 내세에도 이와 같은 삶이 재현되

안악 3호분
차고 벽화

안악 3호분
부엌 벽화

기를 바라는 마음이 담겨 있다.

　이러한 고분들은 내부구조가 생전의 저택처럼 두 칸, 세 칸의 돌방(石室)으로 이루어졌으며, 각 돌방의 벽들에는 기둥과 들보·두공 등 목조가옥의 골조를 그려 고분을 주택처럼 꾸몄다. 그리고 묘 주인이 부인과 함께 시종들의 시중을 받는 장면, 대행렬에 둘러싸여 출행하는 장면, 산과 들을 질주하며 사냥하는 장면, 연회를 즐기는 장면 등이 그려져 있다. 이러한 내용들로 볼 때 고구려인에게 저승은 이승세계의 삶의 모습

약수리 벽화 모사도(방앗간과 부엌)

들과 별 차이가 없다. 이승에 대한 대립개념으로서 저승을 설정하였지만, 초기 고구려인들에게는 아직 저승에 대해 어떤 구체적인 개념이 없었고, 저승을 추상적으로 파악하는 단계에 큰 관심이 없었던 것으로 보인다. 또한 초기 고분벽화에는 중기나 후기의 고분벽화에서 보이는 세련된 필치는 보이지 않으나 치밀한 관찰력을 바탕으로 고구려의 현실세계를 매우 솔직하게 표현하고 있다. 생활풍속을 주제로 한 초기의 대표적인 벽화고분으로는 평양·안악지역의 안악3호분과 덕흥리고분, 집안지역 의 각저총과 무용총을 꼽을 수 있다.

(2) 생활풍속도와 사신도를 함께 그림 : 5세기 중엽~6세기 초

5세기 중엽에서 6세기 초에 걸치는 시기는 한 칸 혹은 두 칸 무덤에 생활풍속도와 사신도가 함께 그려지거나 연꽃 등의 장식무늬가 많이 그려졌다. 사신도는 초기에는 사신이 천정부에 별자리와 함께 작게 그려 지다가, 점차 생활풍속 장면과 벽의 위아래를 나누어 표현되었다. 나중에 는 벽면에 가득 차게 그려졌다. 반면 생활풍속도는 그 비중이 점점 낮아 지다가 결국 소멸하였다. 사신은 사방의 방위신으로, 하늘의 28개 별자리 가운데 동서남북 각 방위의 7별자리씩을 나타내는 것이다. 좌(동)청룡, 우(서)백호, 전(남)주작, 후(북)현무가 그것이다. 이러한 사신도의 등장은 음양오행설에 바탕한 풍수지리설이 고구려에 들어오면서부터인 듯하다. 또한 연꽃 장식무늬의 유행은 5세기경 고구려에서 불교가 크게 번창하였 던 것과 관련이 깊다. 주로 묘실 안에 그려진 연꽃무늬는 현세와 내세의

장천 1호분
연꽃화생

일치를 바라던 이전의 전통적인 내세관 대신에, 정토왕생의 새로운 삶을 꿈꾸는 불교적 내세관이 유행하였음을 반증한다고 할 수 있다. 이러한 양식과 벽화를 보여주는 대표적인 고분으로는 평양·안악지방의 수산리고분, 안악2호분, 쌍영총, 집안지역의 환문총, 산화연총 등이 유명하다.

강서대묘 사신도(현무, 주작, 백호, 청룡)

(3) 사신도 중심 : 6세기 중반~7세기 후반

후기 고분에 오면 초기의 일상적인 묘사는 자취를 감추고 사신도와 불교 문양만 남게 되었다. 초기 고구려 사회의 역동적이고 다양한 모습들은 벽화에서 사라지고 관념적인 사신도로 표현의 세련성이 더해졌다. 중기 고분에서도 사신도가 등장하지만 후기의 사신도는 그 표현 면에서 이전의 사신도와는 비교가 되지 않을 정도로 세련되었다. 평양·안악지역의 호남리사신총, 강서대묘, 강서중묘와 집안지역의 통구 5호분·4호분·통구사신총이 대표적이다. 이들 고분벽화의 사신도는 벽면 전체를 차지하는 유일한 주제로 단순히 하늘의 별자리가 형상화된 방위신 정도가 아니라, 죽은 이의 세계를 지켜주는 우주적 수호신이다. 강서대묘의 주작·현무도와 강서 중묘의 청룡·백호도는 그 신비롭고 환상적인 모습으로 말미암아 고구려 미술의 극치이자 세계 종교미술의 걸작으로 평가받고 있다.

7세기 후반 고구려의 멸망과 함께 이 뛰어난 고분미술은 더 이상 지속되지 못하고 지상에서 사라지고 말았지만, 고구려 고분벽화는 한국미술의 보고(寶庫)다. 아직도 중국 통구지역에는 1만여 기 이상의 고구려 무덤군이 존재한다고 하니 그 규모로 보아 고구려의 위력과 영혼불멸의 신앙이 얼마나 강했는가를 추정할 수 있다.

호남리사신총의 청룡

3) 벽화 속의 일상생활

고구려 고분벽화 중 생활풍속도는 무덤의 주인공과 관련된 당시의 일상생활 모습들을 생생하게 보여주는 귀중한 자료다. 그 중 가장 유명한 것으로 안악 3호분과 덕흥리 벽화고분을 꼽을 수 있다. 두 무덤 모두 벽화 내용이 풍부하고 잘 남아 있으며, 명문(銘文)이 있어 무덤을 만든 때와 무덤의 주인공에 관해 많은 것을 알 수 있다. 안악 3호분은 주인공이 미천왕 또는 고국원왕이라는 주장과 중국의 망명객 동수(冬壽)라는 주장이 맞서고 있으며, 덕흥리고분은 유주자사 진(鎭)의 무덤으로 알려져 있다.

안악 3호분은 357년에 만들어졌으며, 바깥 칸, 앞칸과 좌우 곁칸·회랑·안칸으로 이루어진 여러 칸의 무덤으로 되어 있다. 벽면에는 당시 대귀족의 저택을 재현하여 방앗간, 용두레 우물, 마굿간, 외양간, 차고, 고깃간, 주방, 누각, 창고 등에서 많은 노비들이 일을 하고 주인의 시중을 들고 있는 모습들이 사실적으로 그려져 있다.

안악 3호분 귀족부부

　덕흥리고분은 408년에 만들어졌으며, 무덤길, 앞칸과 통로, 안칸으로 이루어진 두 칸 무덤이다. 이는 5세기 초 고구려 귀족의 저택이 사랑채와 안채로 나누어져 있었음을 알게 해 준다. 앞 칸에는 13군 태수의 배례도 (拜禮圖), 신임관리 접견도 등이 그려져 있어 사랑채에는 바깥주인이 손님을 맞거나 공적인 업무를 처리하는 장소로 쓰였음을 보여준다. 안칸에는 연못, 누각, 창고, 마굿간과 외양간, 마사희(馬射戲), 칠보공양(七寶供養) 장면이 그려져 있어, 안채는 놀이와 휴식 및 사사로운 행사를 위한 생활공간으로 쓰였음을 알 수 있다.

　벽화에는 귀족을 중심으로 하여 노비와 시종의 생활, 사냥, 놀이, 무예 등의 일상생활 모습들이 사실적으로 표현되어 있다. 그러나 이 시기의 사실주의는 오늘날 관점에서의 사실주의는 아니었다. 고분벽화의 화가는 신분이 높은 사람은 크게 그리고, 미천한 사람들은 어린이와 같이 작게 그렸다. 그것은 화가의 실력이 부족해서가 아니라 사회적인 가치기준 때문이었다. 초기 고구려인들에게 사실(reality)은 눈으로 본 그대로의 모습이 아니라 사회적 위계를 인정하는 사실주의였다. 각저총이나 무용

장천 1호분 벽화.
고구려인의
풍속과 생활을 잘
보여준다.

덕흥리 고분벽화
활쏘기 시합

총 벽화를 보면 묘 주인을 기준으로 하여 신분·계급에 따라 사람들의
크기가 주인의 8분의 1에 불과하게 표현된 것도 있다. 또한 입은 옷의
모양과 빛깔, 소매나 가랑이 너비와 길이 같은 것도 다르게 묘사되고

각저총 씨름도

안악 3호분 수박도

있다.

고구려는 국토가 척박하여 농사를 짓는 데 어려움이 많았고, 영토를 보존하기 위해 주변 국가들과 끊임없이 전쟁을 치러야 했다. 자연 고구려에는 무예를 숭상하는 풍토가 길러졌다. 수렵을 좋아하는 고구려인들은 무예나 수렵 등 힘차고 운동감이 강한 그림을 즐겨 그렸다. 고구려의 고분벽화에는 이러한 고구려인들의 생활 특성이 그대로 담겨져 있다. 무용총에는 산야를 뛰어다니는 호랑이, 사슴 그리고 그들을 쫓는 용맹스러운 고구려 젊은이들의 수렵 장면이 세련되고 날렵한 붓 놀림으로 표현되어 있다.

한편 생활풍속도에 등장하는 인물들 가운데에는 동양인으로 보이지 않는 인물들도 등장한다. 각저총 씨름도에 나오는 두 역사(力士) 가운데 한 명은 메부리코에 왕방울 눈을 가졌고, 장천 1호분의 씨름하는 역사 한 명과 마부 중의 한 사람 등 여러 장면에 등장하는 인물들이 코가 높고 눈이 크다. 모두 서역계(중앙아시아계) 인물이다. 이들이 고구려 고분벽화에 등장하게 된 것은 고구려가 내륙아시아 유목민족들과 빈번하게 교류하고, 이들 민족을 다리로 삼아 중앙아시아 지역과도 접촉을 하였기 때문이다. 오늘날 중앙아시아 서부에 위치한 우즈베크 공화국

사마르칸드의 아프라시압 궁전벽화에는 7세기경 이 곳에 왔던 고구려 사절의 모습이 남아 있어 고구려의 폭넓은 대외관계를 보여주고 있다.

4) 내세를 꿈꾸며

벽화의 묘실 천정에는 고구려인들이 믿던 하늘세계가 그려져 있다. 고구려의 귀족들이 죽은 후에 가고 싶어하던 모습을 형상화한 것이다. 하늘세계는 신선이 노니는 도교의 이상향으로 그려지기도 하고, 불교의 극락정토로 그려지기도 하였다. 이러한 사실은 고구려인들이 이제 저승을 단순히 이승의 반대 축에 존재하는 장소로 생각한 것이 아니라, 저승을 관념적으로 체계화하고 있었음을 보여주는 것이다. 고구려인들의 저승에 대한 개념은 초기의 무속적 개념에 도교와 불교가 유입되면서 형성되고 확장되었다. 사신도나 연꽃, 비천(飛天) 등의 묘사에서 보듯이 고구려인의 내세관은 새로 유입된 불교사상에 영향을 받았지만, 고분벽화에 등장하는 신화이야기는 불교의 세계라기보다는 한반도 고대인의 신화세계였다.

가장 즐겨 그린 것은 해와 달, 각종 별자리였다. 해는 흔히 둥근 원 안에 세 발 까마귀가, 달은 두꺼비가 들어 있는 모습으로 표현된다. 집안 지역의 고분벽화에는 상체는 사람이고 하체는 용인 해신과 달신이 머리 위에 해와 달을 받쳐든 모습으로 그려져 있기도 한다.

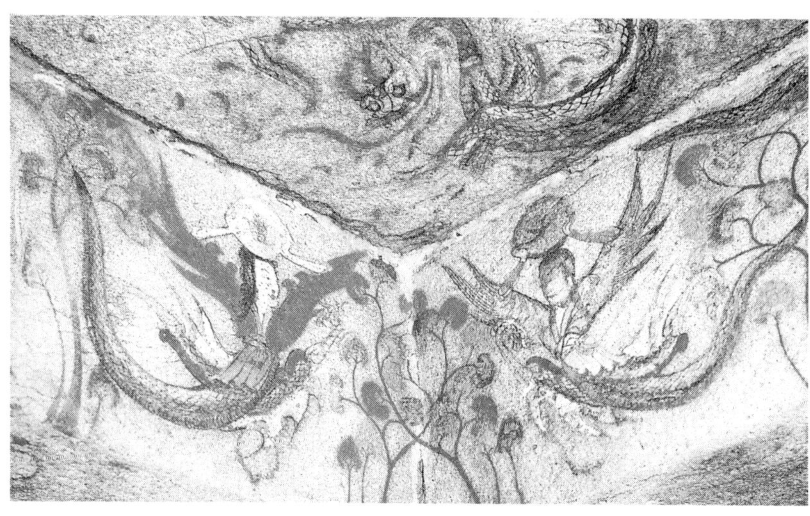

통구 4호분
해신과 달신

덕흥리 고분벽화의 견우직녀도

　　별자리는 그 자체만으로 그려지기도 하고, 관련된 선인(仙人)·천인(天人)·상상 속의 동물들과 함께 표현되기도 한다. 덕흥리고분의 전실 천정부에는 60여 개의 별자리와 함께 선인·옥녀·날개 달린 천마와 물고기·몸은 하나에 머리는 둘인 청양(靑陽)·짐승 머리에 새의 몸을 한 부귀(富貴) 등 신화 상의 존재들이 가득 그려져 있다. 또한 은하수를 사이에 둔 견우와 직녀의 모습도 보여 견우 직녀 설화가 고구려 때 이미 널리 퍼져 있었음을 알 수 있다.

　　용이나 기린, 학 등을 탄 선인(仙人)들과 여러 장수 동물들이 그려진 강서대묘의 천정도는 도교적 이상향을 보여주며, 연꽃무늬로만 장식된 통구 12호분의 천정부와 여래·보살·비천과 기악천으로 가득찬 장천 1호분은 불교의 극락정토였다.

7장 고대 사회의 전쟁과 민족통합

1) 전쟁의 발생

전쟁은 무수한 인간의 삶을 파괴할 뿐만 아니라 인간이 이룩한 모든 성과를 하루아침에 잿더미로 만들고, 엄청난 고통과 아픔을 안겨준다.

그러나 우리가 살고 있는 나라들은 대개의 경우, 정복과 내전과 독립투쟁을 통해서 탄생되었기에 인류의 역사는 전쟁의 역사라고도 할 수 있다. 인간이 과거의 기억을 정리하여 현재의 교훈을 얻고자 역사를 서술하고자 했을 때 가장 먼저 떠오르는 대상 역시 전쟁이었다. history의 어원이 되는 'historia'라는 말은 헤로도투스(Herodotus)가 페르시아 전쟁을 기억하고 서술하면서 처음 사용한 것이었다. 인간은 고통과 아픔이 없는 삶을 원하면서도 다른 한편으로는 끊임없이 전쟁을 통해 역사를 변모시켰으니, 전쟁이야말로 인간 역사의 모순을 가장 잘 보여주고 있다고 할 수 있다.

고구려 황룡산성

'집단적으로 그리고 조직적으로 싸우는 행위'인 전쟁의 시작은 약탈할 잉여생산물이 있고, 인간을 노획하여 잉여생산물을 생산할 수 있게 된 후에 나타난 현상이다. 청동기시대 이후 농경의 발달로 잉여생산물이 늘어나고 잉여생산물을 생산할 인간노동력을 노획하려는 전쟁이 등장한 것이다. 수십 톤의 고인돌을 세울 수 있을 정도의 노동력을 동원하고 지휘·감독하는 권력자가 등장하여 군대를 조직하고 인접 지역을 침공하기 시작하였다. 우리나라에서 발견된 청동기시대의 움집 가운데 40%가 화재로 폐기된 것은 전쟁이 방화였음을 증명한다. 약탈에서 출발한 전쟁은 우두머리의 권력을 강화시키는 수단으로 발전하였고, 국가의 출현과 함께 전쟁의 주체는 왕으로 대표되는 국가권력이 되었다. 따라서 여러 나라가 병립하여 전쟁을 통해 세력과 영역을 확장한 고대사회의 역사는 전쟁으로 점철되었다고 해도 과언이 아니다. 이제 인간들은 자신들의 물질적인 소유와 지배세력의 강화를 위해 조직적인 폭력행위에 자연스럽게 젖어들었고, 자신의 생존과 욕망을 위하여 인간을 죽이는 끔찍한 행위를 자행하게 되었다. 역사에 기록된 위대한 정치가들은 대부분 폭력적인 전쟁을 지휘한 인물이었다.

2) 전쟁의 변천사

청동기시대 어느 집단이 다른 집단을 약탈하면서 시작된 전쟁은 고조선과 삼국을 거치면서 계속 발전하였다. 특히 전쟁의 목적이 약탈에서 영토확장으로 바뀌면서 더욱 치열해졌다. 우선 전쟁 규모가 엄청나게 커졌다. 고구려의 경우 1만~2만에 불과하던 병력규모가 4세기 중반에는 5만 명 이상으로 증가하였고, 백제도 3만 명을 넘어섰다. 국왕은 이러한 대병력을 직접 지휘하기 시작하였다. 고대의 병사들은 공격무기인 활·칼·창·도끼, 방어무기인 방패와 갑옷을 갖추고 보병과 기병으로 나뉘어 전투에 임하였다. 청동기시대에는 창·칼보다는 활을 이용한 원거리 전투가 성행하였다. 신석기 초기에 출현한 활은 인간의 근력을 역학적 힘으로 전화시켜 작동시킨 최초의 기계라고도 할 수 있다. 고대인들은 활의 원리를 응용하여 발사 장치를 가진 쇠뇌나 투석기 등 강력한 원거리 무기를 개발하였으며, 다윗이 골리앗을 쓰러뜨린 돌팔매도 마찬가지 원

안악 3호분 행렬모사도

리로 사용된 것이었다.

철기시대에는 활은 지원무기로 밀려나고 창·칼 등 인간의 근력을 직접 이용한 근거리 무기가 주요 무기가 되었다. 또한 철제 갑옷 등 방어무기가 발달하면서 전투 양상도 원거리 전투에서 근거리 전투로 바뀌었다. 고구려 고분벽화의 전투도에서 무사들이 창·칼로 무장한 것은 이러한 사실을 보여주는 것이다.

그리고 보다 공격적이고 대규모 전투의 기동력을 높인 것은 말을 사용한 기병의 등장이었다. 고대에서 전투의 지휘자는 처음에는 말이 수레를 끄는 전차병(戰車兵)으로 등장하였으나, 300년경 말에 발을 고정시키는 등자(鐙子)가 사용되면서 말과 밀착하여 균형을 이루는 기병이 발달하였다. 기병은 처음에 유목민으로부터 도입되었는데, 우리나라에서는 몽골 초원과 인접한 부여와 고구려인들이 먼저 기마술을 익혔다. 기병을 보다 강화하기 위하여 말에게도 갑옷을 입히는 개마무사(鎧馬武士)가 등장하였으니, 이 무사들은 4미터가 넘는 긴 창으로 무장하고 말의 돌격력을 최대한 공격력으로 전환시켜 근거리 전투의 새로운 주인공으로 등장하

삼실총 기마전투도

쌍영총 기마무사도

였다. 고구려의 경우 357년에 만들어진 안악 3호분 행렬도에서 보듯이 광개토왕 이전에 이미 개마무사를 도입하였다. 합천의 옥전 고분, 부산의 복천동 고분, 함안의 마갑총 등에서 출토된 말갑옷 역시 삼국시기의 전투기술을 보여주며, 신라화랑 관창도 개마를 타고 긴 창을 휘두르며 적진으로 돌진하였다고 한다.

3) 삼국의 전쟁과 민족통합

고구려·백제·신라는 수많은 소국을 병합하면서 영토확장에 성공하여 고대국가를 형성하였다. 삼국시대의 전쟁은 고대국가 성립과정의 산물이었다. 삼국은 영토확장의 전리품인 영역 안의 토지와 주민을 지방제도와 조세제도로 정비하고 백성의 생명과 재산을 보호한다는 명분 하에 국가제도를 정비하였던 것이다.

신라
기마인물상 토기

　고대국가 성립 후 삼국은 각각 정치적·외교적 각축을 벌이면서 영토확장을 위한 전쟁을 지속하였다. 초기 삼국전쟁에서 주도권을 잡은 것은 고구려였다. 고구려는 4세기 무렵부터 영토확장에 나서 미천왕대에 낙랑군·대방군을 멸망시키고 요동평원으로 진출하였다. 5세기 초 광개토왕대에 이르러 강국의 기틀을 다지고, 장수왕대에 평양 천도를 단행하고 백제의 수도 한성을 함락하였으며 신라에 대해서도 군사적 압력을 강화함으로써, 6세기 중엽까지 고구려는 동북아시아의 최강국으로 군림하였다.

　삼국전쟁은 550년 신라가 백제와 연합으로 공격하여 한강을 점령하면서부터 새로운 국면을 맞이하였다. 특히 당시는 중국대륙에 수·당이라는 통일제국이 등장하면서 삼국의 전쟁은 각 국의 국내정세와 수·당의 외교정략이 맞물리면서 국제적으로 비화되었다. 고구려는 하나의 중국으로 등장한 수와 당에 맞섬으로써 중국중심의 국제질서를 거부하였다. 이 때 신라와 백제는 수와 당의 등장을 이용하여 수와 당에게 고구려를 공격해 줄 것을 집요하게 요청하였다. 그러나 100만대군으로 침공하였던 수나라는 고구려의 성 하나도 제대로 점령하지 못하고 멸망했으며, 서역과 북방의 여러 나라를 차례로 휩쓴 당나라도 겨우 요동 평원의 몇 개

문무대왕 해중릉

성만을 점령하고 물러나야 했다.

　그러나 신라는 군사력보다 정치·외교력을 통해 삼국간의 전쟁에서 최종 승리자가 되었다. 신라는 당의 외교전략을 정확히 읽어내어 648년 나당 군사동맹을 체결하여 삼국통일의 발판을 마련할 수 있었다. 백제에 시달리던 신라는 고구려에 구원을 요청하러 갔다가 거절당하자, 다시 당나라에 구원을 요청하여 당을 중심으로 한 국제질서에 편승하여 살길을 모색하고자 하였던 것이다. 이에 반해 642년 쿠데타를 통해 정권을 장악한 고구려의 실권자 연개소문(淵蓋蘇文)은 신라 사신 김춘추(金春秋)와의 협상을 거부하고 당나라에 강경정책을 고집하였으며, 고구려는 668년 나당연합군의 공격을 받아 멸망하였다.

　이로써 수백년 간 지속된 전쟁은 신라의 삼국통일로 귀결되었고, 삼국민들은 한 국가의 구성원이 되었다. 삼국간의 전쟁은 당시 삼국민들에게는 엄청난 고통을 가져다주었지만, 우리 민족의 형성에는 중요한 계기로 작용하였다. 삼국전쟁을 치르는 동안 문물과 문화가 활발히 교류되고 영역변동으로 삼국민 간의 융합이 이루어져 삼국은 점차 동질적인 사회 상태가 되어 갔다. 삼국간의 전쟁이 끝나면서 백성들은 항상적인 전시 상태에서 벗어나 안정된 삶을 누리게 되었다. 그리고 그 뒤 몇몇 내전을 제외하면 전쟁은 주로 북방민족이나 일본 등 타민족과의 싸움이었다. 즉 삼국시대 이후의 전쟁은 대외항쟁의 성격이 강해지게 되었으니, 이것이 삼국시기 전쟁이 민족형성이라는 관점에서 적극적으로 평가되는 부분이다.

그러나 신라의 삼국통일에 대한 평가는 여러 갈래로 나뉘어 있다. 신라 당대에는 물론 고려, 조선 시대의 유학자들은 사대명분론을 강조하며 당과의 외교적 협력으로 신라가 삼국통일의 위업을 이룬 것을 긍정적으로 보았다. 그러나 한말 일제시기 한국 근대민족주의가 대두하면서부터는 평가가 달라졌다. 일제 강점기 국권을 상실한 상태에서 반외세의 저항적 민족의식이 요구되는 시대정신의 관점에서 볼 때 외세인 당나라를 끌어들인 행위는 비판의 대상이 되었다. 민족주의 사학자 신채호(申采浩)는 이들을 외세의존적인 사대주의자라고 폄하하였다.

삼국통일을 보는 입장의 차이는 각 시대마다 제기된 역사적 과제에 따라 달라져 왔다. 그러나 삼국시기의 전쟁에 근대 민족국가의 '민족' '민족의식'의 잣대로 '사대와 자주'를 재단하는 유일한 기준으로 삼는 것은 고대사회 전쟁의 역사성을 몰각하는 것이 될 수 있다. 삼국이 각기 생존을 위하여 전쟁을 벌이는 상황에서 중국이나 왜국 등 주변 나라와 서로 연계되는 것은 어찌 보면 당연한 일이었다. 그리고 신라는 군사력보다 정치·외교력으로 삼국을 통일하는 과정에서 한반도 전체를 지배하려는 당의 야욕을 일찍부터 간파하고, 겉으로는 외교관계를 긴밀하게 유지하면서도 안으로는 이를 분쇄하기 위한 준비에 착수하였다. 그리하여 고구려 멸망 이후 고구려 유민과 백제 유민까지 대거 동원하여 당군을 한반도에서 몰아낼 수 있었다. 이렇게 오랜 기간의 통일전쟁과 나·당전쟁을 어렵사리 치러내면서 비로소 신라인들과 백제, 고구려 유민들이 일종의 동류의식을 갖게 되었다고 보는 것이 더 실상에 가까울 것이다. 그리하여 통일신라는 고대사회를 벗어나서 중세사회의 기반을 마련함으로써, 역사 진행의 방향에 중요한 물꼬를 트게 되었다.

21세기 한국은 역사의 진전을 거스르지 않으면서 평화적인 통일을 염원하고 있다. 다시는 동족상잔의 비극을 되풀이하지 않고 세계 속에서 당당한 위치를 확보하는 통일을 이루기 위해서는 자주적인 민족의식과 함께 신라에서 본 것처럼 정치력과 외교력을 발휘하는 지혜가 요구되고 있다. 1300년 전의 통일 경험은 보다 성숙된 역사인식의 토양이 되어 우리 앞에 있다.

8장 남북국 시대의 역사와 문화

1) 발해의 건국과 문화

나당연합군에 의해 668년 고구려가 멸망당한 후 30년간 각지로 흩어졌던 고구려 유민들은 한반도 북부와 중국 동북지방에 진국(震國)을 세웠다. 진국은 후에 나라이름을 발해(渤海)로 고쳐 새로운 발전을 다짐하였다.

오랫동안 발해는 우리 역사에서 소외되어 왔다. 그것은 우리나라의 역사서가 일률적으

동모산 전경

로 신라 중심으로 기록되어 왔고, 고려와 조선을 거치면서 강토가 한반도 내로 국한되어 만주지역에서 활동한 발해는 잊혀졌기 때문이다. 발해의 존재를 한국사의 일부로서 본격적으로 다룬 것은 1784년에 간행된 유득공(柳得恭)의 『발해고(渤海考)』였다. 통일신라와 함께 발해의 존재를 남북국시대라고 하여 동일한 역사의식에서 이해하기까지는 오랜 시일을 필요로 하였다. 그러나 당시 신라인들은 발해를 '북국(北國)'이라 하여 같은 뿌리에서 나온 국가로 인식하였다. 또한 발해와 신라는 제도에서도 공통점이 많았다. 신라가 5소경을 두었다면 발해는 5경을 두었으며, 정치

정효공주묘 벽화

에서도 귀족의 합의를 중시하여 신라는 화백(和白)회의에서, 발해는 정당성(政堂省)회의에서 국가의 중요한 일을 합의로 결정하였다.

발해는 처음에는 신라와 당과 적대하면서 돌궐·일본과 친교하였으나, 점차 대외정책을 바꾸어 당(唐)문화를 받아들이고 통일신라와도 통교하였다. 당은 처음에는 발해를 국가로서 인정하지 않았으나, 713년 공식적으로 발해라는 국호를 사용하는 등 정권을 인정하였다. 발해는 14대 228년간 존속하면서 고구려의 건국지인 압록강 중류지방을 비롯하여 송화강 유역 및 한반도 동북부와 시베리아의 연해주까지를 포함하는 광대한 지역을 지배하였다. 곧 옛 고구려 땅의 대부분을 지배영역으로 확보, 복구한 고구려의 계승국가였다. 그리하여 일본에 보내는 국서에 스스로를 '고려(高麗)'라고 표현하였고, 일본도 발해를 그렇게 불렀다. 온돌장치, 굴식돌방무덤, 기와나 석등 같은 유물과 유적을 봐도 고구려의 문화적 요소를 계승한 것임을 알 수 있다. 발해는 통일신라와 서로 경쟁하듯이 발전하여 당과 함께 동아시아 번영의 주축을 이루었다. 특히 10대 선왕(宣王 : 818~830) 때는 멀리 흑룡강 하류까지 영토를 넓혀 사방 2천 리의 국경이 5천 리로 늘어났고, 5경 15부 62주 체제를 갖추어 '해동성국'이라는 이름을 얻었다.

발해의 문화는 고구려 문화를 근간으로 당 문화를 수용하여 혼합된 형태를 띠었다. 발해 3대 문왕(文王)의 두 딸인 정혜공주와 정효공주의 무덤이 발견되었는데, 고구려와 당의 묘제를 종합한 양식으로 만들어졌다. 발해의 수도였던 상경용천부 유적도 그러한 문화적 성격을 잘 보여주는데, 이 곳은 성왕이 천도한 후 멸망할 때까지 135년간 발해의 중심지였

상경용천부
동경성터

던 곳으로 지금의 길림성 영안현 동경
성이다. 동서 길이 약 4.6Km, 남북길이
3.3Km의 큰 성으로 주위에는 토성을 쌓
았다. 궁성과 왕성을 중심으로 10여 곳
의 관서지(官署址), 절터, 광장, 연못 등
이 확인되었고, 곳곳을 연결하는 주작
대로가 널찍하게 구획되어 있었다. 당
의 장안성(長安城)에는 못 미치나 일본
의 헤이안성(平安城)보다 큰 이 도시는
만주 동북지역의 불모지에 건설되어 영
화를 누린 발해왕국의 모습을 오늘날
우리에게 전해주고 있다.

발해에서도 고구려와 마찬가지로 불
교문화가 융성하였다. 3대 문왕은 존호
(尊號)를 '대흥보력효감금륜경법대왕
(大興寶曆孝感金輪經法大王)'이라 하여
불교에서 말하는 이상적 군주인 '전륜
성왕(轉輪聖王)'을 가탁하였다. 동경성

발해의 석등

에서 발굴된 절터에서는 불상, 석등, 돌사자, 와당 등 불교 관계 유물들이 적잖이 나왔다. 발해사지에는 2m가 넘는 석등이 남아 있으며, 동경용원부에서 출토된 이불좌상(二佛座像)은 고구려 양식과 그 기풍을 이은 불상이다. 또한 발해인이 편찬한『장경선명력(長經宣明曆)』은 천문학과 수학의 체계적인 지식을 담은 책으로 일본에 전해져 수백년 간 일본인의 농경생활에 지침이 되기도 하였다.

2) 통일신라의 사회구조와 문화

통일신라는 백제와 고구려의 지배층에게 신라의 관등을 주어 지배층 신분을 유지하게 하고, 확대된 전 국토를 일원적인 행정조직으로 개편하여 삼국의 일반 백성이 차별 받지 않고 살게 하였다. 전국을 9주(州) 5소경(小京)으로 나누었는데, 9주는 신라, 고구려, 백제의 옛 땅에 각각 3개씩 두었고, 5소경은 대체로 영토의 동서남북중의 5곳에 설치하였다. 주 아래에는 전국에 걸쳐 120여 개 군과 300여 개 현이 있었다. 지방사회의 가장 말단 통치구역은 향·촌·부곡(村·鄕·部曲)이었다. 촌은 양인이 사는 몇 개의 자연촌이 합쳐져서 이루어진 행정촌으로 토착세력가인 촌주(村主)가 책임자였다. 향과 부곡은 천민들의 거주지로 촌과 마찬가지로 현령의 통제를 받았다. 통일 이후 신라의 지방제도는 군사적 기능에

정창원 촌락문서

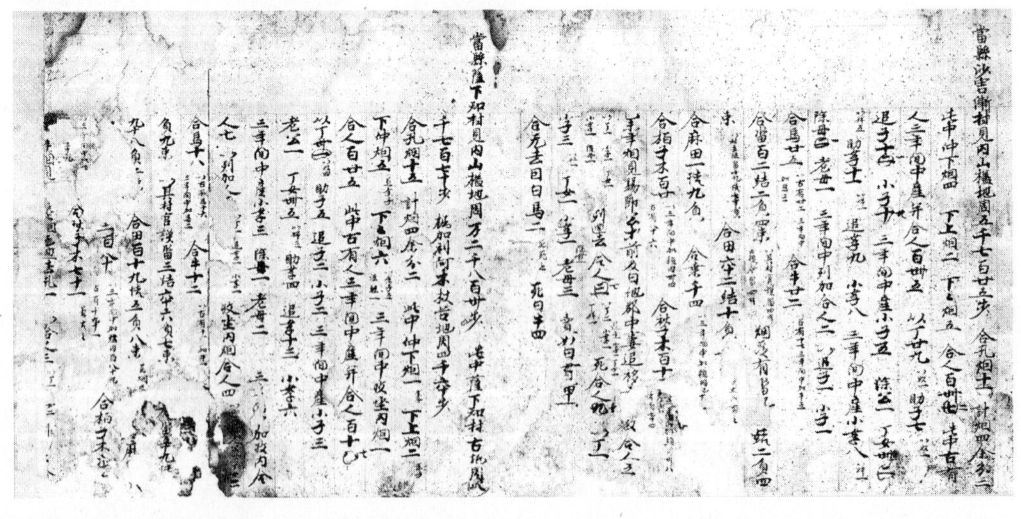

서 탈바꿈하여 본격적인 행정제도로 정비되었다는 점이 특색이다.

통일신라는 왕족인 진골(眞骨)이 최고의 지배신분층을 형성하고, 진골이 아닌 나머지 지배층은 관등을 기준으로 두품(頭品)을 나누는 골품제(骨品制)를 시행하였다. 골품제는 철저한 사회신분제로서 정치적·사회적 모든 방면에서 특권과 제약이 뒤따랐다. 6개의 두품은 관직에 오를 수 있는 6·5·4두품과 그렇지 못한 3·2·1두품의 상하 두 계급으로 나뉘었다. 상위계급 내에서도 각기 특권이 달라 6두품의 경우 '득난(得難)'이라고 해서 쉽게 오를 수 없었다. 6두품은 진골 바로 아래 신분이었지만 관리로서 장관이나 지휘관과 같은 높은 관직에는 임명될 수 없었다. 따라서 6두품 출신자는 관리가 되는 것을 포기하고 일찍부터 종교가나 학자가 되는 사람이 많았다. 원효(元曉)와 최치원(崔致遠)은 이러한 6두품 출신이다. 3·2·1두품은 일반 평민으로 신분적인 구분이 있었으나 점차 구분의 의미가 사라졌다.

통일신라 경제제도의 기본은 토지제도에 있었다. 통일신라는 영토가 넓어지자 전국의 토지를 측량하고 백성의 경제 상태를 조사한 다음, 차등적으로 부세를 거둬 빈부의 차를 조정해 나갔다. 6세기 무렵부터 신라는 전조(田租)를 거두는 것을 하나의 권리 즉 수조권(收租權)으로 파악하여 관리들에게 이를 녹읍(祿邑)으로 나누어주었다. 녹읍은 국왕 중심의 집권적 관료국가체제를 유지하는 경제적 토대였다. 또한 철저한 과세제도가 이루어져 뽕나무, 잣나무 등에 이르기까지 세금이 매겨졌다. 농민은 토지와 재산에 대한 조세뿐만 아니라 15세 이상의 남자는 일정 기간 동안 공공사업에 동원되어 역역(力役)을 부담하였다.

통일 이후 신라의 문화는 다양하게 발전하였다. 처음에 왕실과 지배층 중심으로 받아들여진 불교는 점차 일반 민중들에게까지도 널리 확산되었다. 7세기 이후 불교에 대한 이해가 깊어지고, 고승들의 활약과 경전유통에 힘입어 교학과 교리를 둘러싸고 다양한 논의가 전개되었다. 원효의 화쟁사상(和爭思想), 의상(義相)의 화엄사상(華嚴思想), 원측(圓測)의 유식학(唯識學) 등이 대표적이다. 이러한 불교사상의 활발함 속에서 위로는 국왕으로부터 밑으로는 일반 민중에 이르기까지 모든 신라인이 부처님의 제자라는 국가불교의 사회적 역할이 더 커졌다. 불국토를 염원하는 신라인들의 마음이 형상화된 대표적인 불교문화재가 불국사와 석굴암이다.

불국사

　　8세기 후반 신라 불교계는 새로운 사상인 선종(禪宗)의 유행과 함께 큰 변화를 맞이하였다. 선종은 경전의 교학불교(敎學佛敎)와는 달리 참선과 수행을 통해 깨달음을 얻을 수 있다고 하는 신사상이었다. 참선을 위해 지방의 한적한 곳에 절을 짓게 되면서 이 때부터 사찰은 깊은 산속에 세워지는 것이 상례처럼 되었다. 선종은 9산이라 하여 9개의 유파가 각지의 산을 중심으로 형성되어 신라 하대에 이르기까지 신라 불교를 주도하였고, 지방 호족의 후원으로 크게 번성하였다.

　　통일 이전 신라의 문학을 주도했던 향가(鄕歌)는 더욱 유행하여 888년 위홍과 대구화상이 왕명에 의해 『삼대목(三代目)』이라는 향가집을 편찬하기도 하였다. 현재 전해지고 있는 『삼국유사』에 수록된 14수의 향가는 대부분 승려나 화랑 등이 지은 것으로 대부분 불교적이다. 음악에서는 삼국시대 이래 신라악을 대표하였던 가야금이 여전히 중요한 위치를 차지하였고, 여기에 고구려 악기인 거문고가 중시되고 향비파(鄕琵琶), 대금, 박판(拍板), 큰북(大鼓)이 함께 어우러져 유쾌하고 박진감있는 음악이 연주되었다.

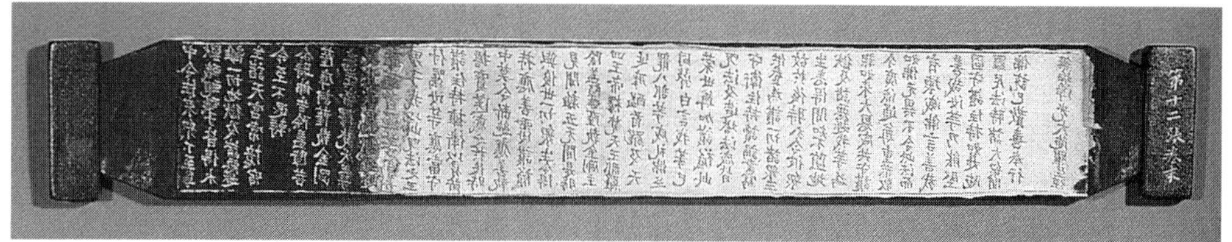

무구정광다라니경

　신라의 사회와 문화는 기본적으로 불교를 바탕으로 하였던 만큼 과학
과 예술에서 차지하는 비중은 절대적이었다. 특히 거대한 사찰의 건립은
과학적인 치밀함과 예술적 감각을 총집합한 종합예술이라고 할 수 있다.
대웅전을 비롯한 전각의 건립은 건축기술의 발달을 가져왔고, 탑과 불상,
불화, 각종 불교 관계 도구의 제작은 조각과 공예의 미적 감각을 한껏
드높였다. 오늘날까지 찬란한 문화유산을 남겨준 불국사, 석굴암, 부석
사, 분황사, 감은사, 기림사, 화엄사, 해인사, 금산사, 법주사, 동화사 등은
그 대표적 사찰들이다.

3) 통일신라인들의 해외활동

　통일신라 시기는 한국인의 해외활동이 활발했던 시기다. 중국은 물론
중앙아시아, 인도에까지 진출하여 활동하였는데, 이러한 활동을 가능하
게 한 것은 무역의 발달이었다. 신라에서는 관장제 수공업과 백성들의
가내 수공업도 발달하여 왕경에 동시(東市)와 함께 서시(西市), 남시(南
市)가 개설되는 등 상업이 크게 번성하였다. 국내의 상업발달과 함께
신라는 대외무역이 활발하여 신라 경제를 이끌어가는 원동력이 되었다.
주 대상국은 역시 당나라였고 일본, 심지어 아라비아 상인들까지도 교역
에 참여하였다. 처음에는 공무역이 성행하였으나, 9세기에 들어서 조선
술과 항해술의 발전을 토대로 지방 세력가들이 사무역을 크게 진흥시켰
다. 장보고(張保皐)는 그 대표적 인물로 828년 완도에 청해진을 설치하여
당·일본과의 사무역을 통해 거대한 해상왕국을 건설하기도 하였다. 장
보고는 중국 산동성 문등현 적산촌에 법화원(法華院)이라는 절을 세워
신라 승려의 활동을 지원하고 현지 교민사회의 구심점으로 활용하였다.
일본의 저명한 승려 엔닌(圓仁)도 장보고 선단의 도움으로 당에 들어가

일본
히에이산(比叡山)
미이데라(三井寺)의
장보고 영정

법화원에 머물렀다.

　신라는 통일 후 많은 구법승을 파견하였는데, 그 중 대표적인 승려가 의상(義相)이었다. 의상은 당에 가서 중국의 화엄종 학문을 배우고 돌아와 부석사와 해인사를 비롯하여 많은 사찰을 건립하고 제자를 육성하여 신라 화엄종을 발전시켰다. 의상은 중국 승려들에게도 존경을 받았으며, 화엄경의 요체를 210자로 함축 표현한 『화엄일승법계도(華嚴一乘法界圖)』는 중국의 화엄종 발전에도 일정한 영향을 끼쳤다.

신라 승려 중에는 멀리 인도까지 간 승려도 많았다. 그 중에서 혜초(慧超)가 유명한데, 혜초는 당을 거쳐 해로를 통해 인도에 들어가 불교 성지를 순례하고, 육로로 서역을 거쳐 다시 당으로 돌아와 많은 저술을 남겼다. 그가 지은『왕오천축국전(往五天竺國傳)』은 동서교섭사 및 인도사를 연구하는 데 귀중한 사료로 이용된다.

신라의 왕자로 평생을 당에 머무르며 포교활동을 한 김교각(金喬覺) 스님은 지금도 중국인들이 지장왕보살로 부르며 추앙하고 있다. 그는 중국 4대 명산 가운데 하나인 구화산(九華山) 지역을 중심으로 활동하며 빈민 구제를 통해 불교를 널리 알렸다.

또한 신라의 많은 유학생들은 발달한 학문을 배우기 위해 당에 유학하였다. 이 가운데 당에서 실시한 관리채용시험에 합격하여 이름을 떨친 사람들도 적지 않은데, 최치원이 그 대표적 인물이다. 그가 당에서 벼슬을 할 때 황소(黃巢)의 난을 치기 위해 지은『토황소격문(討黃巢檄文)』은 당의 문인들에게 널리 칭송받은 명문으로 유명하다. 고구려 유민의 후손인 고선지(高仙芝)는 당의 장수가 되어 파미르 고원을 넘어 서역의 사라센 제국을 세 차례나 원정하였는데, 제2차 원정(751) 때 중국의 제지술이 서양에 전해지게 되었다.

제2부

고려, 조선의 역사와 문화

1장 고려의 건국과 민족의 재통일

1) 신라 말기의 사회혼란과 후삼국

8세기 후반에 접어들어 신라 사회는 계속된 왕위쟁탈전과 모반사건으로 혼란에 빠졌다. 왕위쟁탈전의 소용돌이 속에서 사회질서의 기본이었던 골품제가 붕괴되기 시작하였다. 권력의 향방에 따라 지배계층의 이합집산이 반복되었고, 각 지방세력가들은 중앙의 통제를 거부하는 등 지방분권적인 모습도 나타났다. 이에 따라 백성들에게는 중앙과 지방의 이중지배가 과중하게 부과되었고, 마침내 농민들 스스로 찾은 자구책은 반란뿐이었다. 국가는 이에 강력히 대응했지만, 그럴수록 이들은 서로 세력을 끌어모으고 조직력을 갖추어 농민군으로 발전하였다. 889년 정부의 조세독촉을 계기로 상주에서 원종(元宗)과 애노(哀奴)가 주동하여 시작된 농민봉기는 삽시간에 전국으로 확대되었다.

한편 유력한 지방세력들은 농민군과 중앙정부로부터 스스로를 보호하기 위하여 사병조직을 갖추고 마치 독립세력처럼 행세하였다. 이들 유력한 지방세력과 농민군의 지도자들은 성주(城主) 또는 장군(將軍)이라고 자칭하며 호족(豪族)으로 군림하여 서로 싸우며 대호족으로 성상하였다. 이들은 삼국시대 이래의 지역적 특성과 혈연적 동질의식을 바탕으로 치열한 패권다툼을 펼쳤으니, 그 중에서 견훤(甄萱)이 후백제를, 궁예(弓裔)가 후고구려를 세워 후삼국시대를 열었다.

견훤은 원래 상주의 농민출신으로 체격이 장대하고 재주가 비범하였다. 그는 군대에 들어가 서남해안 지역에서 복무하였는데, 진성여왕대의 실정이 거듭되면서 통제가 약화되자 농민군을 포섭하여 전라도 지역을 장악해 나갔다. 892년 무진주(광주)를 점령하고 나아가 북쪽으로 진출하여 완산주(전주)를 점령하여 후백제를 건국하였다. 후백제의 영역은 전

포석정

라도와 충청남도의 대부분에 이르렀고, 경상도의 서부에까지 영향권을 행사하였다. 견훤은 반신라적인 호족세력을 규합하여 백제의 계승과 신라 타도를 표방하였으나, 새로운 사회의 건설에 대한 개혁의지는 미약하였다.

궁예는 신라의 왕실 출신으로 전한다. 기록에 따르면 그는 나면서부터 이빨이 있었고, 태어나는 날 지붕 위에 상서롭지 못한 광채가 있어서 왕이 그를 죽이려 하자 여자 종이 구출하여 도망하였다고 한다. 10세 무렵 신분을 속이고 영월의 세달사(世達寺)로 출가하여 승려가 되었다가, 891년 죽주(죽산)의 기훤에게 의탁하고, 나중에 원주의 양길 휘하에서 활약하였다. 그는 영월, 강릉, 철원 등지와 황해도 일대에서 맹활약을 펼쳐 추종세력을 결집하였다. 그 후 양길까지도 격파하고 자립하여 901년 개성에서 고구려의 계승을 내세우며 후고구려를 건국하였다. 궁예는 개성의 대호족인 왕건(王建) 부자를 받아들이고 서남쪽으로 세력을 확장하였다. 그 후 국호를 태봉으로 바꾸고, 그 판도는 강원, 경기, 충청북도의 전부와 평안남도 일부, 충청남도 북부 및 경상북도의 서북부, 그리고 전라남도 서부까지 아울러 당시 후삼국 세력권의 3분의 2를 차지하는 최대 세력이었다.

견훤과 궁예가 각각 국가를 선포하면서 독자적 세력권을 형성하자 이제 신라는 그 실체가 사라져 경주에 고립된 하나의 지방정권에 불과하게 되었다. 892년 후백제의 건국으로부터 936년 왕건이 후백제를 멸망시

키는 45년에 걸친 후삼국시대에
는 엄밀히 말하면 신라는 부수적
인 존재였다.

9세기 말 10세기 초반의 후삼
국시기는 중국에서는 당(唐)이
멸망하고 무신들이 각기 나라를
세워 대립한 5대10국의 내전기
로 접어든 때였다. 신라가 후삼
국이라는 혼란된 상황을 수습하
지 못하고 망한 데에는 당 중심
의 국제질서가 붕괴된 사실도 일
정하게 작용하였다. 후삼국시대
는 국왕, 왕실중심의 지배체제를

후삼국의 판도

무너뜨리고 지방세력까지 포함하는 귀족 관료중심의 새로운 정치질서를
만들어내는 계기가 되었으며, 민심의 중요성을 일깨워 지배층으로 하여
금 민(民)의 사회경제적 처지를 개선해 나가는 정책방향을 생각하게 만
드는 전기가 되었다는 점에서 의의가 있었다.

2) 고려의 건국과 통일전쟁

견훤과 궁예는 삼국시대 이래의 지역적 특성과 혈연적 동질의식을
내세우며 각기 백제, 고구려의 원한을 갚겠다고 나섰다. 그러나 이는
농민봉기나 왕위쟁탈전으로 드러난 신라사회의 모순을 극복하고 전체를
결집할 수 있는 새로운 이념이 될 수는 없었다. 특히 궁예는 신라에 대한
극심한 적대의식으로 신라를 멸도(滅都)라고 부르고 신라에서 온 자는
모두 죽였는데, 이는 전제군주로 군림하기 위한 독재자의 모습에 지나지
않았다. 의심많고 포악한 전제군주는 그의 신하들로부터도 지지를 받지
못하였다. 마침내 홍유, 신숭겸, 복지겸, 배현경 등 여러 장수가 궁예를
내쫓고 왕건을 새 왕으로 추대하게 되었으니, 왕건은 고려의 건국을 선언
하며 918년 왕위에 올랐다.

고려와 후백제는 초반에는 우호관계를 표방하였으나, 그것은 신라를

왕건의 묘

둘러싼 패권다툼을 둘러싸고 언제라도 촉발될 수 있는 긴장을 안고 있는 것이었다. 920년 후백제가 신라의 합천, 초계를 공격하자 신라가 고려에 원군을 요청하였다. 이에 왕건이 원군을 보내 신라를 도와줌으로써 고려와 후백제의 평화관계는 깨지기 시작하였다. 둘 사이의 본격적인 전투는 925년 경상도 북부의 조물군 전투였는데, 승부를 가리지 못하고 화친을 맺었다. 그러나 후백제는 인질로 보낸 진호가 고려에 의해 살해당했다고 주장하며 본격적인 전쟁을 일으켰다. 후삼국의 패권을 놓고 견훤은 항상 강한 군사력을 바탕으로 공격적인 자세를 취하였던 반면에 왕건은 유화적인 외교정책을 택하였다. 이로 인하여 고려는 후백제의 공격을 받아 치명적인 위기를 여러 차례 겪기도 하였지만, 신라인의 민심을 얻고, 경상도 일대 호족들이 대거 그를 따르는 성과를 얻기도 하였다. 왕건은 수군을 동원하여 남해안 지방을 점령함으로써 후백제의 배후를 교란시키고 일본과의 내왕을 차단하는 한편, 서해안에도 군사를 출동시켜 후백제가 중국의 오월(吳越)·후당(後唐)과 교류하는 통로를 차단, 고립시켰다.

왕건은 외적인 견제와 함께 소백산맥을 이용한 남진정책을 펼쳤다. 상주에서부터 성주, 합천을 거쳐 진주에 이르는 전략선을 확보함으로써 후백제 포위를 완성하고 신라 일대를 고려의 지배 아래 두고자 하였던 것이다. 그러나 후백제는 동진정책을 택하여 상주에서부터 안동 쪽으로 연결하는 전략선을 확보하여 고려의 포위정책을 저지하고 신라 일대를 지배 하에 두고자 하였다. 이리하여 경상도 서북부 상주를 비롯하여 안동, 합천, 진주 등지에서는 대규모 전투가 자주 벌어졌다. 930년 고려군은 고창군(안동) 전투에서 후백제군 8천여 명을 죽이고, 강릉에서 울산에 이르는 110여 성이 고려에 귀부함으로써 왕건의 세력은 크게 강화되었다. 더욱이 후백제 지배층의 분열로 견훤의 아들 신검이 견훤을 금산사(金山寺)에 가두고 견훤의 총애를 받던 넷째 아들 금강을 죽이자, 견훤은 나주로 도망하여 왕건에게 귀순하였다. 곧이어 신라의 경순왕도 고려에 귀순함으로써 후삼국의 통일은 눈앞에 다가왔다. 왕건은 고려의 중앙군과 각 지역에서 온 군사 9만여 명을 동원하여 황산군(지금의 논산군 연산면)에서 신검군을 대파하고 후삼국 통일의 위업을 세웠다. 때는 왕위에 오른 지 19년 만인 936년이었다. 이로써 신라 하대 지배층의 분열로 비롯된 후삼국의 혼란은 고려 태조에 의해 완전히 수습되어 통일왕조 고려가 한반도의 주인공이 되기에 이르렀다.

3) 민족의 재통일과 새 국가체제의 정비

왕건이 군사력으로 우세한 후백제를 제압하고 후삼국을 통일할 수 있었던 것은 유화적이고 우호적인 교섭으로 민심을 얻었기 때문이다. 왕건은 궁예의 극렬한 반신라정책이 결과적으로 화를 자초했음을 잘 알고 있었다. 그리하여 처음부터 신라에 대한 유화정책과 협조관계를 유지하였다. 때로는 신라를 구하기 위하여 죽음의 위기를 당하기도 하였다. 또한 그는 호족(豪族)들에 대해서도 자신을 낮추고 상대를 높이는 겸양의 덕을 발휘하여 호족들을 포섭하였다. 각 지역의 호족들을 지지세력으로 확보하기 위하여 그들의 딸과 결혼을 하여 그는 29명이나 되는 부인을 두기도 하였다. 또한 중요한 호족에게는 자신과 같은 왕씨 성을 하사하여 가족과 같은 대우를 하였다.

한편 왕건은 농민들의 고통을 덜어주는 세금 감면정책을 실시하였다. 궁예 시절에는 수확의 반 가량을 수탈해 갔지만 그가 즉위하면서는 10분의 1만 내도록 하였던 것이다. 또한 당시 발해가 멸망하여 그 유민들 다수가 귀순하자, 발해를 고구려의 후예국으로 생각하여 발해국에서 망

경기도 파주군 진동면 서곡리 고려귀족무덤 벽화

명해 온 세자 대광헌을 비롯하여 많은 사람들은 우대하였다. 이러한 정책으로 민심을 얻게 된 왕건은 한민족 모두를 재통일하게 되었던 것이다. 또한 고려라는 국호가 고구려를 계승하였다는 의식을 담았듯이 고려의 건국은 고구려의 옛 땅을 회복하여 진정한 민족사적 통일을 이룬 것으로서 의의가 있다. 신라가 좁은 영토에 안주하여 자주적·진취적 기상을 잃고 점차 당문화의 영향에 깊이 물들어 갔던 것을 극복하기 위하여 고구려 문화의 올바른 계승을 내세웠다. 그리하여 고구려의 수도였던 평양을 제2의 수도[西京]로 삼아 북진정책을 추진하였고, 그 결과 통일신라 때보다 훨씬 넓은 영토를 차지하게 되었다.

　한편 왕건에 의한 후삼국의 통일은 정치적으로 대립되는 정권의 소멸을 의미하였을 뿐, 각 지방은 여전히 호족들에 의하여 지배되었다. 요컨대 고려의 국가권력은 호족연합권력의 성격이 강하였다. 새로운 국가의 체제를 정비하기 위해서는 이 호족 연합정권의 균형을 유지하되 집권적인 왕권의 강화를 모색해야만 하였다. 그리하여 후삼국을 통일한 후 고려는 각 지방에 세력기반을 둔 규모가 큰 호족들을 왕권 아래로 흡수하여 귀족층으로 개편하고, 규모가 작은 호족들은 지방에 거주시켜 왕권을 대행하는 호장층(戶長層)으로 키웠다. 당·송의 제도를 참고하면서도 고려 고유의 중앙조직을 마련하여 중앙집권적인 통치조직을 정비하였다. 이러한 고려 중앙관제의 기본골격이 된 것은 성종 2년(983년)에 정비되

개성의 성균관(국자감)

기 시작하여 문종 30년(1076년)에 완비된 3성(省) 6부(部)체제다. 그리고 왕권의 강화에 따라 지방통치체제도 정비하여 중앙에서 지방장관을 파견하는 집권체제를 강화하였다. 지방의 주·부·군·현에 중앙관리가 본격적으로 파견된 것은 성종 2년 12목(牧)이 설치된 이후부터였다. 지방관제는 성종조 이후 몇 차례의 개폐를 거쳐서 현종 9년(1018년)에 전국을 5도(道)와 양계(界)로 크게 나누고, 그 안에 3경·5도호부·8목을 위시하여 군·현·진 등을 설치하였다.

또한 광종 9년 후주인(後周人) 쌍기의 건의에 의해 왕권강화책으로서 개국공신 세력을 배제하고 지방호족출신들을 중앙의 관료체제로 편입시키기 위해 과거제도를 실시하였다. 고려는 정치적 통치원리는 유교에서, 사회적 생활원리는 불교에서 취했던 나라다. 유교적 통치원리를 교육하기 위하여 성종 11년에는 개경과 서경에 최고의 교유기관으로서 국자감(國子監)을 설치하고 유교의 경전과 문학을 배우게 하였다. 또한 성종은 12목에 따로 경학박사·의학박사 각 1명을 보내 지방교육의 진흥을 꾀하였고, 인종 때에는 각 지방에 향교를 세워 지방 자제의 교육을 담당하게 하였다.

2장 동아시아의 정세와 고려의 대외 항전

1) 10~12세기 동아시아의 정세

고려가 건국되는 10세기 초반은 한반도를 비롯하여 동아시아 사회의 새로운 질서가 모색되던 시기였다. 한반도는 고려, 후백제, 후고구려의 주도권 싸움을 거쳐 936년 고려의 후삼국 통일로 귀결되었다. 중국은 당이 멸망한 후 5대10국의 대혼란이 계속되다가 10세기 후반 한족의 송(宋)이 등장하면서 비로소 평온을 되찾게 되었다. 그 와중에 변방의 유목민족인 거란이 907년 강력한 통일국가를 건설하면서 926년 발해를 멸망시켜 동북지방을 제압한 후 황하유역의 중원으로 진출하여 새로운 강자로 등장하였다. 거란은 936년 중원진출의 교두보였던 연운(燕雲) 16주(州)를 점령하고, 960년 송이 건국되자 양국 사이에 이 지역의 제패를 둘러싸고 긴장이 고조되었다.

연운 16주를 둘러싼 송과 거란과의 대립은 양국간의 대립으로 그치는 것이 아니라, 이후 12세기 초 중국 동북지역의 새로운 패자로 등장한 여진족의 금(金)과 송과의 또 다른 대립으로 이어져, 동아시아 국제질서의 균형을 가름하는 중요한 열쇠가 되었다. 송은 이후 300년간 중국을 지배하였으나, 거란과 여진의 군사적 압박에 계속 시달려 황하 유역의 중원 땅을 빼앗기고 양쯔강 남쪽으로 옮겨가지 않을 수 없었다. 이 나라를 남송(南宋)이라 하고 그 이전을 북송(北宋)이라 한다. 한편 대륙과 한반도의 긴장은 오히려 일본에 안정을 가져다주는 역할을 하였다. 이 시기 일본은 헤이안 시대(平安時代)로서 귀족정치 전성기를 맞아 평화를 누리며 독자적인 일본문화를 발전시키고 있었다.

고려는 통일 이후 발해를 멸망시킨 거란과의 교류를 거부하며, 발해 유민을 받아들이고 북진정책을 강행하여 청천강으로까지 국경을 확장시

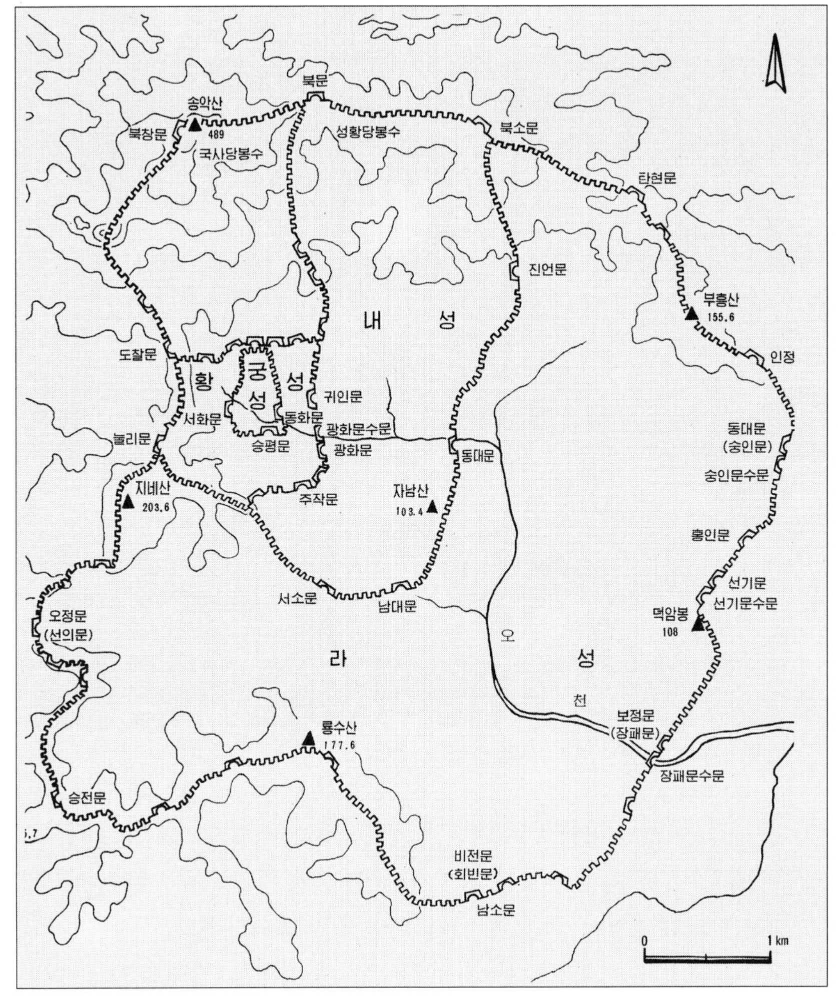

개성의 나성도

컸다. 그리고 거란의 팽창을 견제하기 위하여 송과 외교적 이해관계를 같이하고 있었다. 몽골계의 유목민족인 거란은 송과의 패권다툼이라는 큰 틀 속에서 고려를 세 차례에 걸쳐 침략하였다.

993년 거란은 고려의 친송정책에 불만을 품고 소손녕이 이끄는 80만 대군을 동원하여 제1차 침입을 단행하였다. 이 때 고려는 서희(徐熙)를 보내 거란과 담판을 벌여 싸우지 않고 거란군을 물리쳤다. 그러나 그 후 두 차례의 침략전쟁에서는 개경까지 점령당하여 격렬한 전투 끝에 승리하였다. 전쟁이 끝난 후 고려는 개성에 나성(羅城)을 쌓고 압록강 입구에서 도련포에 이르는 천리장성을 쌓아 거란의 재침입에 대비하였다. 한편 거란의 침입은 고려인의 민족의식을 불러일으키는 자극제가

함흥에 있는 성벽의 파편. 윤관이 쌓은 9성의 잔재라고 한다.

되었고, 국사와 대장경의 조판이 이루어지는 계기가 되었다.

여진족은 중국 동북지방의 중부를 중심으로 반목(半牧)·반농(半農) 생활을 해오던 퉁그스계로서 거란족이 세운 요(遼)의 국세가 기울자 1125년 금(金)을 세우고 요를 쳐서 중국 동북지방을 지배하게 되었다. 고려는 두만강 이남 한반도 동북부지방에 살던 여진족을 몰아내고 그 지방에 동북 9성을 쌓았다. 그러나 금은 세력이 강해지자 고려에 동북 9성을 돌려줄 것을 요구하고 사대관계를 취하라는 압력을 가해 왔다. 인종 때의 실권자 이자겸(李資謙)은 정권 유지를 위해 9성을 돌려주고 금의 사대요구를 수락하는 결정을 내렸다. 이로써 고려는 금과의 무력충돌은 피할 수 있었으나, 이는 국위를 손상시키는 결정이 되었다. 뒷날 묘청(妙淸)이 반금(反金)·자주를 내세우며 금과의 전쟁을 주장하게 되는 것은 이러한 고려의 외교관계를 극복하기 위한 노력의 일환이었다.

송나라는 건국 초부터 문치주의 정책을 추진한 문약한 나라로서 항상 주변 호족(胡族)들의 침략에 시달렸다. 거란의 요가 송을 침입하였으며

여진의 금은 송을 점령하고 휘종·흠종을 사로잡아감에 따라 송은 남쪽
으로 이동하여 겨우 명맥을 보존하였다. 그리하여 광종 때부터 시작된
송과의 관계에서 고려는 친송정책을 쓰면서도 주변국의 눈치를 살피지
않을 수 없었고, 송과의 관계는 주로 고려의 문화적 욕구와 송의 군사적
욕구가 서로 일치하였기 때문에 우호적으로 전개되었다. 고려는 송과의
관계를 통하여 그들의 선진문물을 수입하는 데 주안점을 두고, 사신과
학생, 승려들을 송으로 파견하여 그들의 발달된 유학, 불교, 예술 등을
받아들였다. 예성강구 벽란도는 당시 송나라 상인이 왕래하였으며, 일본
상인과 사라센 상인의 출입도 빈번하였다. 고려의 이름인 코리아(Corea)
라는 국명이 유럽에 전해진 것도 이 때였다.

2) 13~14세기 몽골의 등장과 대몽항전

13세기 초부터 14세기 중반까지의 시기는 아시아만이 아니라 유럽까
지 뒤흔든 강력한 정치세력인 몽골족이 활동한 시기다. 중국 북방 몽골고
원 일대에 흩어져 살고 있던 몽골족은 오랫동안 거란과 금에 예속되어
있었으나, 테무진(=칭기즈칸)이라는 영웅이 나타나 막강한 기마부대를
주축으로 세계 대제국을 이루었다. 몽골은 서남아시아를 제압하고 두
차례에 걸쳐 서양원정을 단행한 후, 금을 제압하고 1271년 국명을 원(元)
으로 고쳐 베이징으로 천도하였다. 그리고 동아시아에 대한 적극적인
진출에 나섰는데, 그 일환으로 고려를 침략하였다.

몽골의 고려 침입은 1231년(고종 18년) 대대적인 침략을 시작으로 약
40년 가까이 일곱 차례에 걸쳐 감행되었다. 당시 고려는 최씨(崔氏) 부인
(武人)집권기였다. 몽골의 침략을 받은 최우(崔禹) 정권은 수전(水戰)에
약한 몽골군에 대한 대비책으로 1232년 수도를 강화도로 옮기고 장기적
인 항전 태세를 취하였다. 몽골군은 계속 공격해 왔지만, 좁은 해협 너머
건너다보이는 강화도에는 진입하지 못하였다. 대신 한반도를 휘저으며
갖은 분탕질을 저질렀으니, 인명은 수없이 살해되고 심한 약탈로 국토는
황폐해졌으며 많은 문화재가 소실되었다.

장기간에 걸친 대몽항전에서 주체가 된 것은 농민과 천민이이었다.
강화도로 천도한 최씨정권은 농민들로 하여금 해도(海島)나 산성(山城)

항몽순의비

으로 피난하도록 지시하였다. 그리하여 해도와 산성은 몽골군과 싸우는 기지가 되었으며 이 기지를 중심으로 집단적으로 농사를 지으면서 항전을 계속하였던 것이다. 몽골군은 농민들의 저항으로 성을 함락시키지 못하면 평야의 곡식을 불태우고, 산성이 함락되면 잔인한 살육을 자행하였다. 1254년(고종 41년) 제6차 침입 때에는 그 피해가 가장 심하여 포로로 잡혀간 자가 20여 만이었고 죽임을 당한 자는 이루 다 셀 수 없을 정도였다. 농촌의 인구는 줄고 황폐해졌다. 1258년 농민들의 뒷받침을 받으며 장기간 대몽항전을 고집하던 최씨정권이 무너지자, 왕과 문신들은 전쟁의 종결을 서둘러 몽골과의 강화(講和)에 나섰다. 1270년(원종 11년) 왕과 문신정권은 개경으로 환도하였으나 이후 몽골의 철저한 지배 간섭을 받게 되었다.

한편 고려를 굴복시킨 몽골은 고려를 통하여 일본으로부터 조공을 받기를 원하였으며, 또 남송공략에 대한 전략으로서 해상을 통하여 송과 교통이 빈번한 고려와 일본을 이용하기 위해 일본원정을 계획하였다.

제주도
항파두리토성

몽골은 고려에 병사와 전함, 군량미 등 군수물자의 조달을 강요하였다. 또한 원은 일본원정 준비를 위한 관부로 정동행중서성(征東行中書省)을 개경에 두고 고려왕을 장관인 승상에 임명하여 총괄하게 하였다. 그리하여 고려군은 몽골군을 따라 1274년과 1281년 두 차례에 걸쳐 일본을 침공하였으나, 결국 실패하였다. 2차에 걸친 전쟁으로 고려는 막대한 인명피해와 경제적 손실을 입었으며, 원나라는 일본침공을 위해 설치하였던 임시행정기구인 정동행중서성을 정동행성(征東行省)으로 존속시켜 고려 내정을 감시하였다.

한편 몽골군에 대한 항복에 반대하던 무신들은 끝까지 저항하였다. 최씨정권에 의해 조직되어 무신정권의 친위부대로 활동하던 삼별초(三別抄)군은 정부의 강화정책에 강력하게 반대하면서, 승화후 온(承化侯溫)을 내세우고 전라도 남해안의 진도를 근거지로 삼아 몽골군과 몽골군에 항복한 정부에 항전하였다. 진도로 옮긴 삼별초는 남해, 창원, 거제, 제주, 나주 등지를 장악하며 기세를 떨쳤다. 일본원정을 준비중이던 원의 국왕 쿠빌라이는 몽골군과 고려 정부군을 동원하여 삼별초에 대한 토벌에 나섰다. 연합군의 토벌로 진도가 함락되자(1271년), 삼별초는 김통정(金通精)을 중심으로 제주도로 옮겨가 3년간 항전을 계속하다가 결국 진압되고 말았다.

진도
용장산성

삼별초가 단기간에 세력을 확장하고 여러 해 동안 버틸 수 있었던 것은 삼별초의 병력 때문만은 아니었다. 일반 백성들의 광범한 지지와 호응이 있었기에 삼별초가 또 하나의 고려정부로 존재하면서 몽골 및 몽골과 결탁한 개경정부와 계속 항쟁할 수 있었던 것이다.

장기간의 전쟁을 치른 이후 고려는 100여 년간 원의 지배간섭 하에 들어가게 되었다. 양국이 본격적인 관계를 갖기 시작한 14세기의 고려사회는 고려국왕의 친조(親朝), 고려 왕과 원 공주와의 혼인, 정동행성의 설치, 고려관제의 개편 등으로 보다 철저하게 원의 내정간섭을 받게 되었다. 또 한반도의 동북지방 일부와 제주도를 원의 직속령으로 내주어야 했으며, 금·은, 인삼, 약재, 호피, 도자기 등의 특산물을 해마다 원으로 보내는 괴로움을 겪어야 하였다.

원의 간섭이 계속되는 동안 고려사회는 안으로 크게 변화였다. 원의 왕실이나 유력자와 관계를 맺은 집안이나 원의 관원이 된 사람, 통역관 등이 새로운 세력가로 행세하였다. 또 왕실을 위시하여 권문세력 등 상류층 사이에서는 몽골의 복식이나 생활풍속이 유행하였다. 한편 권문세족은 수단을 가리지 않고 토지를 겸병하여 국가토지제도를 붕괴시켰다. 토지제도는 집권적 관료조직의 경제기반인 동시에 국가재정의 기본이었으므로, 그 문란은 곧 관료제와 국가경제의 파탄으로 이어져 고려 말 심각한 사회혼란을 야기하였다.

3) 14세기 후반 원·명교체와 왜구

강성을 자랑하던 원나라도 14세기 후반에 들어서면서 각지에서 한족(漢族)의 반란이 잇따라 일어나는 등 쇠퇴하기 시작하였다. 원은 11대 순제(順帝 : 1332~1370)를 끝으로 멸망하고 말았다. 이후 원의 잔존세력들은 '북원(北元)'이라 이름하고 2대에 걸쳐 겨우 존립하였으나, 오래지 않아 소멸하였다(1388년). 한편 한족의 평민출신 주원장(朱元璋)은 1368년 명(明)을 건국하고 난징(南京)에 수도를 정하였다.

이러한 원·명 교체기의 어수선한 분위기를 이용하여 고려의 공민왕은 반원(反元)자주정책을 추진하였다. 공민왕은 친원세력의 핵심이었던 기철(奇轍) 일당을 숙청하고 정동행성을 폐지했으며, 쌍성총관부를 탈환하는 등 원에게 빼앗겼던 동북지방의 국토를 다시 수복하였다.

공민왕은 신돈(辛旽)을 기용하여 권문세력의 경제기반이었던 불법적인 대토지 소유를 개혁하기 위하여 전민변정도감(田民辨整都監)을 설치하여 토지제도의 개혁을 단행하였다. 또한 교육과 과거제의 개혁에 의해 새로운 정치세력을 키우려 노력하였다. 그러나 공민왕의 개혁정책은 공민왕이 반대파에 의해 살해됨으로써 좌절되고 말았다. 공민왕을 이어 왕위에 오른 우왕은 초기에는 북원의 연호를 사용하다가 다음 해에는 명의 연호를 사용하여 북원과 명에 대한 등거리 실리외교를 전개하였으며, 우왕 10년 이후에는 북원과의 관계를 끊고 명과 본격적인 외교관계를 맺게 되었다.

한편 고려 말에는 동아시아의 격변 속에서 고려의 변방과 해안지역으로 들어온 중국과 일본 도적들의 노략질로 뜻하지 않은 피해를 입었다. 원나라에서 일어난 한족 반란군 홍건적은 원나라 각지에서 전투를 벌였는데, 그들 중 한 무리가 원나라의 반격을 받고 고려 쪽으로 쫓겨 들어와 노략질을 하는 경우가 생겼다. 1359년 12월 홍건적 4만의 무리가 평안도 의주와 정주를 함락시키고 순식간에 평양을 점령한 사건이 있었다. 1361년 10월에는 황해도와 평안도 지역까지 들어와 고려의 방어선을 무너뜨

공민왕의
천산대렵도

리고 수도인 개경까지 압박하게 되었다. 다급해진 공민왕과 관리들은
하룻밤에 수도를 버리고 안동까지 도망갔다. 홍건적은 개경 성안에서
어린아이까지 삶아먹으면서 만행을 저질렀다. 고려는 다음에 1월에 가서
야 전열을 가다듬어 개경을 회복할 수 있었다.

　홍건적보다 지속적으로 고려 말에서 조선 초에 걸쳐 침략한 것은 왜구
(倭寇)였다. 왜구의 침입은 삼국시대에도 있었으나, 고려 말 왜구의 침입
은 보다 지속적이고 그 피해가 막심하였다는 점에서 이전과는 달랐다.
왜구가 빈번하게 침입한 고려 말에, 일본은 가마쿠라(鎌倉) 막부가 1330
년에 멸망하고 무로마치(室町) 막부가 들어섰으며, 동시에 황실이 남북
으로 갈라져 서로 대적하는 남북조시대였다. 당연히 중앙의 통치권력은
제대로 힘을 발휘하지 못하였고, 그 틈을 타서 각 지방의 무사들이 자신

황산리대첩비(남원).
오른쪽 아래의
누워있는 비가
원래의 대첩비다.

들의 영지 획득에 혈안이 되었다. 그 와중에 백성들은 비참한 생활을 면하기 어려웠고, 이들은 해적이 되어 고려뿐만 아니라 중국 연안에까지 출몰하면서 약탈을 일삼게 되었다. 왜구의 주된 약탈품목은 곡식이었다. 그들은 주로 고려의 조운선(漕運船)을 습격하고, 나아가 연안의 곡물창고를 노략질하다가 나중에는 내륙지방까지 쳐들어오기도 하였다.

공민왕 때부터 공양왕 때까지 41년 동안 왜구는 총 506회, 1년 평균 약 12회 이상 침입하였다. 우왕대에 제일 극심하였는데, 그 중에서도 1377년(우왕 3년)에는 총 52회 쳐들어와 백성을 죽이고 재물을 약탈하였다. 곡식 이외에 사람도 마구 잡아가고 죽였으며, 어떤 곳에서는 사로잡은 사람들을 모조리 죽여 시체가 산같이 쌓이고 지나는 곳마다 피의 물결이었다고 한다.

당시 고려군은 원 간섭기 동안 독자적인 군사력을 갖지 못했기 때문에 군사적으로 매우 취약하였다. 특히 수전에 강한 왜구를 효율적으로 방어할 수가 없었다. 그러나 왜구의 침입이 계속되자 고려정부는 여기에 적극적으로 대응하지 않을 수 없었다. 성을 쌓고 수군을 강화하며 새로운 무기인 화포를 개발하는 등 국방력을 강화하여 왜구를 토벌하였다. 1389년(창왕 1년)에는 박위가 100여 척의 병선을 거느리고 왜구의 소굴인 쓰시마(對馬島)를 직접 정벌하였다. 최영(崔塋)과 이성계(李成桂)는 이러한 왜구와의 전투에서 혁혁한 공을 세우면서 명성을 얻게 되었다.

3장 고려의 문화 역량

1) 고려청자

고려시대는 외부세력의 빈번한 침략에도 불구하고 오늘날 고려를 생각하면 떠올려지는 대표적인 고려만의 문화를 꽃피워 우리 전통의 한 맥을 형성하였다. 그 가운데 대표적인 공예기술로 세계적인 명품으로 평가받고 있는 것이 고려의 도자기, 청자다. 우리나라 도자기 공예의 역사를 보면, 처음에는 중국의 영향을 받았지만, 점차 중국·일본과 다른 우리만의 독특한 도자기를 만들었다. 그 구체적인 예가 바로 청자, 분청사기, 그리고 백자다. 청자는 고려시대를, 백자는 조선시대를 대표하는 도자기다. 분청사기는 청자와 백자의 특징을 모두 지닌 가운데 독특한 특징을 가지고 있다.

청자란 점토로 형태를 만들고 700~800℃에서 구워낸 후 다시 철분이 1~3%가량 들어 있는 장석질(長石質)의 유약을 입혀 1,200℃ 내외의 고온에서 구워낸 자기를 말한다. 청자 제작이 가능하려면 선결해야 할 기술이 두 가지 있는데, 1,000℃ 이상의 고온에서 단단한 도기를 구워내는 것과 높은 온도에서 녹는 잿물유약을 능숙하게 사용하는 것이다.

통일신라시대에도 1,000℃ 이상의 고온에서 구운 경질토기와 유약을 입힌 푸른색의 도기가 생산되었다. 이러한 기술 전통을 바탕으로 중국에서 전래된 청자와 도예기술을 종합하여 고려인들은 반투명의 은은한 비취색 고려청자를 개발하였다. 고려청자의 발달은 고려 귀족문화가 정착하면서 그 수요가 증대함에 따라 기술개발과 생산의 대량화가 촉진되면서 이루어졌다.

10세기 후반에 접어들면 고려는 중앙집권적 정책을 추진하면서 중국의 제도와 문물을 크게 받아들였다. 이 과정에서 중국문물에 익숙한 지식

청자과형병

인들은 당시 수요가 급증하고 있는 청자의 공급을 위해 중국청자와 닮은 청자를 만들 것을 제언하였다. 초기 청자 가마터에서 나오는 청자를 보면 대개 차를 마시는 다완(茶碗) 등 다구류가 가장 많은 양을 차지하고 있는데, 이는 고려에 들어온 차가 귀족과 승려의 생활이나 왕실이나 불교교단의 각종 행사에 필수품목으로 부상하면서 차 마시는 습관이 성행하여, 그 수요가 늘어난 때문으로 추측된다.

11세기 후반 문종과 선종대는 고려의 중앙집권적인 귀족정치체제가 확립되는 시기로 왕권이 안정된 가운데 학문이 발달하고 북송과 활발한 문화교류가 이루어졌다. 그러한 가운데 귀족문화가 크게 번성하면서 고려청자의 새로운 장이 열리게 되었다. 청자의 생산지가 급격히 확산되고 다양한 청자가 만들어졌다. 이러한 활발한 활동 속에서 12세기에 이르러 그 유명한 고려비색 청자가 탄생한 것이다. 1123년(인종 1년) 고려에 왔던 송나라 사신 서긍(徐兢)이 지은 『고려도경(高麗圖經)』에는 "고려 사람들은 도기 가운데 푸른 빛을 띠는 것을 비색(翡色)이라 한다"고 하였다. 또한 송나라 태평노인의 『수중금(袖中錦)』에는 "건주의 차, 촉 지방의 비단, 정요(定窯)백자, 절강의 차, 고려비색(高麗翡色) 모두가 천하의 제일"이라고 하였다. 이는 당시 중국인이 그들의 청자를 '비색(秘色)'이라 불렀던 것과 고려청자를 달리 구별하였음을 보여주는 것이다. 3세기부터 오랜 청자의 제작 전통을 가졌던 중국인이 고려청자를 극찬했으니, 이는 중국청자 기술로부터 배웠지만 200여 년에 걸친 부단한 노력 끝에 누구도 흉내낼 수 없는 고려청자만의 색감을 만든 놀라운 고려문화의 독창성이었다.

비색의 고려청자가 정점에 달하였던 12세기를 전후하여 고려인들은

상감운학문매병　　　　　　　　포류수금문 정병

상감(象嵌)이라는 공예기법을 도자에 적용하여 다시 한 번 고려청자의
도약을 이루었다. 음각으로 무늬를 새기고 여기에 백토를 접어넣어 유약
을 발라 여러 번 구워내 만든 것이 상감청자다. 이는 나전칠기를 만드는
기법과 거의 동일하다. 상감기법의 발달로 청자는 지금까지의 단색을
주조로 하는 정적인 고요함에서 다채롭고 장식적인 새로운 멋을 품게
되었는데 자주 쓰인 문양은 여유로움과 편안함을 주는 운학 무늬와 포류
수금 무늬였다.

　상감청자는 12세기에 만들어지기 시작하여 13세기 전반기까지 전성
기를 이루다 그 후반부터 쇠퇴하기 시작하였다. 몽골의 침략에 대항하여
전쟁을 치른 이후 전국이 초토화되고 국력이 소모되면서 전과 같은 청자
제작이 어려워졌기 때문이다. 이후 조선의 건국과 함께 분청자(粉靑瓷)로
이어지면서 한국의 도자기는 새로운 전환을 하게 되었다.

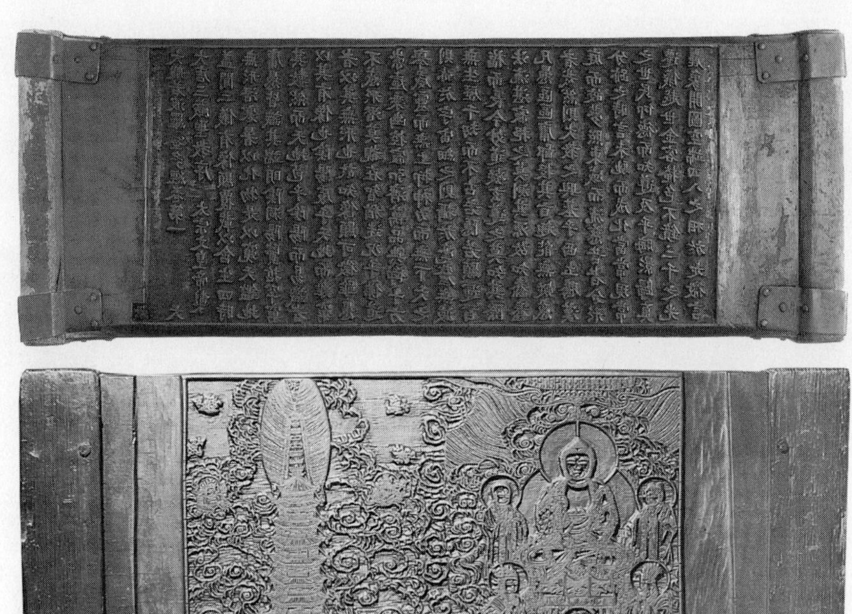

팔만대장경
경판과 변상도

2) 팔만대장경

1995년 유네스코의 세계문화유산으로 지정된 고려의 팔만대장경은
몽골의 침입을 피해 1232년 강화로 수도를 옮긴 이후 대몽항전을 계속하
던 16년간에 걸쳐 만들어졌다. 대장경이란 석가여래와 그 제자들의 설교,
계율, 논설과 주석을 포함한 모든 불경을 집대성한 것이다. 81,197매의
판목에 앞뒤 양면으로 새긴 팔만대장경은 경상남도 합천 해인사에 봉안
되어 지금까지 보존되고 있다. 대장경을 조판한 이유는 몽골의 침입을
부처의 힘으로 극복하고자 함이었다. 『고려사』에서는 최우, 최항 부자와
정안이 대장경 조판비용을 댔다고 하였는데, 대장경 각 경판의 끝을 보면
구석에 한 명에서 많게는 십여 명에 이르는 사람의 이름이 새겨져 있다.
이들은 팔만대장경을 만들거나 새기는 데 재산을 시주한 사람들이다.
일반 신자나 승려들이 발원을 하며 경판을 시주하였던 것이다. 따라서
팔만대장경은 몽골군이 물러나기를 바라는 국가적 사업의 결과이기도
하지만 동시에 개인적 소망이 이루어지기를 기원한 일반 고려인들의

염원이 담긴 문화재라고
할 수 있다.

대장경을 만들기 위하
여 최씨정권은 강화에
대장도감(大藏都監)을
설치하고, 남해에 분사
도감(分司都監)을 두었
다. 강화와 남해에 도감
을 설치한 것은 몽골군
이 남하하더라도 안정이
보장되는 섬이기 때문이
며, 섬과 해안가에서 산
벚나무와 돌배나무를 구
하기 편리했기 때문이었

강화 선원사지

다. 대장경을 새긴 경판은 가로 69~78cm, 세로 24~25cm, 두께 2.4~
3.6cm로 이러한 크기의 경판을 마련하려면 적어도 지름이 50cm 이상
되는 곧은 나무를 사용해야 했다. 따라서 8만여 장의 경판을 마련하는
것은 쉬운 일이 아니었다.

경판은 먼저 목재를 베어내 운반한 뒤 적당한 크기와 부피로 판목을
잘라내어 바닷물에 담가두었다가, 다시 소금물로 쪄서 기름 성분을 완전
히 빼낸 다음 몇 년 동안 그늘에서 말리고 대패질하여 마련하였다. 경판
이 완성되면 승려나 문인이 쓴 경문을 그 위에 뒤집어 붙인 뒤에 양각으
로 양면에 각각 14자씩 23행을 새겼다. 글을 새기는 각수(刻手)들은 한
자를 새기고 세 번 절을 올리는 일자삼배(一字三拜)의 정성을 들였다고
한다. 글자를 새긴 후 경판 양쪽 끝에 각목으로 마구리를 대고 경판 표면
에 진한 먹을 발라 나무를 물들이고 결을 메워 매끄럽게 한 다음 그
위에 안료를 섞지 않은 생 옻을 두세 차례 칠하여 말렸다. 그리고 네
귀퉁이는 구리판으로 감싸서 판이 뒤틀리지 않도록 마무리하였다.

몽골의 침입을 받고 있던 어려운 시기에 16년이라는 단기간에 방대한
팔만대장경을 완성할 수 있었던 것은 오랜 동안 우리 민족이 불교를
깊이 연구하고 인쇄기술을 발전시켜 온 문화적 저력 때문이었다. 삼국시

해인사 경판고

대에 불교가 들어온 이래 사찰에서는 불경을 금·은 등으로 사경(寫經)하였을 뿐만 아니라 목판으로 간행하기도 하였다. 석가탑에서 발견된『무구정광대다라니경(無垢淨光大陀羅尼經)』은 751년 이전에 간행된 것으로 현존하는 최고의 목판본이다. 고려시대에 들어와서도 이러한 경험을 바탕으로 현종 때 초조대장경(初造大藏經)을 조판할 수 있었고, 숙종 때에는 속장경(續藏經)을 판각하였다. 그리고 중앙과 지방의 관청에서도 유교 경전 및 역사서를 판각할 수 있는 기술을 지니고 있었다.

또한 정종 때 불경명보(佛經名寶)와 광학보(廣學寶)를 설치하여 경전에 대한 연구와 간행 보급을 지속해 온 것은 팔만대장경을 더욱 완성된 판본으로 만드는 기초가 되었다. 팔만대장경은 기존의 모든 불경을 망라하여 교감을 철저히 하였는데, 우리나라에서 유통된 판본, 송의 대장경, 거란 대장경을 교감하여『고려국신조대장경교정별록(高麗國新造大藏經校正別錄)』30권을 작성하였다. 이를 근거로 대장경을 판각함으로써 그 동안 간행된 대장경 중 내용이 가장 정확하여 오자가 없는 것으로 인정받고 있다.

팔만대장경이 오늘날까지 보존될 수 있었던 것은 경을 보관한 경판고

(經板庫) 덕분인데, 이 경판고는 팔만대장경과 함께 세계문화유산으로 지정될 정도로 건축적인 가치가 높다. 해인사 대적광전 뒤편 장경각(藏經閣) 안 해발 645m에 위치한 경판고는 세 계곡이 만나는 지점에서 1km가량 떨어진 곳으로, 바람이 늘 불어온다. 바람은 맨 밑단에서부터 맨 위 판가에 이르기까지 경판 틈을 골고루 지나면서 습도를 조절해준다. 또한 판고 바닥에 숯을 깔고 지붕의 구운 기와를 얹어 온도와 습도의 항상성을 유지하였다. 이러한 과학적 건축술로 만든 장경각은 팔만대장경의 세계적 가치와 함께 문화와 기술의 발달을 오늘날 우리에게 전해주고 있다.

3) 과학기술

고려는 전통적 과학기술을 계승하고 중국과 이슬람의 과학기술을 수용하여 인쇄술, 상감기술, 화약 및 무기제조 등에서 눈부신 발달을 이루었다.

고려는 각 사찰이나 중앙과 지방의 관청에서 불경, 유교경전 및 역사서 등 필요한 저술을 판각하여 유통시킬 수 있는 기술과 출판문화를 가지고 있었다. 그리하여 건국 초부터 개경과 서경에 도서관을 설치하고 수만 권의 진기한 책들을 수집·보관하였으니 송에서도 구해갈 정도였다. 960년에는 송의 요청으로 『천태론소(天台論疏)』를 비롯한 경전을 보내줄 정도였다. 또 학문의 발전으로 각종 서적의 수요가 증가하자, 국자감에 서적포(書籍鋪)를 두어 많은 책들을 새로 간행하였다.

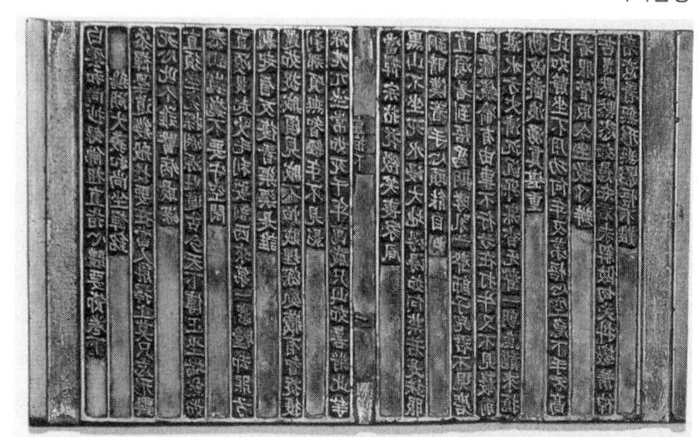

직지심경

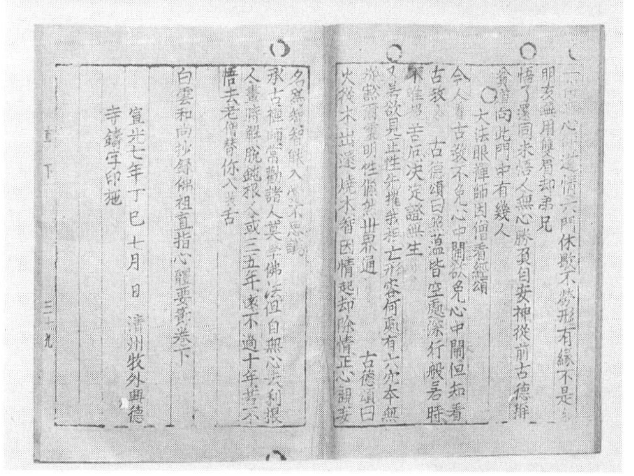

고려의 화포(일명 대장군포)

1192년에는 『증속자치통감(增續資治通鑑)』을 교감한 후 여러 주편에서 판각하여 신료들에게 나누어주게 하기도 하였다.

12세기 말엽에는 청동주조술, 제지술의 발달과 인쇄에 적합한 먹물의 개발에 힘입어 세계 최초로 금속활자 인쇄술을 실용화하였다. 1234년에 금속활자로 『상정고금예문(詳定古今禮文)』 50권을 찍어 간행하였다. 그러나 이 책은 오늘날 전해지지 않고 있으며, 그 대신 1377년 청주 흥덕사에서 주조활자로 간행한 『백운화상초록불조직지심체요절(白雲和尙抄錄佛祖直指心體要節)』이 세계에서 가장 오래된 금속활자인쇄본으로 공인받고 있다.

고려의 청동도장

도자기나 금속, 목재 등의 표면에 여러 무늬를 새겨 그 속에 금, 은, 보석, 자개, 뼈 혹은 색깔이 다른 흙 등 여러 가지 재료를 박아넣는 공예기법인 상감은 고대 유럽에서 처음 개발되었다. 고려는 이 상감기술을 중국을 통해 받아들인 후, 진주 빛이 나는 자개를 상감 재료로 이용한 나전칠기와 청자에 백토와 자토로 무늬를 넣은 상감청자를 개발해 독자적인 양식으로 발전시켰다. 금속공예에서는 입사(入絲)라는 이름으로 사용되고 있었다. 상감기법의 발달로 고려청자는 정적인 고요함에서 다채롭고 장식적인 새로운 멋을 품게 되어 고려 장식미술은 절정을 맞았다.

고려 말 한반도 해안지역에 출몰하여 노략질을 일삼던 왜구와 싸우기 위해 고려정부는 화약을 제조하고 여러 종류의 화포를 제작하였다. 화약을 처음 사용한 나라는 중국이었으나, 제조 기술이 극비 사항이어서 비법을 알아내기 어려웠다. 최무선(崔茂宣)은 화약을 제조 개발하여, 조정에 건의하여 화통도감(火㷁都鑑)을 설치하고, 화약과 각종 화포를 개발하였다. 화포들은 왜구를 격퇴하는 데 크게 이바지하였는데, 포의 위력이 대장군의 지략과 위엄에 비길 만하다 하여 대장군포라 일컬어지기도 하였다.

4장 고려의 국제교역과 벽란도

1) 개경과 벽란도

고려시기에 국제교역은 매우 활발하였다. 송을 비롯한 외국과 활발한 교류를 하여, 고려의 국명이 서양에 알려져 'Corea'라는 호칭을 얻기에 이르렀다. 고려시기에는 중국대륙에 여러 왕조가 성쇠를 겪어, 고려는 여러 나라와 교역하였는데, 조공무역(朝貢貿易) 이외의 사상(私商)의 활동도 크게 활기를 띠었다. 개경에는 송상(宋商)을 비롯한 여러 나라의 상인이 내왕하였다. 한강에서 개경에 이르는 예성강 어귀에 자리한 벽란도(碧瀾渡)는 고려시대 무역선의 최종 정박지로서 국제교역항의 구실을 하였다.

개경에서 10여 km 떨어진 항구 벽란도는 원래 예성항으로 불렸으나

宣和奉使高麗圖經卷第二十四

節仗

臣聞春秋之法王人雖微序在諸侯之上蓋尊王命也然當是時周室紀綱圮壞諸侯強大有輕之之心孔子託空言以爲天下後世臣子法尙諄諄如此矧太平盛際觀遣王人遠使外國則彼之尊奉之禮豈敢少懈哉恭惟宋有天下垂二百年干戈浸假夷裔君長不待詔告而信順之誠堅若金石蓋自容成氏以來未有太平如此之盛矣乎諸侯推尊王人而禮文繁縟也比年使

高麗圖經卷二十四　一　二

命每至麗國間其、備竭儀物之華兵衛之眾以逌詔書以導旄節禮甚勤至然是行也適在王俟衣制未終其鼓吹之類皆執而不作亦可謂知禮也已

初神旗隊

神州旣抵禮成港下矴訖麗人具采舟來迎使者奉詔書登岸三節步從入碧瀾亭奉安詔書訖退休於所舍明日質明都轄提轄官對捧詔書入采輿兵仗前導諸仗之中神旗爲先自西郊亭預建於館前俟詔書至與餘仗相接導衞入城旗列十面車載而行每乘十餘人

『고려도경』
禮成港조

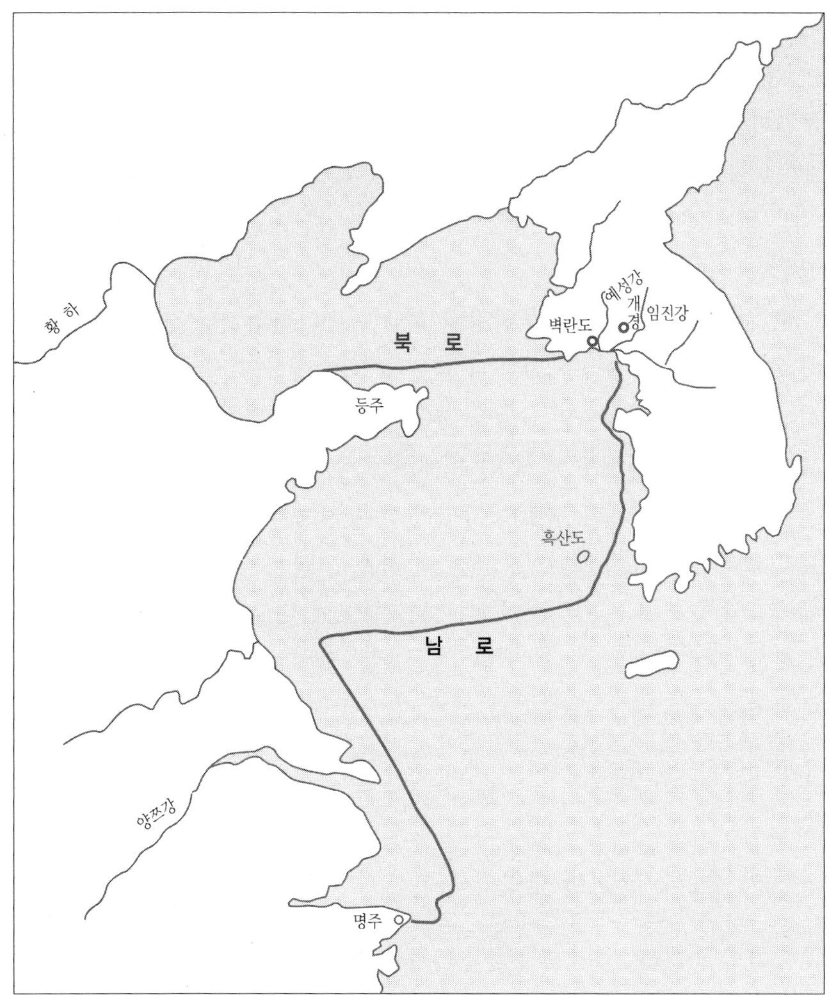

벽란도로 들어오는
두 물길

　그 곳에 있던 벽란정을 따라 벽란도라고 이름하였다. 벽란도는 물살이 빨라 위험했으나 수심이 깊었기 때문에 선박 운행이 자유로워 국제항으로 성장할 수 있었다. 고려 중기에는 송, 일본뿐만 아니라 남양과 아라비아 상인들까지 드나들며 활발한 무역활동을 벌여, 고려정부는 관원을 파견하여 국가의 허락 없는 상행위를 통제하였다. 이규보는 "조수가 들고 나니 오가는 배는 머리와 꼬리가 잇대었다. 아침에 이 다락 밑을 지나면 한낮이 채 못 되어 남만의 하늘에 들어가는 구나"라고 하며 벽란도의 번창을 노래하였다.

　고려의 주된 교역국은 송나라였는데, 고려와 송나라를 오가는 바닷길은 크게 북로와 남로의 두 길이 있었다. 북로는 산뚱반도 북단의 등주를

떠나 동쪽으로 황해도 북부에 이르는 장산곶을 돌아 예성강으로 들어오
는 길이었다. 이 길은 거리도 짧고 큰 위험이 없었으나 장산곶을 돌 때
물결이 급하여 파선할 위험이 있었다. 그래서 장산곶 부근에서는 용왕에
게 제사를 지내는 풍습이 생기기도 하였다. 그러나 북로는 자칫 거란과
여진 등이 장악하고 있던 영역으로 들어갈 위험이 있어서 점차 이용하는
배들이 적어졌다.

후기로 갈수록 북방의 불안정한 정세와 송나라의 양쯔강 이남 개발에
따라 남로가 많이 이용되었다. 강남은 중요한 물산의 생산지였고, 동남아
시아나 인도, 아라비아의 물품을 실은 배들도 이 곳에 기착하였기 때문에
고려로 오는 상선들도 대개 이 곳에서 물품을 싣고 출발하였다. 남로는
절강성의 명주(현재의 닝뽀)에서 출발하여 연해를 따라 북상하다가 정동
으로 방향을 잡아 우리나라 흑산도를 경유, 연안을 따라 북쪽으로 올라와
예성강에 도착하는 길이었다. 이 길은 북로에 비하여 거리가 배나 되고
위험한 길이었다. 그러나 이 항로도 명주·정해에서 순풍을 만나면 3일
만에 바다 가운데로 들어갈 수 있고, 또 5일이면 흑산도에 도달하여 고려
국경에 들어갈 수 있었다.

2) 고려와 송과의 교역

고려와 송나라 간의 교역 물품은 주로 송나라 상인들에 의해 이루어졌
다. 당시 고려는 값비싼 물건이 많이 생산되는 곳이 아니었고, 고려에서
소비하는 해외 산물은 대개 지배층의 문화적 욕구를 충족시키는 사치품
으로 국한되었다. 이 때문에 고려에는 대규모 선단을 운영할 정도의 상업
자본은 형성되지 않았다. 이에 반해 송은 늘어나는 재정지출을 극복하기
위해 상인들의 상업활동을 보호 내지 장려해 주는 대신 세금을 부과하여
세입 부족을 보충하고자, 송 태조 때부터 상세규례(商稅規例)를 정하고
서남의 여러 나라와 활발히 교역하였다.

고려는 송과 사행무역(使行貿易) 및 민간무역을 통해 교역하였다. 사행
무역은 조공품(朝貢品)과 회사품(廻賜品) 형식으로 이루어졌다. 양국간
에 교역된 국신물(國信物)은 품목이 30가지를 넘고 물량 면에서도 막대하
여, 국교를 상징하는 단순한 것이 아니라 공무역의 품목이었음을 알 수

있다. 실제로 송의 조정에
서는 고려의 공물을 상품과
같이 취급한 예도 있었다.
고려 광종 13년(962년)부터
명종 3년(1173년) 사이에
고려 사신이 송에 간 것은
약 60회이며, 송의 사신이
고려에 온 것이 약 30회였
다.

민간무역은 공적인 사행
무역보다 훨씬 활발하였다.
송 상인의 내항횟수는 고려
현종 3년(1012년)부터 충렬
왕 4년(1278년)까지 약 120

고려의 동전들

여 회에 달하였고, 내항한 송 상인의 총인원은 약 5천 명에 달하였다.
송과의 민간무역은 현종 때부터 빈번하였는데, 특히 문종 때 가장 활발하
였다.

고려에 온 송 상인들은 상품을 고려왕에게 헌상하고 그에 대하여 무역
허가와 회사를 받는 사헌(私獻)무역 형태를 취하였다. 고려에서는 외국
상인을 일종의 사적인 사절단으로 취급하여 그들이 물건을 왕에게 바치
면 왕은 그 대가를 내려주는 방식을 취했던 것이다. 그러나 가지고 온
것을 모두 바치는 것이 아니라 궁중이나 관에서 필요로 하는 좋은 물품만
바치고 나머지는 시장을 열어 민간인에게도 팔았고, 심지어는 밀무역을
하기도 하였다.

송 상인들이 가져온 물품 가운데 가장 많은 것은 비단이었고, 다음이
차와 약재였다. 또한 송나라에서 펴낸 서책들 역시 지배층의 문화적 욕구
를 충족시키는 데 중요한 품목이었다. 그 밖에도 의대(衣帶)·안욕(鞍
褥)·채단(彩緞)·칠갑(漆匣)·옥(玉)·금은기(金銀器)·금상(金箔)·향
료(香料)·화폐(貨幣)·상아(象牙)·공작(孔雀) 등을 수입하였다. 수입품
가운데는 송의 물산이 아닌 서남아시아 것도 있어, 송상이 중계무역을
행하였음을 알게 한다.

고려에서 송에 수출한 것은 금·금은기구(金銀器具)·화문릉(花文綾)·삼베, 인삼, 종이, 향유, 나전(螺鈿), 붓, 묵(墨),부채 등이 있었다. 그 가운데 가장 많은 것이 삼베와 인삼이었다. 삼베는 국내에서 화폐대용으로 사용하던 품목이었으므로 많이 생산되었다. 인삼은 중국의 오래된 약초서에 이미 상품 약재로 소개되어 있었는데 특히 고려인삼은 약효가 뛰어나기로 정평이 나 있어서 송상인들에게 큰 이익을 남겨 주었다. 종이와 먹도 중요한 수출품이었다. 고려의 종이는 송의 수도나 항구는 물론 양쯔강 유역 안쪽까지 널리 유통되면서 중국인들의 찬탄의 대상이 되었다.

고려와 송의 교역물품은 사치품·고가품 중심으로서 소비계층이 왕실과 귀족뿐이었으므로, 그 교역은 특수계층의 욕구를 충족시키기 위한 것이었음을 알 수 있다. 활발하던 양국의 민간무역은 남송시대에 이르러 점차 쇠퇴하더니 명종 재위 27년 동안에는 무역이 3회에 불과하였으며, 신종 7년간에는 전혀 보이지 않고, 희종 7년간에는 1회, 고종 46년간에는 2회뿐이었다.

3) 거란, 여진, 원, 일본, 아라비아와의 교역

거란과의 교역은 송에 비해 활발하지 못하였다. 거란과는 성종·현종 때 전쟁을 한 이후 국교가 정상화되었는데, 사신을 교환하며 국신물을 주고받는 공무역이 주로 이루어졌다. 거란과는 의례적인 국신물 교환이 이루어지기는 했으나, 송과 지속적으로 교류를 유지하고 있었기 때문에 대거란 조공무역의 의존도는 그리 높지 않았다. 거란은 무역장 설치를 요구하는 등 적극적인 태도를 취하였으나, 고려의 반대로 각장 무역이 폐지되어 고려와 거란의 무역에서는 조공무역의 비중이 컸다. 고려에서는 거란 사신의 객관으로 앙은관(仰恩館)·인은관(仁恩館)·선은관(宣恩館) 등을 설치하여 그들의 숙소 겸 시장의 역할을 하게 하였다. 조공무역을 통해 고려가 거란에 수출한 품목은 교환가치가 있는 금·은·동과 포면(布綿)류·화문석 등의 공예품, 문방용품 및 인삼·차 등이며, 거란으로부터 수입한 물품은 말·양·능라(綾羅) 등이 주종을 이루었다. 그리고 고려의 대장경 조판을 위하여 거란판 대장경이 다수 수입되었다.

고려와 여진족 사이의 교류는 금(金)이 성립하기 전부터 있어 왔다.

10세기 초반에서 11세기 초반까지 여진 추장이 무역을 위해 고려에 온 것이 230여 회나 될 정도였다. 고려로서는 경제적으로 부담이 되었으나, 안보적인 측면을 고려하여 여진과 교역을 하였다. 금이 건국된 후에는 국신물을 교환하는 공무역을 중심으로 하였으며, 일부에서는 사무역도 이루어졌다. 은폐·의대·포·채백·금견 등을 금에 수출하였으며, 금·말·화살·철갑옷 같은 무구류, 담비가죽·청서가죽·족제비털 등을 수입하였다. 금나라에 파견되는 사행(使行)은 많은 물품을 가져가 교역을 할 수 있어 큰 이익을 보장하였기에, 다투어 파견되기를 희망하였다. 고려와 금 사이에는 사행무역 이외에, 국경선 부근에 각장(場)을 설치하여 활발한 교역을 행하였다. 압록강 방면에는 의주와 정주에서, 동쪽으로는 정평과 청주에서 각장 무역을 하였다. 각장 무역이 주는 경제적 이익은 국가재정으로나 상인 개인들에게나 대단히 큰 것이었다. 고려왕실조차 이 각장을 이용한 교역을 하기도 하였다. 각장 무역에서는 고려의 쌀과 저포가 금나라 측의 견사나 비단·은 등과 교환되었으며, 북방국가의 정권교체로 변방이 혼란스러울 때에는 고려 측의 미곡이 높은 가격으로 거래되었다. 이 무역은 12세기 초 요·금교체기나, 13세기 초 금·원교체기와 같이 북쪽 변방에서 변화가 생길 경우 국가의 안전을 위하여 폐쇄하기도 하였다.

일본과의 교역은 처음에는 민간차원에서 이루어졌으나, 문종 10년 (1056년) 일본 사신이 고려에 온 것을 계기로 활발해졌다. 일본과의 교역에서는 쓰시마 섬이 중심 역할을 하였다. 고려는 쓰시마 도주(對馬島主)에게 관직을 주어 금주 객관에서 무역을 하도록 하였다. 일본상인들은 빈번히 고려에 와서 토산물을 바치는 사헌무역을 하였다. 일본의 장원귀족들이 무역을 통해 적극적으로 부를 축적하고자 하면서 고려에 내항하는 상인이 증가하자, 고려는 진봉선(進奉船)을 1년에 1회 2척으로 제한하는 등 규제를 가하였다. 11세기 후반 이후 일본과의 무역은 주로 진봉선에 의해 금주객관에서 이루어졌다. 무인정권시기에는 규슈 지역의 지방 세력들이 교역에 적극 참가하였으며, 고려 상인들도 일본과의 사무역에 종사하였다. 그러나 이 교역은 왜구의 침입 이후 거의 단절되었다. 일본에는 인삼·쌀·콩·마포·서적과 중국산 비단을 수출하고, 수은·유황·진주·소라·해조·거울상자·벼루상자·책상·향로·부채 등과 칼·활·화살·갑옷 같은 무구(武具)류, 그리고 후추·단목·침향·물소뿔 같은 남방산 물품을 수입하였다.

고려후기 원의 간섭 하에서는 주로 원과 교역하였다. 고려는 원과 단일한 경제권에 속하였을 뿐만 아니라 원을 통해 세계시장과 연결되었으므로, 고려후기의 대외교역은 어느 때보다 활발하였다. 처음에는 원이 남송이나 일본 정복전쟁에 필요한 말과 군량을 확보하고자 과중한 공물을 요구하고 강제교역을 행하였기 때문에 고려에게 부과된 부담이 매우 컸다. 고려에서는 예물을 보내고 원에서는 답례품을 주는 형식으로 이루어진 교환에서 고려는 금·은 세공품과 자기·직물류·가죽을 보내고, 원에서는 금·은·비단·목면 등을 받아 왔다. 빈번한 왕실 간의 교류로 왕실이 무역의 주체로 등장하기도 하였다. 공무역도 성행하였지만, 사무역도 활발하였다. 사무역의 한 형태는 왕이나 사신의 수행원에 의한 것이었다. 대규모의 수행원은 사적인 교역을 하였으며, 상인들도 이들과 결탁하여 사무역을 하였다. 상인들은 말·모시·베·인삼 등을 가지고 가서 팔고, 다시 명주비단·능라비단 등을 가지고 귀국하여 판매함으로써 막대한 이익을 올렸다. 원과의 교역에 편승하여 우마·금·은 등이 유출되었는데, 은의 유출은 고려 경제에 심각한 타격을 주었다.

아라비아는 당시 대식(大食)이라 불렸는데, 대식국인은 당대(唐代) 이래로 남중국의 광저우를 중심으로 무역을 해 왔으며, 송대에 이르러서는 송의 해외무역 장려책에 힘입어 활기를 띠었다. 그들은 당시 남중국 연안에 출입하면서 송상의 고려무역에 자극되어 고려에까지 진출하였다. 그들은 1024년(현종 15년)과 이듬해, 그리고 1040년(정종 6년)에 와서 수은과 열대 특산의 물약과 점성향(占城香) 등 진귀한 물품을 바치고 금과 비단을 받았다. 『고려사』에 보면 아라비아 상인의 내왕에 관한 기사는 3회로 그쳐, 고려와 그들 사이의 무역활동이 지속적으로 행해진 것은 아니었음을 알 수 있다. 그러나 송 상인이 고려와 아라비아 상인 사이에서 중계무역을 하고 있었으므로, 이 과정에서 '코리아'가 서구에까지 알려지게 되었다.

5장 조선의 건국과 발전

1) 조선의 건국

14세기 말, 고려는 밖으로 북방 외적과 남방 왜구의 압박과 안으로 귀족정치의 혼란으로 국가적 위기를 맞게 되었다. 이 때 새로 도입된 주자학을 통해 유교적 왕도정치 이념에 눈을 뜬 신진 사대부세력이 새로운 정치세력으로 등장하였다. 신진 사대부 세력은 지방의 중소 지주층 출신으로서, 원을 통해 새로 도입된 주자학을 공부하고 과거를 거쳐 중앙 정계로 진출한 학자·관료 세력이었다. 신진사대부들은 공민왕의 개혁정치를 지지하여 여러 개혁안을 제시하면서 정치에 참여하였다. 공민왕 때의 여러 개혁은 성공하지 못하였으나, 그 과정에서 정치세력을 형성한 신진사대부가 권문세족과 싸우면서 개혁을 추진할 수 있는 토대를 마련해주었다.

태조 이성계 영정

위화도 회군 이후 이성계가 병권을 완전히 장악해 가는 동안 정국의 주도권을 두고 원과 관계를 유지하려는 세력과 명과 새로 관계를 맺으려는 신흥사대부를 중심으로 한 세력이 대립하게 되었다. 이러한 과정에서 신진사대부 내부도 정치·경제의 운영 방향과 도덕·사상에 대한 견해 차이로 인해 고려를 지키려는 세력과 새로운 왕조를 세워 개혁하려는 세력으로 양분되었다.

정도전(鄭道傳)과 조준(趙浚)을 중심으로 한 급진파는 신흥 무장 이성계와 연결하여 왕조교체를 내다보는 개혁정책을 단행하였다. 우선 가장 큰 사회문제가 된 농장 확대로 야기된 사전(私田)의 폐단을 없애기 위한 본격적인 개혁에 착수하였다. 그리고 창왕을 폐위시켜 보수세력을 제거하고 정국을 주도하였다. 이들은 정몽주와 이색을 중심으로 한 온건파와 주도권 다툼을 벌이다가 마침내 사전개혁안인 과전법(科田法)을 시행하고, 도평의사사를 장악하여 역성혁명으로 조선왕조를 개창하였다(1392년).

2) 지배체제의 재편

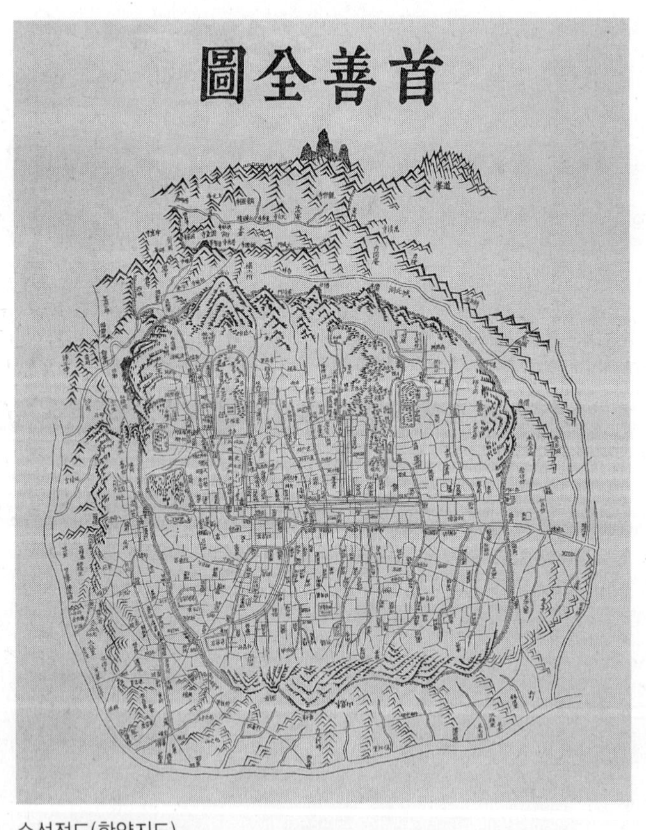

수선전도(한양지도)

1394년 태조 이성계는 개경에서 한양으로 도읍지를 옮기고 4대문(숙정문·돈의문·홍인지문·숭례문)과 4 성곽을 쌓아 수도를 정비하였다. 한양은 국왕과 도성의 백성이 함께 사는 성곽도시로서 도성의 4 대문은 아침 저녁으로 일정한 시간에 개폐하여 출입을 통제하였으며, 성 밖 10리의 지역을 포함하여 한성부라 부르기도 하였다. 이후 한양은 517년간 조선왕조의 중심지가 되었다. 태조는 수도를 한양으로 옮긴 이후 왕실의 선대를 추증하고 국호를 조선으로 바꾸었다. 그리고 종묘(宗廟)와 사직(社稷)을 새로 짓고 고려의 역사를 편찬하여, 고려를 지나간 역사의 왕조로 만들었다.

주자학적인 유교 왕도정치를 이념으로 내건 조선은 안으로 척불숭유(斥佛崇儒)·농본민생(農本民生)과 밖으로는 사대교린(事大交隣) 등을 국책으로 내세우고 국가 조직의 정비를 서둘렀다. 그리고 문관 우위의 양반관료 국가를 지향하며 과거제를 강화하여 유능한 인재의 등용에 힘썼다. 중앙의 지배기구는 왕 중심의 효율적인 행정체계로 정비하였다. 먼저 태종 때에 도평의사사에 집중된 권력을 분산시켜 정치를 의논하는 의정부(議政府), 왕에 대한 언론을 맡는 사간원(司諫院), 군사기밀을 장악하는 중추원(中樞院), 왕명을 출납하는 승정원(承政院)으로 나누었다. 한편 행정을 맡는 육조(六曹)를 승격

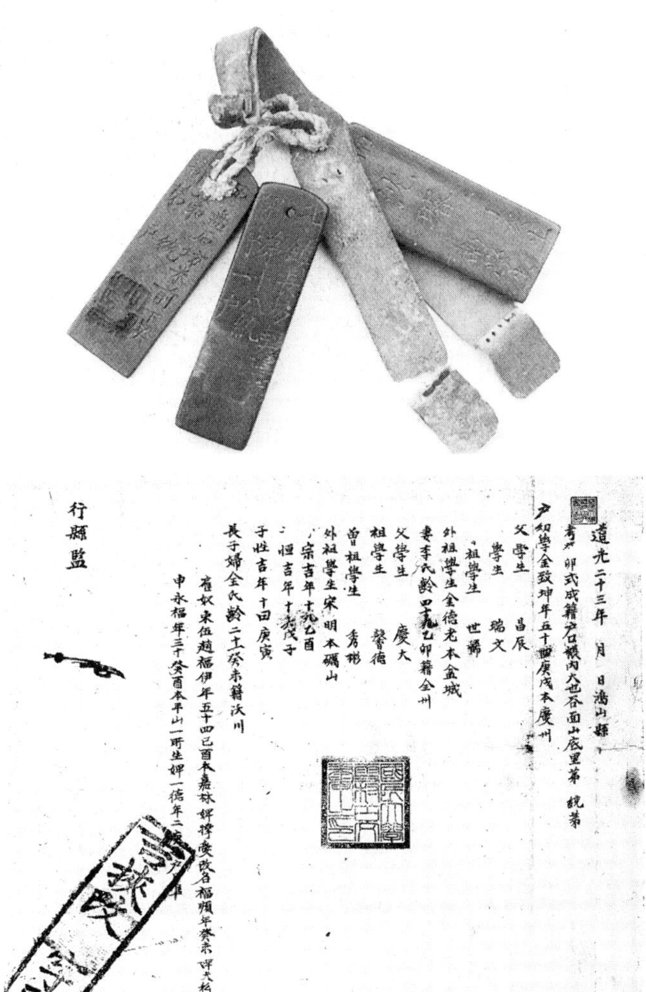

호패(위)와 호구단자(아래)

시키고 소관 업무를 왕에게 직접 보고하게 하여 왕이 인사·군사·재정의 실권을 장악하였다. 그리고 종친부와 충훈부 등을 두어 종실, 외척, 부마, 공신을 예우하는 한편 그들의 정치 간여를 줄였다.

지방지배기구는 관찰사-수령의 체계로 정비하였다. 15세기 초엽에는 호구에 따라 군현의 등급을 조정하고 규모가 작은 군현을 병합하였으며, 전국에 관찰사를 파견하여 수령을 지휘 감독하게 함으로써 지방지배기구의 틀을 정비하였다. 수령의 임기를 5년으로 늘리고 권한을 강화하는 한편

수령을 거치지 않을 경우 4품 이상으로 승진하지 못하도록 정하였다.

또한 군현의 향교(鄕校)에 교관을 파견하여 지방교육을 강화하였다. 이러한 바탕 위에서 15세기 후반에 들어서면 군현제가 더욱 정비되고 진관체제로 군사제도의 정비가 마무리됨에 따라 관찰사–수령의 행정체계와 병사·수사 아래 지휘관을 두는 군사체계가 중첩된 지방지배기구가 갖추어졌다.

또한 전국의 토지와 호구를 군현 단위로 파악하여, 이에 기초한 각종 부세와 신역(身役)을 부과하고 거두어들였다. 신분은 크게 양인과 천인으로 나누는 양천제(良賤制)를 원칙으로 하고, 양인 안에 계서적 차등은 두되 양인은 원칙적으로 모두 국역을 지도록 하였다. 한편 도량형을 전국적으로 통일하고, 중앙과 각 지방의 연락을 원활하게 하기 위하여 도로망을 정비하고 역참제(驛站制)를 운영하였다. 지방 사정을 항시 파악하기 위하여 봉수제(烽燧制)를 운영하였고, 군현에서 거둔 부세는 조운제(漕運制)를 통해 한양으로 운반되었다. 이러한 제도 정비를 법전으로 편찬하려는 사업이 추진되어 성종 때『경국대전(經國大典)』으로 완성 반포되었다. 이로써 지배체제의 정비는 마무리되었다.

훈민정음

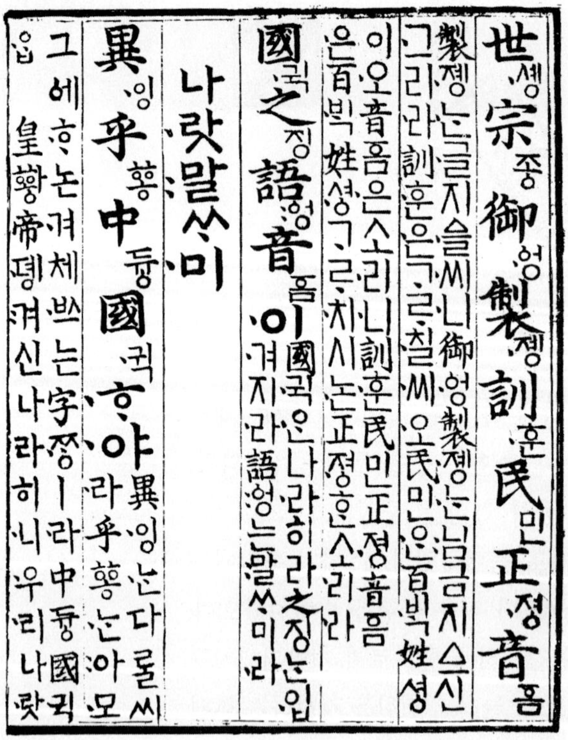
世솅宗종御엉製졩訓훈民민正졍音흠
製졩는 글지슬씨니 御엉製졩는 님금지ᅀᅳ신 그리라 訓훈은 ᄀᆞᄅᆞ칠씨오 民민은 百ᄇᆡᆨ姓셩이오 音흠은 소리니 訓훈民민正졍音흠은 百ᄇᆡᆨ姓셩 ᄀᆞᄅᆞ치시논 正졍ᄒᆞᆫ 소리라
國귁之징語ᅌᅥᆼ音흠이
國귁은 나라히라 之징는 입겨지라 語ᅌᅥᆼ는 말ᄊᆞ미라
나랏 말ᄊᆞ미
異잉乎ᅘᅩᆼ中듕國귁ᄒᆞ야
異잉는 다ᄅᆞᆯ씨라 乎ᅘᅩᆼ는 아모 그에 ᄒᆞ논 겨체 ᄡᅳ는 字ᄍᆞᆼㅣ라 中듕國귁은 皇ᅘᅪᆼ帝뎽 겨신 나라히니 우리 나랏 입

3) 문화의 발달

건국 후 1세기 동안 조선왕조의 체제가 완비되는 시기는 대외적으로 조선 국가의 강역이 확장되고 다방면의 문화가 활짝 꽃을 피운 문화의 전성기였다. 예로부터 전해오는 전통문화를 기반으로 고려 말기부터 받아들인 중국의 새로운 문화를 소화한 양반 관료들의 유교적 문화 창조는 괄목할 만한 것이었다.

역대 국왕 중 가장 주목할 만한

역할을 한 세종은 이 시기 문화 발전의 중심적인 역할을 하였다. 세종은 궁내에 집현전(集賢殿)이라는 학문 연구기관을 설치하고 학자들의 학문 연구를 독려하는 한편 민족문화의 발전에 큰 업적을 남겼다. 먼저 한민족의 고유글자인 한글=훈민정음(訓民正音)을 창제 반포하였다(1446년). 한자를 빌어 한국어를 표기하는 이두나 한자는 신라 때부터 사용되어 왔으나, 훈민정음의 창제로 비로소 한민족의 독자적인 문자 생활이 가능해졌다. 이로써 서민과 부녀자 등 다수 대중들이 문자생활을 할 수 있게 되었고, 한글로 쓰여진 다양한 문화를 생산하고 보급할 수 있게 되었다.

또한 오랜 문화적 전통을 계승하여 도서 편찬사업을 활발히 추진하여 『국조오례의(國朝五禮儀)』 같은 의례서, 『고려사(高麗史)』, 『동국통감(東國通鑑)』, 『국조보감(國朝寶鑑)』, 『자치통감훈의(資治通鑑訓義)』 등의 역사서와 『세종실록』 지리지(世宗實錄地理志), 『동국여지승람(東國輿地勝覽)』 같은 전국 규모의 지리지를 편찬하였다. 농업생산을 증강하기 위해 『농사직설(農事直說)』 같은 농서를 편찬하였으며, 700여 종의 국산약초를 소개한 『향약집성방(鄕藥集成方)』이나 한방의학 사전이라 할 『의방유취(醫方類聚)』를 편찬하였다. 국가의 예악(禮樂)으로 아악을 집대성하여 『악학궤범(樂學軌範)』 등을 편찬 간행하였으며, 신라 때부터 조선 초까지의 시문을 엮은 『동문선(東文選)』도 처음 간행되었다.

한편 농업사회에서 농업생산에 유용한 천문역서도 펴냈는데, 『칠정산

세종실록지리지

내외편(七政算內外篇)』이 그것이다. 그리고 앙부일구(仰釜日晷)라는 천문 관측기기를 제작 개량하고, 해시계, 자격루(自擊漏) 등의 각종 시계를 제작하였으며, 측우기(測雨器)를 창안하여 세계 최초로 강우량을 측량하는 제도를 실시하였다.

이와 같이 도서 간행이 활발해짐에 따라 활자와 인쇄술도 발달하였다. 주자소를 두고 많은 금속활자를 만들었는데, 세종 때 주조된 갑인자(甲寅字)는 활자 수가 20여만 자에 이르며, 글자획에 필력(筆力)의 약동이 잘 나타나고 판면이 크고 아름다워 우리나라 활자본의 백미라 일컬어지고 있다.

앙부일구(위)와 측우기(아래)

6장 조선의 성리학과 양반문화

1) 성리학적 사회 이념의 정착

조선시대의 대표적인 지배신분으로서 양반을 꼽고 있다. 문반과 무반이라는 직업을 구분하는 용어였던 양반이 지배신분을 통칭하는 용어로 정착된 것은 조선시대에 들어와서다. 조선시대에는 양반을 흔히 사족(士族)이라고 했다. 사족이란 고위 문무 관원을 배출하는 가문과 그 구성원을 나타내는 말이다. 특히 지방에서 강력한 영향력을 행사한 지배계층은 재지사족(在地士族)이라고 일컫는다. 재지사족, 즉 양반이 조선왕조의 지배신분으로 정착하는 데에는 그들의 사상이었던 성리학의 도입과 보급이 크게 작용하였다.

고려 말의 사회경제적 변화를 배경으로 지방에는 새로운 중소지주층이 성장하였다. 이들을 흔히 신진사대부(新進士大夫)라고 부르는데, 국가권력을 잡고 토지겸병을 일삼는 권문세족에 대항하여 재지(在地)지주로서의 기반을 확대하였으며 나아가 중앙정계로 진출하여 조선 건국과정을 주도하였다. 조선왕조 초기 이들이 개혁적 성격을 띠고 새로운 질서를 만들어 가는 과정에

김홍도의 「양반 초상화」

서 성리학은 중요한 이념적 지주로 수용되었다. 성리학은 자연과 사회의 발생·운동을 이(理)와 기(氣)의 개념으로 설명하였다. 이(理)=천리(天理), 태극(太極)은 만물 생성의 근원이 되는 정신적 실재로서 인간과 사물의 원리적 보편성을 설명하는 범주고, 기(氣)는 만물을 구성하는 요소로서 차별적인 현상을 설명하는 범주다. 정신적 실재인 이는 인간사회의 정치질서와 도덕질서의 근원이 된다. 인간의 모든 가치와 행위는 태극의 원리에 의해 하늘로부터 부여받는 성(性)에 따라 결정되고 이루어지게 된다고 본다. 그런데 성리학이 강조하는 이의 구체적인 내용은 삼강오륜을 비롯한 유교적 윤리도덕이었으며, 나아가 관료제적 통치질서, 신분제적 사회질서, 가부장제적인 종법(宗法)적 가족질서였다. 이러한 상하관계적인 질서를 강조하는 것을 명분론(名分論)이라고 하는데, 성리학은 이러한 명분론적인 질서 속에서 자기 지위에 합당한 일을 수행하는 것을 인간의 본분으로 설명하였다. 이는 결국 현실의 차별적인 신분질서를 이기론에 바탕한 인성론(人性論)으로 합리화한 것이다. 이는 상하관계의 수직적인 질서 속에서 차별적인 예(禮)를 중시하는 이론적 근거가 된다.

  고려의 지배적 이념이었던 불교를 배척하고 유교를 높이는 방향에서 정도전(鄭道傳)과 권근(權近)은 성리학의 이기론과 인성론에 바탕을 두고 불교의 초세속적 성격과 그 철학사상을 비판하였다. 성리학을 도입한 신흥사대부들은 조선의 건국이라는 시대상황 속에서 국가 위주의 실용적·공리적인 측면을 중시하면서 성리학을 수용하였다. 그리하여『소학(小學)』『주자가례(朱子家禮)』등 성리학적 지배이념에 입각한 사회윤리와 제도의 시행에 적극적이었다. 그리고 성균관과 사학, 군현의 향교가 정비되는 과정에서 성리학은 관학(官學)으로서의 지위가 더욱 굳어져 갔다. 국가체제의 정비과정에서 의례 정비, 법전 편찬 등이 활발히 이루어져,『경국대전』『국조오례의』등을 통해 군주의 권위와 집권적 관료제의 질서를 강조하였다.

  그러나 15세기 후반부터 학문사상계의 동향은 사회문제를 해결할 수 있는 새로운 이념을 정립하는 데 힘쓰기보다는 시문중심의 사장학(詞章學)과 이미 확립된 예제(禮制)나 법제의 준수만을 강조하였다. 이는 중앙정계가 주로 세조의 찬위에 협조한 훈구파들이 주도하면서 나타난 현상이었다. 한편 이 시기 향촌사회에는 조선의 건국과정에 참여하지 않고

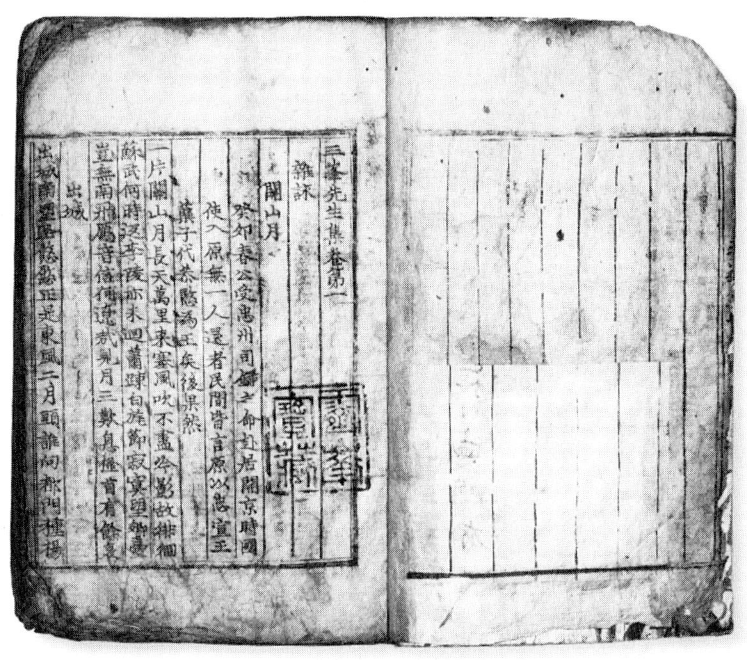

정도전의 『삼봉집』

지방에 생활근거를 두면서 성리학을 추구하고 있던 사림파(士林派)가 대두하고 있었다. 이들은 15세기 말 이후 사회경제적 변동에 직면하여 천방[洑]의 개발과 보급 등으로 경제력을 축적하고 재지지주로서 지위를 상승시켜 나갔다. 그리고 재지사족의 입장에서 성리학을 이해하고, 이에 바탕을 두어 재지사족까지 포함한 지배층 전반이 도덕적 실천을 통해 당면한 사회문제를 해결해야 한다는 주장을 하였다. 16세기 이후 사족들의 중앙정계 진출이 본격화되면서 성리학에 바탕을 둔 왕도정치를 주창하였으며 군주(君主)의 수신(修身)과 민(民)의 교화(敎化)를 강조하였다. 이들은 재지사족의 입장에서 성리학을 이해하고, 재지사족까지 포함한 지배층의 도덕적 실천을 통해 당면한 사회문제를 적극적으로 해결해갈 것을 강조하였다. 즉 지방의 재지사족까지 사회를 이끌어 가는 지배신분의 범주에 포함함으로써 성리학적 지배신분을 확대하였다. 그리고 이들은 국가의 예제(禮制)와 함께 백성들이 자발적으로 명분론적 질서에 따르는 것을 비롯하여, 가족제도까지 성리학의 이념에 따를 것을 주장하였다. 이러한 성리학적인 사회질서를 정착시키기 위해 사족들은 향촌사회의 규율로서 향약(鄕約)을 실시하고 사립교육기관으로서 서원(書院)을 설립

김득신의 「반상도」

하였다.

2) 향약과 서원

덕업상권(德業相勸), 과실상규(過失相規), 예속상교(禮俗相交), 환난상
휼(患難相恤)과 같은 덕목을 중시하는 향약은 조선시대 사족들이 향촌자
치와 질서를 유지하는 한편 일반 백성들의 일상생활을 직접적으로 규제
하는 제도였다. 향약은 중종 초 중앙정계에 진출한 사림들에 의해 보급이
시도되었다가 한때 사림파의 정치적 실세(失勢)와 관련하여 중단되기도
하였다. 그 후 향약은 사림파가 중앙정부에서 활동하는 세력의 강약에
따라 전국적으로 실시되기도 하고 혁파되기도 하였다. 그러나 임진왜란
을 전후하여 점차 재지사족의 주도로 지역사정에 맞게 개별적으로 시행
되어 갔다. 특히 임진왜란 이후에는 폐허가 되다시피한 향촌을 복구하고

무너지고 있던 신분질서를 회복하기 위해 사족들은 일반 백성을 포함시켜 상하민을 포괄하는 향약을 동약(洞約)이나 동계(洞契) 형태로 조직하기도 하였다.

그러면 향약은 어떻게 운영되었을까? 향약은 기본적으로 해당지역의 구성원 모두가 참여하는 것을 원칙으로 하였다. 이를 거부할 경우 그 지역에서 쫓겨날 수도 있었다. 향약의 주요 업무는 구성원들의 상부상조와 선악에 따른 상벌의 시행, 국가에 대한 원활한 의무 수행 보조 등 향촌의 대소사에 관한 것이었다. 그리하여 마을의 많은 일들이 향약의 규정에 따라 처리되었으며 그것이 어려울 때에만 관가로 넘겨졌다. 이렇게 보면 향약은 향촌민들의 생활질서를 가늠하는 향촌자치의 형식을 취하고 있었다고 볼 수 있다. 그러나 향약은 기본적으로 상층부를 양반이 장악하고 이들에 의해 시행이 주도되고 있었던 만큼, 상하의 명분은 엄중히 구분되었다. 따라서 양반을 능멸하는 자를 철저히 규제하였고, 같은 죄를 지었다 해도 양반이 훨씬 약한 처벌을 받았다. 이러한 상하간의 엄격한 구분은 향약이 한편으로는 교화(敎化)라는 명분 아래 양반에 의한 향촌민의 통제의 수단으로 작용하고 있었음을 보여준다.

서원은 16세기 중엽 중앙정계에 진출해 있던 사림들이 자신들의 학문

병산서원

적 우위와 정치적 입장의 강화를 위해 선배 도학자들을 문묘(文廟)에 제향(祭享)하는 운동을 전개하면서 서원이 확산되어 갔다. 최초의 서원은 중종 37년(1543년) 풍기군수 주세붕(周世鵬)이 고려 말의 안향(安珦)을 배향하고 유생을 가르치기 위해 경상도 순흥에 세운 백운동서원(白雲洞書院)이며, 이것이 뒤에 이 지방 군수로 부임한 이황의 주청에 의해 명종으로부터 소수서원(紹修書院)이라는 편액(扁額)을 하사받아 사액서원의 효시가 되었다. 사액서원(賜額書院)은 국가로부터 서적·노비·토지 등을 지급 받았고 면세·면역의 특권까지 누렸으므로 학문에서만이 아니라 세력과 권위 면에서도 관학(官學)인 향교(鄕校)를 능가하였다. 또한 서원은 사림파가 정치 주도권을 장악한 이후 전개된 붕당정치(朋黨政治)와도 깊은 관련을 가지고 있었다. 서원은 중앙의 정치문제에 대한 향촌 사림의 일차적인 여론 결집의 거점이 되면서 점차 중요성을 띠게 되었다. 서원은 사림(士林)의 확대재생산을 위한 교육과 바람직한 인간상의 표상인 선현(先賢)들에 대한 제향 기능이 중심이었다.

3) 족보

조선시대에 족보를 가진다는 것은 곧 양반임을 증명하는 것이었다. 족보가 본격적으로 출현한 것은 조선시대지만 고려시대에도 '씨족', '세계도(世系圖)', '가첩(家牒)', '족도(族圖)' 등의 족보들이 있었다. 족보란 특정 성씨의 시조로부터 편찬 당대인에 이르기까지의 계보를 기록한 것으로, 흔히 세보(世譜)라고도 하였다. 이것은 또 수록되는 범위가 전체냐, 한 분파냐에 따라 대동보(大同譜)와 파보(派譜)로 구분한다. 족보에는 시조에서부터 세대순으로 이름과 자(字)·호(號)·시호(諡號), 과거와 관직, 저술과 문집, 특기할 만한 업적, 출생과 사망 연월일, 묘지 위치 등 개인적인 경력과 이력이 기재된다. 이뿐만 아니라 후손이 있는지 없는지, 양자를 들인 것인지 아들을 양자로 보낸 것인지, 또는 적자와 서자, 아들과 사위를 구별하여 기록하였다. 조선시대의 여자들은 이름이 없었기 때문에 족보에 오르지 못하였다. 딸은 사위의 이름으로 올려지고, 부인의 경우에는 친정의 성관과 부친 및 가문의 이름난 조상이 기록될 뿐이었다. 이러한 족보의 작성원칙은 『주자가례(朱子家禮)』의 보급과 『소학(小學)』 교육의 영향으로 성리학적인 종법적(宗法的) 가족제도가 정착되면서 확고해졌다. 아버지의 혈통을 중심으로 하는 친족제도가 확립되어, 신부를

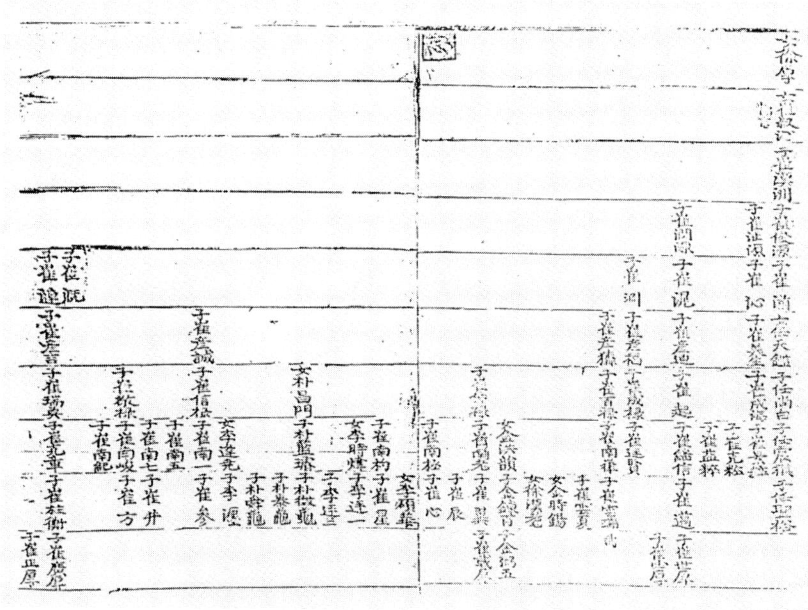

족보

맞아들이는 혼례인 친영제(親迎制)의 일반화, 후손이 없으면 반드시 양자를 들이고, 장자를 중심으로 재산과 제사의 상속이 이루어졌다.

　양반들에게 있어 족보는 혈연적인 결속력을 강화하는 한편, 하층민과의 차별성을 과시하는 수단이었다. 양반들은 자신들의 신분적 특권이 고귀한 혈통과 뛰어난 조상에서 연유하는 것으로 생각하였다. 신분제 사회에서는 양반이 아니면 상놈이고, 상놈에게는 사회적인 천대와 경제적인 부담이 가중되기 마련이었다. 조선 후기에 들어 상민들의 경제력이 향상되면서 이들은 족보를 가지려고 하였다. 성이 없던 이들은 기존의 유명 성씨에 자신의 이름을 올려 족보에 등재되는 방법으로 양반이 되었다. 족보를 산다는 것은 바로 이와 같이 유명 성씨의 족보에 새로 이름을 지어서 자신과 자식들을 올린 것을 말한다. 이러한 행위를 모속(冒屬), 또는 모칭(冒稱)이라고 하였다. 오늘날 우리는 모두 성과 족보를 가지고 있다. 이 말은 우리 모두가 조선시대에는 양반이었다는 것을 의미하는데, 그러면 과연 우리는 모두 원래부터 성을 가지고 있었고, 모두 양반이었다고 볼 수 있겠는가? 이 시대에 우리에게 족보는 어떠한 의미를 가지는지, 한번 생각해 볼 일이다.

7장 조선 농민의 일상생활과 마을신앙

1) 농민의 사회적 지위

전근대 시대의 농업사회에서 농민은 곧 그 시대 대다수의 대중을 일컫는다. 조선시대 농민이란 조선시대 일반 서민들을 뜻하며 이들의 삶을 살펴봄으로써 중세사회에서 보통사람들의 생활을 이해할 수 있다.

조선시대 농민은 신분적으로 평민이 대다수였다. 조선왕조 건국 초기 신분제는 국가의 관점에서 양인과 천인으로 구분하는 양천제(良賤制)였는데, 양인에는 일반 평민과 함께 양반도 포함되었다. 그러나 조선 중기 이후 양반이 사회의 지배신분으로 부상되면서 실질적인 신분제의 운영은 양인 내에 양반과 상민의 차별을 두는 반상제(班常制)로 바뀌게 되었다. 이후 조선시대의 신분은 반상제의 틀 내에서 양반, 중인, 상민, 천민이라는 4신분제가 정착되었다. 일반 평민인 농민들은 양천제 하의 양인(良人)이고 반상제 하의 상민(常民)이었다. 이러한 신분은 양반 신분제 사회에서 피지배 신분으로 존재하였다. 피지배 신분으로서 농민은 경제적 지위는 대다수가 소작농인 전호(佃戶)였다. 조선왕조 정부는 국가의 재정을 확보하기 위해 자영농을 육성하고자 하였으나 농업 현실은 지주제가 경제의 주류를 형성하였다. 이로써 농민들은 전호로 사는 경우가 많았는데 전호는 기본적으로 지주의 땅을 경작하고 생산물의 50%를 지대(地代)로 바치게 되어 있었다. 이는 마치 서양 중세 장원의 농노(農奴)들이 영주에게 50%의 지대를 바치는 것과 마찬가지 경우라고 할 수 있다. 그러나 우리나라 농민은 국가 권력의 형태가 중앙집권적이었기 때문에 왕을 정점으로 하는 중앙권력에 경제적으로 예속되어 있었다. 즉 농민들은 경제적으로 지주와 국가에 이중적으로 지배를 받고 있었는데, 지주에게 내는 경제적 부담이 지대라고 한다면, 국가에 내는 경제적 부담은 조세였다. 조세는 전형적으로 삼세(三稅), 즉 조(租)・용(庸)・조(調)로서 전세(田稅)・군역(軍役)・공납(貢納)이었다. 이러한 경제적 이중의 지배는 한국 중세사회 농민의 지위를 잘 보여주는 것이었다. 그리고 이러한 이중의 지배는 당시 사회가 신분제사회로서 농민들의 지위가 피지배 신분이기 때문에 가능한 것이었다.

2) 생산활동

농민들의 일상생활에서 가장 중요한 부분은 생산활동으로서 농업이었다. 농업의 일반적인 과정은 쟁기질로부터 시작되었다. 쟁기는 땅을 깊게 갈아 파종을 땅을 고르는 데 사용하는 농기구로서 축력(畜力)을 이용하였다. 철기시대에 철제농기구의 대표라고 할 수 있는 보습이 발명되었고 이것은 소를 이용한 쟁기로 발전되었다. 『삼국사기』에는 6세기 신라 지증왕대에 우경(牛耕)이 시작되었다고 기록되어 있으나 실제로는 3, 4세기경에 이미 쟁기 등의 농기구를 제작하여 논밭을 갈았던 것으로 보인다. 쟁기의 사용은 소와 남자 한 명이 하루에 논 2,000여 평을 갈 정도로 농업기술의 획기적인 발전이었다. 쟁기질이 끝난 후에는 파종을 하는데 밭농사의 경우 쟁기를 사용하여 이랑을 세우고 이랑 위에 파종을 하는 방법이 발전하였다[=농종법(壟種法)]. 그리고 겨울철 작물의 동사(凍死)와 봄가뭄의 폐해를 피하기 위하여 이랑 사이의 골에 파종하는 방법[=견종법(畎種法)]도 등장하였다. 한편 논농사의 경우 조선 초기까지는 쟁기질과 써레질로 고른 땅에 바로 볍씨를 뿌리는 직파법이 사용되었으나 조선 중기 이후로는 이앙법(移秧法)이 발달하였다. 이앙법에 의해 벼농사를 지으려면 못자리를 만들어 따로 모를 길러야 하고 모내기를 위해서물을 담수 처리할 수 있는 수리시설이 구비되어야 한다. 이앙법은 벼가 경지를 점유하는 기간을 단축시키고 다른 작물의 경작 기회를 증가시켜 경지의 이용도를 높일 수 있었다. 이앙법이나 견종법의 실시는 조선 후기 농업생산력을 높이는 기반이 되었고, 농업생산력의 증대는 농민들의 경제력 향상과 농촌사회의 새로운 분화를 야기하였다.

파종과 모내기를 한 이후 농업에서 가장 중요한 것은 김매기다. 예로부터 농업은 '잡초와의 투쟁'이라는 말이 나올 정도로 김매기는 농민들을

김홍도의 경직도와 벼타작

가장 힘들게 하는 작업 중의 하나였다. 김매기 역시 많은 노동력을 필요
로 했기 때문에 일반적으로 품앗이로 작업을 하였다. 가을에 추수걷이를
할 때 중요한 작업은 알곡들을 떠는 타작이다. 타작은 벼를 떠는 개상질
과 콩·수수 따위의 잡곡을 떠는 도리깨질로 나눈다. 타작은 너른 마당에
서 하기 때문에 마당질이라고도 한다. 마을에 따라서는 공용 마당을 따로
마련하였으나, 농사가 많은 집에서는 타작마당을 따로 갖추는 경우가
많았다. 타작 역시 일시에 많은 양의 노동력을 필요로 하였기에 품앗이로
하는 경우가 많았다.

   우리나라 농업 생산활동은 모내기, 김매기, 타작까지 일시에 많은 노동
력의 투입을 요하는 것이 대부분이었다. 따라서 생산을 위한 공동노동과
놀이가 결합되는 문화가 발달하였다. 두레패나 품앗이 등이 그것이다.

연자방아

생활공동체로서 농민의 삶은 그들의 생산으로부터 놀이, 그리고 그들의
신앙세계에까지 모두 적용되었다.

3) 먹거리 · 입거리

『오주연문장전산고(五洲衍文長箋散稿)』에 의하면 조선 후기까지도 서
민들의 식사는 하루 두 끼가 일반적이었다고 한다. 그러므로 식사를 '조
석(朝夕)'이라 불렀다. 서민들의 일상식은 밥 한 사발에 국 한 그릇이
고작이었고, 김치 · 깍두기 · 간장이 추가될 경우 3첩반상이라 부른다.
그리고 대부분의 상차림은 독상을 원칙으로 하였다.

식품을 효과적으로 섭취하려면 물리적 · 화학적 변화를 주어 저장성과
영양가를 높이는 가공과정이 필요하다. 곡류를 주식으로 삼은 우리나라
에서는 곡류가공 기술이 특히 발달하였다. 곡물의 겉껍질을 벗기거나
빻아서 가루를 내는 도정에는 방아를 이용하였다. 방아는 공이 내리쳐서
찧는 절구 · 디딜방아 · 물레방아 류가 있고, 아래짝에 놓인 곡물을 위짝
을 돌려서 으깨듯 부수는 맷돌과 연자방아 같은 것이 있다. 그 밖에 국수
틀이나 기름틀 등의 가공도구를 이용하여 식품의 이용도를 높였다.

디딜방아

국수틀

　우리나라는 일찍부터 국물음식이 발달하였으며 부식은 주로 채소를 먹었다. 오이, 가지, 무, 파, 아욱, 박은 고려 이전부터 재배되었으며, 호박, 고구마, 감자, 토마토, 배추 등은 조선 중기를 넘어서 전래되었다. 채소를 가공 저장하기 위해 개발된 대표적인 것이 김치다. 한국전통음식의 대명사인 김치의 고유한 맛을 내는 고춧가루와 젓갈이, 소금에 절인 허연 채소에 첨가되어 독특한 맛을 내게 된 것은 18세기 이후다. 따라서 그 전에 먹던 김치는 오늘날과 사뭇 다른 것이었다. 즉 채소에 소금을 뿌리거나 소금불을 부어 채소 자체가 국물에 '침지(沈漬)'되게 한 것이었는데, 김치의 어원인 '딤채(沈菜)'가 바로 이 '침지'에서 비롯되었다고 한다. 오늘날과 같은 둥근 모양의 배추가 중국에서 들어와 보급된 것은 18세기 말이다. 따라서 그 이전까지 김치의 주재료는 대개 무였다.

　발효식품으로서 음식의 양념으로 빼놓을 수 없는 것이 장(醬)이었다. "장(醬)은 장(將)이다. 모든 맛의 으뜸이요 인가의 장맛이 좋지 않으면 비록 좋은 채소나 맛있는 고기가 있어도 좋은 요리가 될 수 없다. 촌야(村野)의 사람이 고기를 쉽게 얻지 못하여도 여러 가지 좋은 장이 있으면

반찬에 아무 걱정할 것이 없다. 가장(家長)은 모름지기 장담그기에 뜻을 두어 오래 묵혀 좋은 장을 얻어야 할 것이다.”[『증보산림경제(增補山林經濟)』]라는 기록에서 알 수 있듯이 장은 가장 중요한 조미료였기에 어느 집에서나 장만들기와 보관에 특별히 주의를 기울였다.

육식은 주로 닭이나 개를 식용으로 하였다. 소고기는 농업노동력이었으며 재산으로서도 중요하였기 때문에 생구(生口)라 하여 사람대접을 할 정도였다. 따라서 소의 식용은 흔하지 않았다. 그 밖에 기호식품으로서 멥쌀로 빚은 곡주(穀酒)와 담배 등을 애용하였다.

옷감 종류로는 삼베, 모시, 무명, 명주가 대표적이었다. 고려후기 무명의 전래가 복식문화에 획기적인 전환을 가져오기 전까지 가장 널리 사용된 것은 삼베다. 조선시대에는 무명이 주된 의류로 사용되었고 목화 솜을 두고 누벼서 입는 옷도 많아져 방한에 크게 도움이 되었다. 모든 옷감은 집에서 자급자족하는 것이 일반적이었는데, 그러한 길쌈 과정은 주로 여자가 담당하였다. 의생활은 계급에 따른 차별이 뚜렷하였는데, 일반 농민들은 농삿일에 편리한 복장을 하는 경우가 많았다. 평소에 평민들은 저고리에 바지를 입고 외출하였지만 특별한 경우에는 겉옷으로 두루마기를 하나 더 입었다. 두루마기는 양반들의 평상복인 데 비해 평민들에게는 외출복 내지는 예복이었다. 양반들은 두루마기 위에 도포를 하나 더 입었는데, 조선후기 이래 점차 복식의 평등화가 이루어져 1894년 갑오개혁 때 법제적으로 도포가 폐지되면서 신분의 구분에 상관없이 두

김홍도의 빨래터

루마기가 외출복이 되었다.

여자는 저고리와 치마가 기본이었
는데, 시대에 따라 길이나 품, 소매배
래, 도련의 곡선 모양 등이 변화하였
다. 16세기 이후 저고리는 길이가 짧아
지고 품이 좁아지는 경향이 있었고, 치
마는 허리에서 매던 것이 점차 가슴 위
겨드랑이 부위로까지 올라갔고, 엉덩
이 부위가 속옷에 의해 부풀려져 항아
리 형태의 모습을 연출하는 것이 유행
이 되었다. 머리에는 가체를 무겁게 얹
고 터질 듯한 소매의 짧은 저고리에 가
슴이 노출되는 경우도 있었다. 평민들
의 복장은 양반 부녀자에 비해 가슴의
노출이 많았고 노동의 편의를 위한 착
장법이 사용되었다.

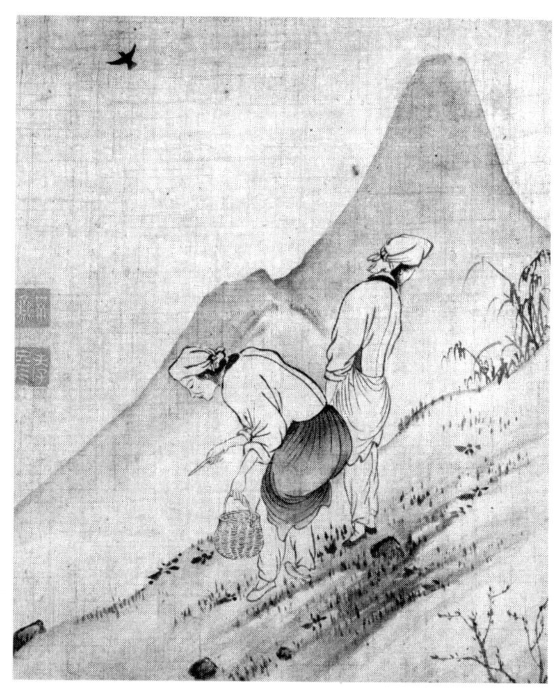

윤두서의 「채애(採艾)」

4) 마을놀이 및 풍속

농민들의 생활은 농업사회를 유지하는 향촌공동체 내에서 이루어지고
있었다. 따라서 그들의 놀이나 문화 역시 오랜 역사적 전통 속에서 공동
체적인 성격을 띠고 있었다. 그들은 공동체 문화 속에서 삶과 죽음에
관한 긴장을 종교적으로 극복하려는 성(聖, sacred)의 문화와 그 긴장을
유희적(遊戱的)으로 해소하려는 속(俗, profane)의 문화를 창출하며 살아
가고 있었다.

마을제의는 마을을 지켜주는 신적 존재에게 주민이 공동으로 제사하
는 것으로, 질병과 재앙을 물리치고 건강과 풍요를 비는 행사였다. 마을
제의의 형태는 성황제, 단오굿, 무당굿, 산신제, 풍어제, 기풍제 등 다양하
였다. 마을을 지켜주는 상징물로서는 장승, 솟대, 남근석 등을 세웠다.

장승은 민간신앙의 한 형태로 마을 입구나 길가에 세워져 마을의 수호
신, 수문신, 사찰이나 지역 간의 경계표, 이정표 역할을 하였다. 솟대는

왼쪽부터
장승, 솟대,
남근석

개인의 가정에서 임시적으로 경축이나 기도할 때 세우기도 하였고, 촌락의 입구나 경계, 성역에 항시적으로 세우기도 하였다. 한편 남근석(男根石)은 기자(祈子)신앙과 성신앙의 일환으로 숭배되기도 하였다. 남근석은 남자의 생식기를 인위적으로 조각하여 세우거나 비슷한 형태의 자연암석을 대상으로 기자(祈子)나 풍년을 기원하고 질병이나 악신으로부터 자신과 마음을 지키고자 하는 신앙에서 전승되었다. 이러한 장승, 솟대, 남근석은 풍수지리사상과 결합하면서 마을의 비보(裨補)의 기능을 담당하기도 하였다.

　마을놀이로는 풍년을 기원하는 달맞이, 강강수월래, 줄다리기, 석전(石戰), 차전놀이 등이 있었다. 세시 제액(除厄)놀이로는 경북 안동과 의성지방의 놋다리 밟기, 지신밟기 등이 있다. 마을놀이는 공동의 운명의식을 가지고 풍요와 제액을 염원하는 것이 주종을 이루었으며, 강한 연대감을 표상하는 집단적 연희도 많이 행해졌다.

8장 조선의 성과 가족

1) 성, 가족, 사회

인간사회는 남성과 여성이 함께 살면서 만들어진다. 인류가 지구상에 존재한 이래 그래 왔고 앞으로도 그럴 것이다. 따라서 남성과 여성은 새로운 창조를 이루어내는 동반자로서 서로를 존중하며 이해할 필요가 있다. 그러나 남성과 여성이 사회의 동등한 구성원으로서 인정받고 살아온 역사는 그리 오래되지 않았다. 과거의 역사 속에서 오랫동안 여성은 남성에 의해 종속된 존재로 살아왔고 그것은 여성의 생물학적·사회적 특성으로 인정되어 왔다. 그리고 그러한 사회적·관습적·생물학적 차이는 성을 매개로 한 차별로서 인류 역사에 사회의 제도와 관습의 일부로서 지속되어 왔다.

역사적으로 많은 사람들이 남성과 여성의 차이를 다양한 방식으로 설명해 왔다. 그러나 양성 간의 차이에 대한 설명을 오랫동안 주도한 것은 남성이었다. 그것은 남성과 여성이 만들어 온 인류 역사의 변천과정의 반영이었다. 동서양을 막론하고 계급이 발생하고 부권(父權)제 가족의 성립과 함께 여성은 부권에 예속되고 집안살림을 맡으며 생산에도 종사하는 가사노예가 되도록 하였다. 이러한 사회적 차별은 여성에 대한 부정적인 인식과 관습을 낳았다. 서양의 신화에서 판도라의 상자가 열리자 희망을 제외한 악의 모든 요소가 뛰쳐나왔다거나, 성서에서 이브가 뱀의 유혹이 넘어가 선악과를 땄다는 대목은 모두 여성에게 악의 근원을 떠넘기고 있다. 그리하여 여성을 인간 세상에 고통과 질병을 몰고 온 장본인으로 규정하고, 여성을 제물로 삼게 되는 근거를 삼고 있다. 아리스토텔레스 같은 철학자는 여성은 이빨 수가 남성보다 적어 지적으로 열등하며 용감할 수 없다는 편견에 찬 논리를 서슴없이 폈고, 중세의 신학자들은 심지어 여성에게도 구원의 대상인 영혼이 있는가 하는 문제를 두고 논쟁을 벌이기도 하였다. 근대 시민사회가 시작되면서 인권의 문제가 대두하고 평등과 자유의 의식이 확대되어 갔지만 20세기에 들어와서야 여성에 대한 법적 기본권이 보장되었으니, 서양에서도 여성의 수난사는 험하고도 길었다.

우리 역사에서도 사유재산제가 발생하고 계급이 분화한 후 국가가 성립함으로써 성에 대한 차별이 시작되었다. 국가의 주요 경제 기반인 토지, 노예 등 주요생산수단을 남자가 소유하였고 가부장 사회가 형성되어 여성은 부권에 종속되었다. 부계(父系) 중심의 가계(家系) 상속이 정착하자 확실한 부자관계가 요구되었다. 여성의 삶은 가족의 재산을 늘리고 재산을 상속·유지케 할 자녀를 낳고 기르는 것이 거의 전부로 되었다. 남성의 성생활은 별로 구속되지 않은 반면 여성에게는 정절이 강요되었다. 여성은 공적인 영역에서 배제되어 정치는 물론 사회경제적인 주요 지위에 접근할 수 없었다. 왕족 외에는 여성이 사회에서 주요 지위를 차지할 수 없었다. 그러나 이러한 가부장적인 사회에서도 여성의 삶의 모습은 시기와 지역에 따라, 그리고 신분이나 계급에 따라 달랐다.

초기 고대국가인 부여(夫餘)에서는 여성이 정조를 지키지 않으면 돌로 쳐죽여서 산에 내다버렸고, 그 여자의 친정에서 딸의 시신을 찾아가기 위해서는 남편 쪽에 경제적 배상을 해야 하였다. 여성의 간음과 시기를 처벌 대상으로 삼음으로써 가부장적 가족제도를 옹호하고 있었던 것이다.

가부장제가 지켜지고 남성 우위 문화가 지배적인 한 여성의 지위는 항상 불리하였지만 삼국시대와 고려시대에는 애정관계, 특히 혼인 등 활동에서는 제도적으로 그리 차별을 받지 않았던 것으로 보인다. 고구려의 서옥제(婿屋制)는 결혼 풍습에서 여성의 우선권을 인정하였던 것이며, 고려시대에는 송나라의 사신 서긍(徐兢)이 쓴 『고려도경(高麗圖經)』에 고려의 남녀가 구분 없이 냇가에서 함께 목욕하는 것을 보고 기이하게 여겼다는 기록이 남아 있다. 그리고 신랑이 처가에서 결혼한 뒤 그대로 처가에 눌러 사는 경우도 많았고, 신부가 시집으로 간 다음에도 친정과 긴밀한 관계를 유지하여 남자와 똑같이 재산을 분배받았다. 사위나 외손자가 장인 또는 외할아버지 덕택에 음서(蔭敍)로 벼슬에 나아갈 수 있었다. 여성의 재혼 또한 자유로웠으며 자식을 데리고 재가하는 것은 물론,

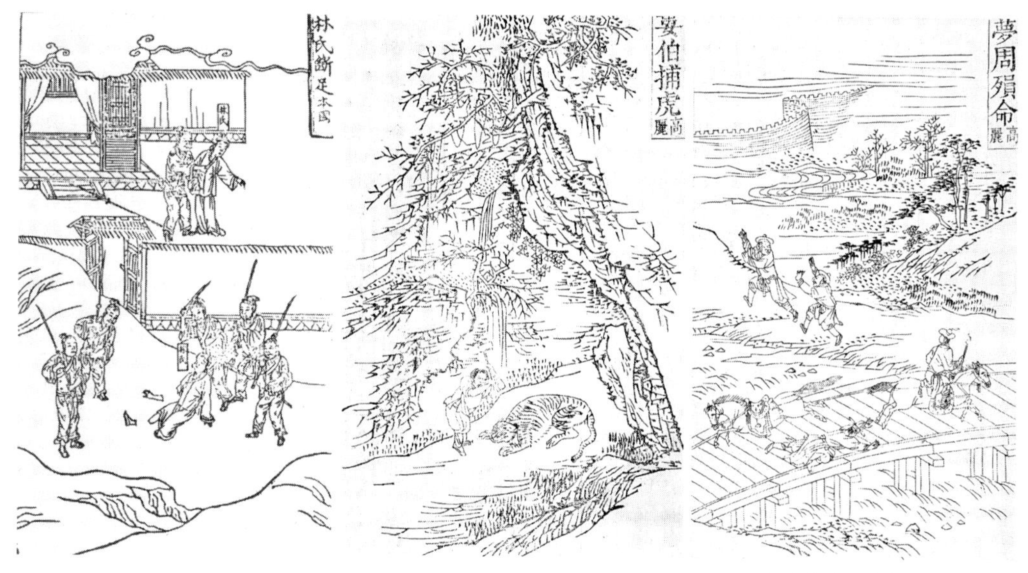

삼강행실도(열녀·효자·충신)

죽은 남편의 재산을 가지고 재혼을 하는 경우도 많았다.

2) 삼종지도와 종법적 가족질서

우리나라에서 가부장적 가족제도와 성에 대한 사회적 차별이 심해진 것은 성리학적 이데올로기가 정착된 조선시대 이후였다. 성리학적 이데올로기에 의한 성의 규범은 오늘날 한국 사회에 남아 있는 전통적인 남녀관계에 가장 큰 영향을 미치고 있다. 조선시대에는 남녀의 다른 삶을 '부부유별(夫婦有別)'이라는 유교의 통치이념으로 설명하여, '남자는 하늘, 여자는 땅'으로서 남자는 우주만물을 형성하는 근원이며 여자는 그에 종속된다는 논리를 풍미하게 만들었다. 이에 따라 아내는 남편이 아무리 어리석어도 더욱 공경하고 정성을 다해 모셔야 한다는 삼종지도(三從之道)가 나오게 되었다. 그리고 상하관계의 가부장제적인 종법(宗法)적 가족질서가 강조되었다. 이러한 남녀관계·가족관계의 규범은 초기에는 주로 양반 사대부 집안에서 강조하였으나 점차 서민층에게도 유포되었다.

이것은 서민의 사회경제적 성장을 어느 정도 반영하는 한편 한글 창제 등 지속적인 교화사업으로 조선왕조의 성리학적 이데올로기가 일반 시민에게까지 뿌리를 내린 결과로도 해석할 수 있다.

여성의 사회적 성취가 막혀 있는 한 조선시대 여성의 삶은 가정을 넘어서 존재할 수 없었다. 결혼은 그러한 여성의 삶을 결정하는 가장 중요한 계기가 되었다. 그러나 조선시대의 결혼은 '위로는 조상을 받들고 아래로는 후사를 잇기 위해서'라는 거창한 명분 하에서 이루어졌다. 그러나 조선시대의 결혼은 주자가례(朱子家禮)에 의한 친영제(親迎制)를 비롯하여 여자가 남자 집에 가서 사는 것으로 이루어졌다. 따라서 결혼은 여자에게 많은 것이 요구되었고, 시집의 가부장적 질서에 적응해야 함은 물론 시집의 대를 잇는 것이 여자의 제일가는 사명이었다. 이 때문에 조선시대에는 결혼하는 딸에게 시집생활에 적응할 수 있는 생활교육과 성교육이 행해졌다. 생활교육은 주로 행동거지와 여러 법도에 대한 교육이었고, 성교육은 바로 아들을 낳기 위한 것이었다.

결혼과 더불어 가부장적 가족제도를 유지하기 위하여 행해진 것이 칠거지악(七去之惡)이었다. 오늘날의 이혼사유와 같은 것인데 다른 점은 일방적으로 여자의 '하자'만이 사유가 되며 그 주도권은 남자가 쥐고 있다는 것이었다. 처가 시부모를 잘 모시지 못한다거나, 대를 이을 자식을 낳지 못한다거나, 음란하여 낳은 자식에 대한 혈통의 순수성을 보장받을 수 없을 때, 질투가 심하여 처첩제의 운영을 어렵게 할 때, 나쁜 병이 있어 건강한 아들을 낳을 수 없을 때, 말이 많아 대가족제도를 잘 운영할 수 없게 할 때, 도둑질을 하는 경우 등 일곱 가지 잘못이 있을 때 처를 쫓아낼 수 있도록 하였다. 그러나 칠거지악의 적용은 사실상 애매한 경우가 많았고, 매우 자의적으로 해석될 소지가 많았다. 이에 최소한이나마 여성을 보호하기 위해 둔 것이 삼불거(三不去)였다. 삼불거란 처가 쫓겨나면 돌아갈 곳이 없다거나 부모의 삼년상을 같이 치렀다거나 가난할 때 시집와서 부자가 되게 한 경우에는 칠거에 해당하는 죄를 범했어도 처를 내쫓을 수 없다는 것이다.

국가는 가부장적 가족제도를 지키기 위하여 여성의 일상생활에 여러 규제를 가하였으며 정절과 부덕(婦德)을 강조하였다. 성종 16년(1485년)에 여자의 재혼을 금하고 재혼녀의 자손은 과거에 응시할 수 없다는 것을 법령화[재가녀자손금고법(再嫁女子孫禁錮法)]하였다. 또 첩의 아들인 서얼이 자손 대대로 벼슬에 오르는 것도 막았다[서얼금고법(庶孽禁錮

法)]. 조선 초기까지 여자에게도 재산이 상속되던 것이 이제 시집간 딸은 '출가외인'이라는 관념이 확실해지면서 상속에서 배제되었다. 정절에 대한 의식은 점점 더 극단적이 되어 가 열녀에 대해서는 열녀문과 열녀각을 내리고 후손에게는 부역이나 세금 감면, 특채의 영광을 주기도 하였다. 이러한 사정 때문에 문중이 나서서 한 여성의 희생을 강요하는 것은 당시 사회에서 전혀 비인간적인 것이 아니라 오히려 유교적 명분을 지키는 일로서 추앙되고 있었다. 이러한 유교적 의식은 조선후기 민담이나 소설 속에서도 그대로 반영되고 있었다. 콩쥐팥쥐, 장화홍련전, 심청전 등은 모두 계모의 비인간성과 악독함을 묘사하여 재가한 여성을 대중의 심성 속에 부정적 이미지로 주입시키고 있었다. 반면에 여성의 사표는 현모양처(賢母良妻) 아니면 정절녀로(貞節女) 상징되게 되었다.

3) 성의 사회적 관계 변화

조선후기 이래로 다양한 계층분화와 양반층의 몰락으로 중세적 지배체제가 동요하자 기존의 지배문화가 무너지고 민중의 의식이 성장하였다. 그러한 가운데 성의 사회적 인식이 변화하여 남존여비 사상도 점차 변화하기 시작하였다. 더욱이 19세기에 들어 서세동점의 영향은 서구식의 근대화를 이루기 위한 여성문제의 해결에 대한 인식을 촉발하였다. 당시 개화파 지식인들은 조선이 개화하려면 인구의 절반을 차지하는 조선 여성의 개화가 필요하다고 보기 시작하였다. 개항 직후, 근대적인 문물을 보고 배우러 일본에 건너간 개화파 관리 김기수는 여자에게도 남자와 똑같이 교육의 기회가 주어지는 것을 보고 여성개화의 필요성을 느꼈다. 박영효(朴泳孝)는 갑신정변의 실패로 일본에 망명해 있으면서 일본의 개화사상가인 후쿠자와 유키치(福澤諭吉)의 영향을 받았는데, 그는 인간의 자유독립을 전제로 하여 유교적 남존여비와 축첩제의 악습을 비판하고 남녀평등에 입각한 여성교육과 자유의사에 따른 결혼을 주장한 사람이었다. 1888년 박영효는 고종에게 개화상소를 올렸는데, 28개 조로 된 이 상소문에는 여성의 인격존중과 학대·멸시의 금지, 여성의 노예화 금지, 교육의 남녀균등, 과부재가 허락, 축첩 폐지, 조혼 폐지, 내외법 폐지 등을 내용으로 하는 여권론에 대한 주장들이 들어 있었다.

또한 1894년 갑오농민전쟁에서 농민군들이 요구한 12개의 폐정개혁안의 제7항에는 청춘과부의 재가를 허용할 것을 주장하고 있어서 눈길을 끈다. 이것은 근대적인 남녀평등에 입각한 여성상을 제시한 것은 아니었지만 봉건적인 가족체제와 질서 속에서 여성들의 열악한 사회·정치적인 지위를 향상시키는 데 관심을 기울이고 있었음을 엿볼 수 있다. 이러한 과부재가의 허용은 그 후 갑오개혁에서 수용되어 조선왕조의 봉건적인 여성정책에 일대 전환을 가져오게 되었다. 여권론에 대한 보다 적극적인 논조는 독립협회가 대중계몽을 위해 발행한『독립신문』에서도 확인된다.

> 세상에 불쌍한 인생은 조선의 여편네니 우리가 오늘날 이 불쌍한 여편네들을 위하여 조선 국민에게 말하노라. 여편네가 사나이보다 조금도 낮은 인생이 아닌데 사나이들이 천대하는 것은 다름 아니라 사나이들이 문명개화가 못 되야 이치와 인정을 생각지 않고 다만 자기의 팔힘만 믿고 압제하려는 것이니……조선의 여편네들이 약한 고로 자유권이 없어졌고 대접받기를 옥에 갇힌 죄인같이 하니 그 사나이들이 무리한 죄상을 생각하면 매우 천하고 괘씸하더라. (『독립신문』1896. 4. 21. 논설)

라고 하여 여성을 무조건 학대하고 멸시하는 것은 남성이 개화가 못된 까닭이라고 힐난하였다. 그 밖에도 독립신문에서 주장한 여권론의 주된 내용은 봉건적인 혼인제도의 개혁, 내정과 평등한 인격에 기반한 부부중심의 근대적 가족제도, 여성의 교육권과 사회적 활동의 필요성 등이었다. 이와 같이 그 주장한 계열은 다르더라도 근대적인 개혁의식에는 여성의 인격적·사회적 독립과 자유를 위한 기초적인 요구들과 그것을 위한 사회적 대응을 제기하는 것이 공통적이었다. 그만큼 여성의 성차별과 그 해결은 역사성을 띠는 문제였다.

봉건적인 질곡으로부터 여성이 벗어나려는 노력은 개항 이후 자본주의 사회구조가 확산되고 개화사상과 기독교 등에 영향 받아 여성교육이 확대되는 가운데 차츰 현실화되었다. 1886년에 기독교 이념을 바탕으로 세워진 이화학당은 우리나라 여성교육기관의 시초였으며, 이후 정신(1887), 일신(1895), 숭현(1896), 영화·정선(1897), 배화·순성(1898), 숭의(1903), 호수돈(1904), 진명·숙명(1906), 동덕(1908) 등 각지에서 여학

개화기 여학생

교가 설립되어 여성에게도 신식교육이 행해졌다. 이들 여학교는 양반
전통사회의 여성들을 예속과 압박으로부터 해방시키고 근대화시키는
데 앞장섰다.

9장 임진왜란, 병자호란과
17세기 전후 동아시아의 변동

1) 임진왜란 전후 조·일관계

17세기를 전후한 반세기 동안은 아시아의 격동기였으며, 한민족에게
는 남북에서 밀려온 이민족의 침략을 막아내야 하는 국난기였다. 남으로
는 1592년 일본의 침략으로 왜란이 일어나 7년에 걸친 전쟁을 치러야
했고, 북으로 중국 동북지방에서 일어난 여진족의 침략으로 두 차례의
호란을 겪어야 했다.

조선은 건국 후 일본에 대하여 교린정책을 추진하였다. 한때는 왜구의
근거지인 쓰시마 섬을 공격하는 등 적극적인 적대정책을 펴기도 했으나
(1419년), 1443년 쓰시마와 계해조약(癸亥條約)을 맺은 이후 대 일본 외
교의 기본은 삼포를 열어 일본인의 내왕과 무역을 허락하는 평화외교였
다. 그리하여 조선은 일본정부에 대하여 당시 조선의 해안에 넘나들며
해를 끼치고 있던 왜구의 근절을 외교적으로 요구하는 한편 찾아오는
일본인에게 관직을 내리거나 경제적인 도움을 주었다. 그러나 1467년부
터 일본이 오랜 기간에 걸친 내란에 휩싸이게 되자, 왜구는 다시 조선과
중국 해안에 들어와 노략질하기 시작하였다. 이런 가운데 1510년 삼포왜
란(三浦倭亂)이 일어나면서 양국의 국교는 다시 단절되었다.

일본의 오랜 내란기였던 전국시대(戰國時代)를 수습하고 권력을 장악
한 도요토미 히데요시(豊臣秀吉)는 이제 각 지역의 군사력을 소모시켜야
만 하였다. 통일국가를 건설하는 과정에서 지방의 장군, 다이묘(大名)들
이 소유한 군사력은 정권을 위협하는 요인이 되었기 때문이다. 또한 통일
과정에서 공을 세운 장군들에게 토지와 노동력을 내려야 하는 과제도

안고 있었고, 밖으로 중국과의 대외무역로도 확보해야 했다. 도요토미는
다이묘의 군사력을 대외전쟁에 내세우기 위하여 '명에 침공할 길을 빌린
다'는 정명가도(征明假道)를 구실로 조선에 대한 침략전쟁을 일으켰다.

2) 임진 · 정유왜란과 문화전쟁

1592년 임진년 4월 13일 오전 8시 쓰시마를 출발한 침략 선봉군은 다음 날 부산에 상륙하여 부산진성(釜山鎭城)을 대대적으로 공격함으로써 전쟁은 시작되었다. 이 때 동원된 일본군의 수는 총 30만여 명이었다. 조총으로 무장한 일본군은 오랜 내란 기간을 통해 축적한 풍부한 전투경험을 바탕으로 전쟁 초기 조선을 파죽지세로 공격하였다. 조선의 관군은 준비소홀과 체계적인 군사 지휘의 결여로 도처에서 패배하였다. 조선 관군은 활과 포가 있기는 하였지만, 주로 칼과 창으로 싸웠기 때문에 조총과 칼로 무장한 일본군에 대응하는 데 역부족이었다. 마침내 4월 30일 선조는 도성방어군을 남겨두고 피난길에 올라 조선은 권력과 치안의 공백상태가 되었다.

「동래부순절도」. 동래부사와 군인 · 백성들이 일본군에게 항전한 내용을 묘사한 그림

왕과 정부군이 무력하게 도망간 자리에서 일본군에 대응하여 싸운 것은 의병이었다. 6월경부터 각지에서 일어난 의병은 전직 관료나 유생들이 지도자가 되어 자신의 사노비나 인근 주민들로 조직한 것이었다. 의병은 향토방어 차원에서 자신의

활동지에 있는 지형지물을 이용한 전술을 사용하여 기습 공격을 가하는 등 일본군의 후방을 공격하였다. 의병들은 점차 인근 지역의 의병부대와 연합전선을 구축하여 대규모의 군사활동도 전개하였다.

조선정부는 일본군이 침입하자 4월 하순에 명나라 요동지역 사령부에 이 사실을 알리고, 5월 중순에는 구원병을 요청하였다. 처음에 일본군을 가볍게 본 명나라는 3천 명의 군사를 보냈으나 후에 정황을 확인한 뒤 7월 말에 가서야 대대적인 파병을 결정하였다. 조선과 명나라 연합군의 대대적인 반격을 받은 일본군은 도처에서 무너져 계속 산발적인 저항을 하였지만 결국 남쪽으로 쫓겨 내려갔다. 전쟁이 장기화되고 전선이 일본에서 멀어질수록 일본군은 군수지원 사정이 악화되지 않을 수 없었다. 명 또한 장기적인 전쟁에 따른 부담을 덜고자 하였다. 이러한 상황에서 명과 일본의 휴전회담이 진행되었다. 그러나 조선정부는 일본과 동등한 선에서 휴전논의를 하는 것에 강경하게 반대하였다. 이러는 사이에 일본의 사신 일행이 북경에 도착하여 무조건 명나라에 항복한다는 조건을 제시하였고, 명나라도 일본의 철병을 전제조건으로 한 책봉사 파견을 결정하였다.

그러나 심유경(沈惟敬)과 고니시 유키나가(小西行長)가 추진한 강화회담의 내용이 도요토미가 제시한 것과 큰 차이가 난다는 사실이 드러나면서 일본은 돌연 입장을 바꿔 1597년 14만여 명의 병력으로 조선에 다시 침입하였다[정유재란(丁酉再亂)]. 특히 이번 공격에서는 전라도를 공략하는 것이 첫 번째 작전 명령이었는데, 이는 곡창지대를 장악하는 한편, 서해안을 장악하여 물자보급로를 확보하겠다는 계산도 깔려 있었다. 또한 일본군은 조선 수군을 무력화시키기 위하여 삼도수군통제사 겸 전라좌수사인 이순신(李舜臣)을 제거하는 공작을 벌였다. 고니시는 이중 정보원을 조선에 보내 가토 기요마사(加藤淸正)의 공격작전을 알려주고 그가 오는 길목을 지키면 그를 사로잡을 수 있다는 허위정보를 주었다. 이순신이 그 정보를 믿지 않고 출동을 하지 않자 조선정부는 그를 한양으로 압송하고 경상우수사였던 원균(元均)을 후임 통제사로 임명하였다. 그러나 원균의 지휘를 받던 조선 수군은 거제도 앞바다 칠천량(七川梁)해전에서 일본군에게 크게 패배하였다. 조선정부는 다시 이순신을 기용하였고, 이순신의 지휘 아래 조선 수군은 명량해전(明梁海戰)의 승리를 정점으로 전라도 해안을 다시 장악하게 되었다. 일본군은 이후 그 기세가 꺾여 패색이 짙어졌다. 그해 말에 도요토미 히데요시가 사망하자, 측근들은 철병을 결정하고 1598년 11월 일본군은 서둘러 귀국하여 7년간의 전쟁은 끝났다.

7년간 한반도를 휩쓴 전란으로 조선은 인명 피해, 국토의 황폐화, 경제 손실 못지않게 문화적 피해를 크게 입었다. 일본은 이 전쟁을 통해 국내의 정치 갈등을 해소하고 중국으로의 진출을 의도하였지만, 결과적으로 가장 큰 성과를 거둔 것은 조선에서의 문화적 이익이었다. 왜란 초기 한양을 점령한 일본군은 교서관(校書館)에서 약 9만 자의 금속활자와 인쇄기기를 일본으로 반출하였다. 한편 각 부대에 종군한 일본 승려들이 관여하여 귀중한 불경과 불전, 불화와 범종 다수를 훔쳐갔으며, 유학 서적 및 건물의 편액까지 떼어갔다. 이러한 서적과 금속활자, 인쇄술 등은 이후 일본 사회에 큰 영향을 끼쳤다.

보다 더 중요한 것은 문화재의 약탈뿐만 아니라 유학자, 의원과 도자기·제지·상감 등 각종 기술자들을 강제로 일본으로 납치해 갔다는 사실이다. 이들을 통해 에도(江戶) 시대 이후 일본의 유학이나 도자기는 괄목할 만한 발달을 이루게 되었다. 강항(姜沆)은 후지와라 세이카(藤原惺窩)나 하야시 라잔(林羅山)에게 조선성리학을 전수함으로써 일본에서 에도 시대 유학이 시작되는 길을 열었다. 일본군은 조선 남해안 지역의 우수한 도공(陶工)들을 강제 연행해 가서 유약을 발라 고열로 제작하는 자기를 생산하도록 하였다. 17세기 중엽부터 기타큐슈와 서부 일본 각지에서 이루어진 도자기 문화의 발달은 조선 도공이 있었기에 가능한 것이었다. 이러한 점에서 왜란은 활자와 서적, 도자기를 둘러싼 문화전쟁이었다고 해도 과언이 아니었다.

3) 17세기 초 중국 및 북방 외교

조선은 건국 이래 대명 사대와 대 여진 교린의 외교정책을 써 왔다. 여진은 부족한 물자를 명이나 조선에 의지하여 얻었는데, 조선은 그들의 경제적 요구를 일정하게 수용하는 동시에, 그들의 지도자들에게 관직을 내려 회유하는 정책을 유지해 왔다. 그러나 기상재해 등으로 조선과 명나라의 물자공급이 부족할 경우, 여진족들은 변방지역을 침탈하기도 하였다. 이 때 조선은 군사를 보내 무력으로 진압하기도 하였으니, 임진왜란 이전 대 여진 정책은 회유와 무력이라는 양면적인 것이었다. 그러나 임진 왜란의 영향으로 동아시아의 정치적 상황이 변화하는 틈을 타 여진족들은 세력을 일으켜, 마침내 중원을 장악하고자 발돋움하고 있었다.

왜란중에 세자에 책봉되어 1608년 왕위에 오른 광해군(光海君)은 중국 대륙의 정치적 변화를 예의 주시하는 한편, 왕위 계승과정에서 보인 명의 태도 때문에 품게 된 불만도 작용하여 명에 대하여 맹목적 사대 외교노선을 취하지 않았다. 그러는 한편 여진족에 대해서는 여진접대사목(女眞接待事目)을 제정하여 원만한 관계를 유지하고자 하였다. 그리하여 명나라가 여진족(후금)을 치기 위하여 조선에 군대파병을 요청했을 때에도 미온적인 태도를 보였다. 대륙의 정세를 고려한 광해군의 등거리 외교는 명나라 조정의 불만을 샀지만, 후금의 침입을 회피할 수 있었다.

그러나 1623년 인조반정(仁祖反正)으로 정권을 잡은 인조와 서인(西人)은 쿠데타를 정당화시키고 집권의 명분을 확보하기 위하여 광해군의 내외정책을 비판하였는데, 외적으로는 대의명분을 버리고 오랑캐인 후금과 내통하였다는 것을 강조하였다. 또한 인조는 명나라로부터 왕위를 추인받기 위하여 광해군의 죄과를 열거하고, 명나라에 대한 충성심을 보여주어야 했다. 명나라는 광해군 때와는 달리 신속하게 인조를 새로운 조선국왕으로 인정하였다. 명나라로서는 조선의 정권교체가 후금을 견제할 수 있는 여건을 조성하는 것이라 생각하였던 것이다.

그러나 후금의 입장에서는 친명적인 인조정권의 등장은 후금의 후방에 군사적 불안을 야기시키는 것이었다. 대륙을 정복하기 위해서 배후세력을 제압하려는 후금은 결국 전쟁을 선택하였다.

4) 정묘 · 병자 호란

1627년 1월 8일 기병 3만 6천을 동원한 후금의 군대는 심양을 출발하여 조선을 침공하였다. 후금군은 1월 13일 의주성을 포위하였고, 1월 27일 인조와 조정 중신들은 강화도로 피신하였다. 조선정부는 화친을 기본방침으로 정하고, 후금이 조선을 침략한 연유를 추궁하고 철병을 요구함으

남한산성

로써 국가적 체통을 지키면서 화의를 진행하였다. 그리하여 조선과 후금은 형제의 맹약을 맺고 조공무역을 하는 외교적 절충을 할 수 있었다. 그리고 중강개시와 회령개시를 열어 후금과의 무역도 활성화하였다. 그러나 조선과 후금의 관계는 이후 원만하게 이루어지지는 못하였다. 후금이 명과 중국대륙의 패권을 놓고 일대 격전을 벌이며 청(淸)나라를 세우는 과정에서 조선을 완전히 굴복시키기 위해 다시금 전쟁을 도발하는 것은 시간문제였다.

1636년 청의 태종은 다시금 조선에 황제 즉위에 대한 찬동과 그에 따른 군신(君臣)의 예(禮)를 강요해 왔다. 이에 우의정 이성구(李聖求)와 이조판서 최명길(崔鳴吉) 등은 전란이 야기될 우려가 있다 하여 신중론을 제기하였으나, 조정에서는 오랑캐와의 척화를 외치며 청의 요구를 거부하고 국교를 단절해야 한다는 강경론이 지배적이었다.

이에 청 태종이 직접 12만 대군을 이끌고 19월 9일 조선을 침공하였다. 조선정부는 청군의 빠른 진격에 당황하여 결단을 내리지 못하였고, 도성안은 민심이 흉흉하여 성을 빠져나가는 자들이 줄을 이었다. 정부는 강화도로 피신하여 저항하려 했으나, 청군이 강화를 가는 길을 차단하였기 때문에 남한산성으로 피난을 가게 되었다.

남한산성에 들어간 인조와 조정 대신들은 각 도의 지휘관들에게 의병을 모으도록 지시하는 한편, 명나라에 지원병을 요청하였다. 그러나 명나라는 지원군을 보낼 상황이 아니었고, 각 도 관찰사나 병사의 병력은 미처 남한산성에 도달하기도 전에 패배하였다. 각 지역에서 의병들이 일어나 약간의 성과를 거두기는 하였지만, 남한산성에 이르지는 못하였다. 결국 남한산성에 들어간 인조 일행과 백성들은 40여 일의 농성전 끝에 식량이 바닥났고, 완전히 고립되었다. 이에 성안에서는 주전론(主戰論)과 주화론(主和論)이 대립하였지만, 결국 난국을 타개하기 위한 강화를 지지하는 쪽으로 대세가 기울었다. 1637년 1월 19일 강화도가 함락되었다는 소식을 접한 인조는 청과의 화의를 결정하지 않을 수 없었다.

11개 조에 이르는 항복조건을 받아들인 인조는 1월 30일 성을 나와 세자와 함께 한강 동쪽에 있는 삼전도(三田渡)로 가서 굴욕적인 항복의 예를 치렀다. 항복 조건에 따라 청군은 철수하고 소현세자와 봉림대군은 인질이 되어 심양으로 잡혀가 8년 동안 억류생활을 하였다.

5) 왜란, 호란 이후의 사회변화

7년의 긴 전쟁이었던 왜란은 동아시아 권력구조에 커다란 변화를 가져왔다. 명나라는 국력을 소진하여 청에게 멸망하게 되었고, 일본은 도쿠카와 막부(德川幕府)로 정권이 바뀌었다. 그러나 외침을 당하여 민의 재산과 생명을 보호하지 못한 치명적인 과오와 병자호란에서 북방 오랑캐에게 굴욕적인 항복으로 왕과 집권자들의 위신이 땅에 떨어진 조선은 망하지 않았다. 이미 16세기에 왕조말기적인 현상이 일어나면서 국가권력의 위기관리 능력이 취약해진 조선왕조 정권이 이후 200년을 이어갈 수 있었던 것은 17세기 전후의 두 차례 전쟁을 수습하며 오히려 기사회생하게 되었기 때문이라고 할 수 있다.

전쟁 과정에서 민(民)의 저항과 힘을 보게 된 왕과 집권자들은 신속한 수습을 통해 체제를 유지하고자 하였다. 전쟁 수행의 공적을 관인에게만

孫順新羅興德王時人居慶州養母至孝有小兒每奪母食順謂其妻曰兒奪母食兒可得母難再求乃負兒歸掘地欲埋忽得石鍾甚奇妻曰得物殆兒之福也不可埋也乃負兒與鍾而還家懸鍾於樑撞之聲聞王宮王使人審之具奏王賜米五十石

손슌은 신나 흥덕왕 시 사룸이라 경쥐 ᄉᆡ히 사라 어미 치기 지효ᄒᆞ
러니 죠고만 아히 이셔 미양 어미 밥믈 안거ᄂᆞᆯ 슌이 그 안해ᄃᆞ려
닐러 ᄀᆞᄅᆞᄃᆡ 아히 어미 바볼 아ᄋᆞ니 아히ᄂᆞᆫ 가히 어더 가ᄉᆡ울 푸고
미ᄂᆞᆫ 두 번 구ᄒᆞ기 어려온디라 ᄒᆞ고 아히 업고 도라가 안해 널오
묻고져 ᄒᆞ더니 ᄆᆞᆺ득 ᄃᆞᆲ울 어드니 심히 득ᄒᆞ리라 이예 아히와
되둑믈 호미 조모 아히 복이라 가히 문디믈 ᄒᆞ리라 이예 아히와
밥을 지고 지비 도라와 밥을 보 회ᄃᆞᆯ고 티니 소리 왕궁의 ᄃᆞᆯ린대
왕이 사룸 ᄇᆞ려 슯피시니다 연죠오니 왕이 ᄇᆞᆯ 쉰 셤을 주시다

『동국신속삼강행실도』

돌리지 않고, 민에게도 일정 부분 양보하였으며, 전쟁기간 중 성리학의
규범을 잘 지킨 사람들을 선별하여 충신, 효자, 열녀로 내세우며 성리학
적 지배질서를 회복하는 데 주력하였다. 충신·효자·열녀의 사례를 수
집하여 한문과 한글로 함께 표기한 『동국신속삼강행실도(東國新續三綱
行實圖)』를 간행 보급하였다. 또한 각 지방의 수령이 주도하는 '주현향약
(州縣鄕約)'을 전국적으로 확대 실시하였다. 민을 통제하는 한편 민의
생존조건을 개선하여 이반된 민심을 돌리는 조치를 실시하였다. 양전(量
田)을 실시하는 한편 수십 년 동안 논란이 되었던 공물의 납부 원칙과
방식을 고위관료의 반발없이 확정하였다[대동법(大同法)]. 지배계급의
양보를 전제로 한 세제개혁은 전근대 국가에서 이례적인 일이었다. 토지
세를 1결(結)당 4두(斗)로 고정시킨 영정법(永定法) 역시 농민의 부담을
줄이면서 안정된 국가세입을 확보하는 데 도움이 되었다. 호란 이후에도
세제 개편과 조세 감면조치 등과 아울러 대동법을 확대 실시함으로써
민생회복을 겨냥한 정책적 배려가 추진되었다. 그리고 양반도 군역을

조선통신사 행렬도

겨야 한다는 논의도 나와, 이후 영조 때 균역법(均役法)이 정착되는 단서를 열었다. 두 차례의 전쟁은 붕괴위기에 처한 조선왕조를 국왕 주도하에 통치자 및 지배자들을 결집시켜 총력적인 국가재건을 가능하게 하였다. 그 후 조선왕조국가 틀 내에서 조선후기 한국사회는 새로운 변모의 기반들을 만들어 갔다.

조선은 왜란과 호란을 겪고 나서도 국가 차원의 대외적인 교류를 지속하였다. 병자호란 이후 청에 대하여 군신의 예를 취하게 됨으로써 조선은 청에 부경사(赴京使)를 파견하였다. 부경사는 과거 명의 수도인 북경에 파견하던 조선의 사대 외교 사신이었다. 정사, 부사, 서장관과 그 밖의 수행원 등 350명 내외로 구성된 부경사행은 사대의 의례를 갖추는 대신 정치적 안정을 보장받기 위한 사절이었던 동시에, 경제적·문화적 실리를 얻는 외교사절단이었다. 이 사행에 상인들이 끼어들어 사무역도 점차 활발해졌는데, 의주, 평양, 개성, 한양의 상인들은 이러한 국제적 사무역 활동을 통해 점차 자본을 쌓아 거상으로 성장하기도 하였다.

임진·정유왜란 이후 조·일간의 국교는 생각보다 빨리 회복되었다. 일본의 새 집권자인 도쿠가와 이에야스(德川家康)가 쓰시마 도주를 통해 적극적으로 교섭해 오고, 조선정부가 교린정신에 입각하여 이에 호응함으로써 종전된 지 채 10년도 안 된 1607년 국교가 회복되었다. 이어 1509년 기유약조(己酉約條)를 체결하여 통상관계를 재개하고, 이후 에도(江戶) 막부에 대해 아홉 차례에 걸쳐 통신사를 파견하였다. 통신사와 별도로 외교실무와 통상업무를 담당하는 실무 사신이 동래 부사와 쓰시마 도주 사이에서 자주 왕래하였다. 400여 명으로 편성된 통신사행은

국제적 신의와 정권의 위신을 높이려는 에도 막부의 의도에 따라 최대의
편의와 예우를 받았다. 통신사 일행은 연도의 각지에서 일본의 승려,
유생, 의원, 문인 들과 필답이나 시문을 주고받으며 조선의 학문과 문예
를 전수하는 등 현지에서 직접 접촉하는 문화교류를 하였다. 이후 200년
간 조선은 통신사를 파견하여 일본과 외교관계를 유지하였다.

10장 향촌생활의 변화와 서민문화의 성장

1) 향촌 사회경제의 변동

조선 후기 사회는 한국에서 중세사회가 변화하며 근대적 지향의 가능성이 사회 내부적으로 형성된 시기였다. 농민들은 왜란·호란의 전쟁이후 전쟁의 피해를 극복하고 경제생활의 향상을 위하여 농업경영기술을 발전시켰다. '일은 반만 하고도 수확은 배로 늘릴 수 있는' 이앙법(移秧法)은 17, 18세기 전국 농지의 약 80%로까지 보급되었다. 이앙법은 이모작을 가능하게 하여 벼농사를 마치더라도 보리농사로 이듬해 봄의 기근을 면할 수 있게 하는 점에서 농업생산력의 효율을 극대화시키는 효과까지 얻게 하였다. 밭농사에서도 처음에 보리농사에만 쓰이던 견종법(畎種法)이 차츰 조·콩 등으로 확산되어 18, 19세기에 이르러 일반화되었다. 이 견종법도 김매기가 쉽고, 농작물에 통풍이 잘되며, 비료의 낭비를줄이는 등 여러 가지 장점이 있어 이앙법과 마찬가지로 힘을 덜 들이고수확은 배가시키는 효과를 낳았다.

이러한 농업기술의 향상에 따른 노동생산성의 증가는 '광작(廣作)'을가능하게 하였으며, 곡식뿐만 아니라 상품작물의 재배에도 눈을 돌려이득을 보는 것이 가능하게 하였다. 농민들은 약재와 담배 등의 상품작물의 재배에서 많은 이득을 보게 되었다. 한양 근교를 예를 들면 왕십리의배추·미나리, 살곶이의 무우, 연희궁 주변의 고추·파·마늘, 청파의물미나리, 이태원의 토란 등이 유명하였다.

농업생산력의 증대와 상품작물의 재배는 기존의 자급자족형 농촌이아니라 부를 축적하기 위한 근대적인 산업의 면모를 갖추게 하는 기반이되었다. 그리하여 과거 주로 소작료에 의존하던 양반지주가 아닌 평민들가운데 새로운 경영방식을 개발하여 새로운 부농층으로 성장하는 사람들이 등장하였다. 이러한 새로운 부농층은 폐쇄적인 중세적 사회구조와 경제구조의 변화를 도모하며 근대화를 추구하는 새로운 세력으로서 성장하여 양반지주들 사이의 갈등을 점차 표면화하고 있었다.

농업생산이 늘어나면서 각종 농기구와 자기, 유기, 그 밖의 각종 생활공예품의 수요가 크게 늘어났다. 의생활에서도 모시, 비단 등 고급 의류의 수요가 늘어났다. 이에 따라 국가기관이 통제하는 관장(官匠) 수공업뿐 아니라 공장세를 납부하고 자유로이 수공업품을 생산하는 민간 수공업이 성장하였다. 특히 16세기 이후 관영수공업은 쇠퇴의 길을 걷고 있었으나, 민간수공업, 즉 '점(店)'은 점차 활기를 띠기 시작하였다. 놋그릇을 만드는 유기점(鍮器店), 무소를 만드는 수철점(水鐵店), 사기그릇을 만드는 사기점(沙器店), 칠그릇을 만드는 칠기점(漆器店), 은을 가공하는 은점(銀店) 등이 곳곳에 들어섰다. 또한 농촌의 부업으로 시작한 수공업들도 전업화하는 경우가 있었는데, 특히 직물수공업이 그러하였다. 물레나 씨아의 보급으로 일손이 훨씬 적게 들자 부녀자들이 이 직물업에 대거 몰리기 시작하였다. 그리하여 정약용이 「치군요결(治郡要訣)」에서 "옷감 짜는 부녀자 한 사람이 농사꾼 세 사람보다 낫다"고 했을 만큼 직물업의 수입이 많았다. 수공업의 발달은 19세기 초부터 미약하마나 공장제수공업(Manufacture)으로 뿌리를 내리고 있었다. 이는 유기(鍮器)산업, 야철(冶鐵), 직물업, 광업 분야에서 두드러지게 나타나고 있었다.

물품의 원활한 유통을 위해 각종 수공업품과 일용 잡화를 파는 보부상이 늘어나고, 지방 각지에는 정기시장이 생겨났다. 또한

보부상

가채수공업자

17세기 이후 공물 청부업자인 공인(貢人)의 등장, 대외무역의 증가, 전국
적인 시장권의 형성 등과 함께 도시의 상업인구가 크게 늘어나고 사상(私
商), 즉 난전(亂廛)이 곳곳에 들어서면서 기존의 중세적 상업에도 변화가
일기 시작하였다. 새로운 사상들이 기득권을 가진 시전(市廛)상인의 세
력권을 잠식해 가면서 성장하였는데, 그 대표적인 예가 선운업과 곡물,
생선, 소금 등의 판매를 기반으로 성장한 경강상인(京江商人)과 인삼·옷
감의 판매를 기반으로 하여 성장한 개성의 송상(松商) 등이었다. 1791년
시전상인들이 난전을 금지시키던 금난전권(禁難廛權)이 폐지되자 상업
계는 완전히 자유경쟁체제로 들어서게 되었고 상업은 더욱 활발하게
전개되었다.

　농업, 상업, 수공업 등 산업의 발달은 향촌사회 변화와 생활의 향상을
가져왔지만, 다른 한편에서는 몰락하는 농민들이 다수 등장하는 현상도
나타났다. 일부 부농과 거상들이 막대한 부를 축적해 가는 가운데 자본의
초기 집적과정에서 불가피하게 파생되는 부의 편재현상이었다. 부농과
거상들이 토지를 매입하고 고리대금업으로 자본을 늘려 가자 몰락한
농민들은 농촌을 떠나 도회지나 광산 등으로 몰리게 되었다. 이들은 장사
꾼이나 임금노동자가 되면서 새로운 사회계층으로 변신하고 있었다. 농
촌사회의 피폐에 따른 농촌인구의 감소와 도시인구의 증가 및 사회구성
의 변화는 중세적인 신분제의 붕괴와 맞물려 근대적 사회 구성원의 태동

을 예고하였다.

2) 사상계의 동향

조선의 통치 이데올로기였던 성리학은 초기에는 새로운 문화창달의 원동력으로서, 정치를 활성화시키는 활력소로서 기능을 충실히 수행하였지만, 거듭된 전란으로 사회 현실이 어려워지자 당면한 문제를 해결하는 데 한계를 드러냈다. 이에 부국강병과 민생안정의 급박한 문제를 외면한 채 공리공론에만 치우치는 성리학에 대한 비판과 반성의 소리가 높아졌다. 정약용은 「속유론(俗儒論)」에서 유생이란 '빈 이름을 탐내어 어리석은 백성을 속이는 사회의 좀이요, 도포입고 대낮에 도적질하는 자'라고 하여 성리학의 비생산성과 비능률성을 가차없이 비판하였다. 이에 실용적 학문 연구와 실천활동을 통해 성리학의 교조적이고 허학(虛學)적인 점을 극복하고 국가 역량을 키워 나가야 한다는 새로운 학문조류가 등장하였으니, 그것이 바로 실학(實學)운동이다.

실학자들은 그들이 살고 있는 세상의 모순과 고민을 해결하기 위하여 정치, 경제, 사회 개혁을 통해 국익을 강화하고 민생의 실리를 확대하려는 실학적인 경세론(經世論)을 제기하였다. 특히 이들은 향촌사회의 농민의 경제파탄을 해결하기 위해 토지제도에 대한 많은 개혁방안을 제시하였다. 유형원은 모든 토지를 국유화하고 신분과 직업에 따라 모든 백성들에게 토지를 골고루 나누어 주자는 균전제(均田制)를, 이익은 토지소유의 하한선을 정하는 한전론(限田論)을, 정약용은 '여(閭)'라는 공동농장을 단위로 생산·분배를 하게 하는 여전제(閭田制)를 주장하였다. 또한 실학자들은 과거제의 엄정한 운영, 관료기강의 확립과 성실한 목민(牧民)행정으로 국익과 민생을 증진시켜야 한다는 정치개혁론을 전개하는 한편, 농업을 기간산업으로 하면서도 공업과 상업을 진흥시켜야 한다는 중상정책(重商政策)의 경세론도 제기하였다.

유수원, 홍대용, 박제가, 박지원 등은 상업을 장려하고 대외무역을 확장하는 것이 민생을 도탄에서 구하고 국가재정을 튼튼히 하는 첩경이라고 주장하였다. 이들은 종래 성리학적인 말업관(末業觀)을 폐기하고, 문벌이나 신분과 상관없이 재능에 따라 그 업에 종사하게 해야 한다고 하였

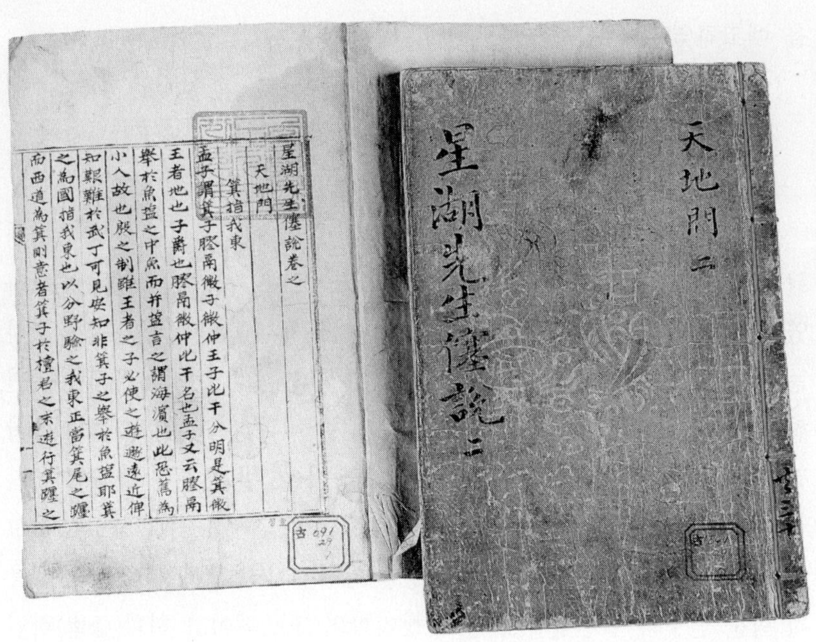

이익의 『성호사설』

다. 그리고 고려 때와 달리 대외무역을 억제한 것은 스스로 빈곤을 초래한 어리석은 일이었을 뿐만 아니라, 바깥 사정에 어두워지는 사상적 폐쇄성을 낳았음을 지적하였다.

밖으로 눈을 돌려 선진문물을 도입하자는 주장은 부경사[=연행사(燕行使)]를 따라 북경에 들어가 청국의 실용문화를 접할 수 있었던 지식인들 사이에서 청국 문화를 도입하여 실리를 얻어야 한다는 북학론(北學論)이 제기되는 가운데 등장하였다. 북학파의 대표적 지식인인 박제가는 『북학의(北學議)』「재부론(財富論)」에서 종래 성리학자들의 중국에 대한 맹목적인 흠모와는 다른 차원에서 농업, 잡업, 목축업, 수레, 다리, 성곽 등의 건설에 필요한 기술을 터득하기 위해 청을 배워야 한다고 주장하였다.

이러한 실용·실리·실증의 실학사상의 분위기 속에서 전통 과학기술을 바탕으로 중국과 서양의 과학기술을 활용하기 위한 학문이 발전하였다. 특히 농업이 주된 생산활동이라는 점을 감안하여 이 시기에 많은 농서가 만들어졌다. 『해동농서(海東農書)』는 전통적인 농학의 기초 위에 조선 특유의 자연조건을 반영하고 중국의 농업론까지 수용한 농서로서 그 내용이 양조(釀造), 구황(救荒), 농의학(農醫學) 등까지 담고 있어 농학의 범위를 넓혀 주었다. 서양역법을 활용하여 제작한 『시헌력(時憲曆)』과

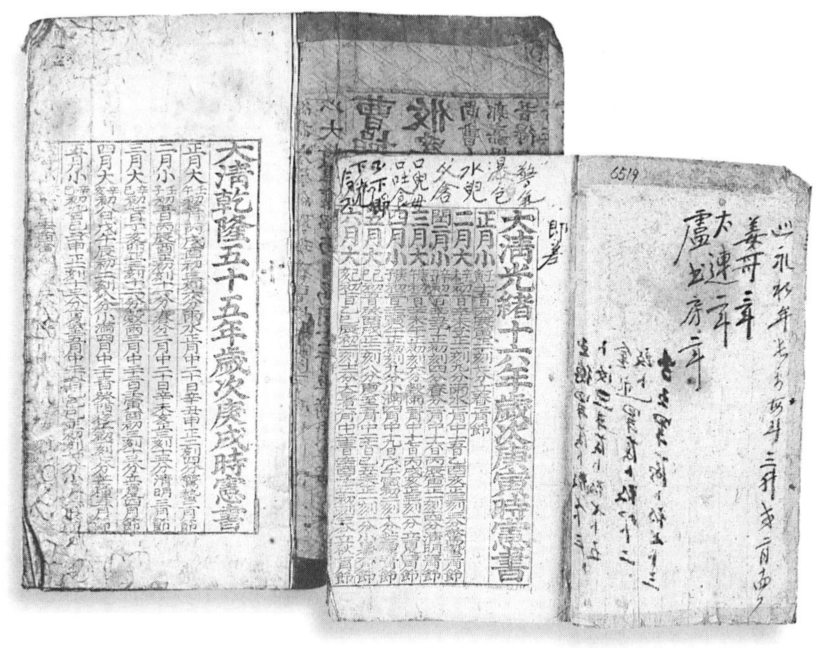

시헌서

『천세력(千歲曆)』은 농업국가에 필요한 역산서로서 그 의의를 다하였다.
정약용은 중국에서 들여온 테렌츠(Terrenz)의 『기기도설(器機圖說)』을
참고 삼아 수원성 축조 때 거중기(擧重機)를 만들어 씀으로써 막대한
노동력과 비용을 절감할 수 있었다.

정약용의 거중기

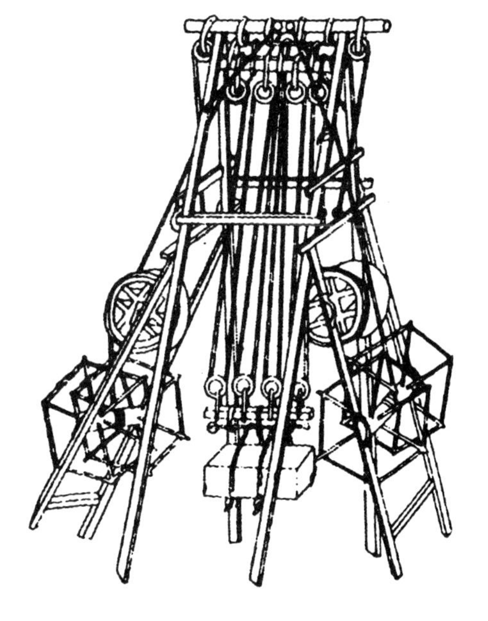

　이 시기 사상동향의 또 다른 특색은 민족 주체성과 자아를 강조하는 국학(國學)이 활발하게 전개되었다는 것이다. 청이나 서양 등 다양한 문화의 접촉은 문화의 상대성과 더불어 자신의 정체성에 대한 의식을 고양시켰다. 중국도 대지의 한 조각일 뿐이었다. 숙종 때부터 천체 관측이 북경을 기준으로 하지 않고 한양의 북극 고도를 기준으로 해서 행해지고 있었던 것은 당시 조선의 세계관이 어떻게 달라졌는가를 보여주는 것이었다.

　특히 실학자들은 민족사에 대한 관심이 컸다. 이는 중국 중심의 세계관과 성리학

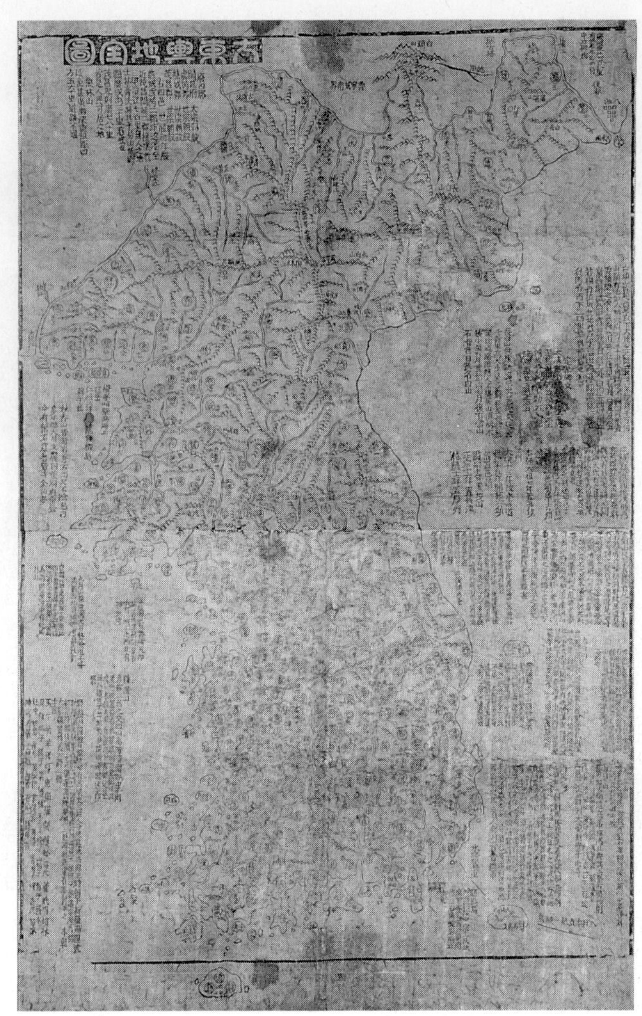

대동여지도

에 기초한 종래의 경학(經學)적 역사연구 태도에서 벗어나, 많은 사료를 고증하여 우리 역사의 발전을 주체적으로 연구하는 것을 의도하였다. 엄밀한 고증과 객관적인 인식체계를 정립하여 근대 역사학의 디딤돌을 마련한 안정복의 『동사강목(東史綱目)』, 400여 종의 저서를 참조하여 사실의 원인과 경과 및 결말을 일관되게 서술한 이긍익의 『연려실기술(練藜室記述)』, 발해 역사를 본격적으로 우리 역사로 다룬 유득공의 『발해고(渤海考)』를 비롯하여 한치윤의 『해동역사(海東歷史)』, 정약용의 『아방강역고(我邦疆域考)』 등이 대표적이다.

또한 국토와 지리 지식에 대한 열의도 높아져 신경준의 『강계고(疆界考)』, 이중환의 『택리지(擇里志)』, 한백겸의 『해동지리지(海東地理志)』

같은 지리서가 간행되었다. 김정호는 전국을 직접 답사한 방대한 전국지
도『대동여지도(大東輿地圖)』를 제작하였다.

3) 서민문화의 대두

조선 후기 향촌사회의 변화와
새로운 사회사조의 분위기에서
지배층과는 생활감정, 사고방식,
가치관을 달리하는 서민문화가
대두하였다. 여기에는 지성인들
못지않은 날카로운 현실비판과
시대감각에 바탕한 서민들의 꿈
과 이상이 담겨 있었으며, 장래
역사를 담당할 시대정신과 근대
적 인간상이 등장하였다.

우선 한글로 된 문학작품들이
다량 쏟아져 나왔다. 한글소설,
사설시조, 서민가사, 잡가, 판소
리 등 새로운 형식의 문학작품들
이 등장하였는데, 이는 농촌사회
에서 서민과 부녀자들 사이에 한
글이 급속히 보급되면서 문학 향
유층이 폭넓게 확대되었음을 반
증하는 것이었다. 한글소설은 허
균(許均)의 『홍길동전』을 시작

탈춤

으로 숙종 이후 무더기로 쏟아져 나왔으며 서울의 양반집뿐만 아니라
중인, 상공업자, 지방의 농민들 사이에도 널리 읽혀졌다. 또 판소리로도
유명한『춘향전』은 소설로도 세상에 널리 유포되어 민중들의 깊은 사랑
을 받았다.

서민의 연극인 탈춤 또한 이 시기 민중의 입장에서 사회를 비판하는
대표적인 서민문화로 대두하였다. 탈춤은 원래 농촌에서 풍년을 기원하

정선의 「인왕재색도」

는 부락굿으로 출발하였으나 조선 후기에 와서는 농촌뿐 아니라 도시의 상인, 이속(吏屬) 계층에까지 널리 확대, 발전되어 갔다. 내용도 민중의 억눌린 감정을 자유롭게 발산하여 연기와 대사로써 양반에 대한 불만을 토로하고 그 권위에 도전하는 놀이판으로 발전하였다. 성리학적 권위주의와 양반중심 사회에 대한 풍자정신은 돈 많은 상인이나 이속의 후원을

신윤복의
「주사거배(酒肆擧盃)」

받은 도시 탈춤을 계기로 보
다 적극적으로 나타났다. 동
래 수영의 야유(野遊), 통영의
오광대(五廣大), 양주 산대놀
이, 봉산탈춤 등이 그 대표적
인 것으로서 양반의 패배를
확신하는 태도를 보이고 있
었다.

18세기 들어서면서 자아의
각성 속에서 서민적인 생활
의식을 투영하는 새로운 미
술사조도 등장하였다. 정선
(鄭敾), 김홍도(金弘道), 신윤
복(申潤福) 등이 대표적이다.
중국의 산수가 아닌 자기가
살고 있는 산천의 아름다움
과 즐거움을 화폭에 담은 정
선의 　진경산수화(眞景山水

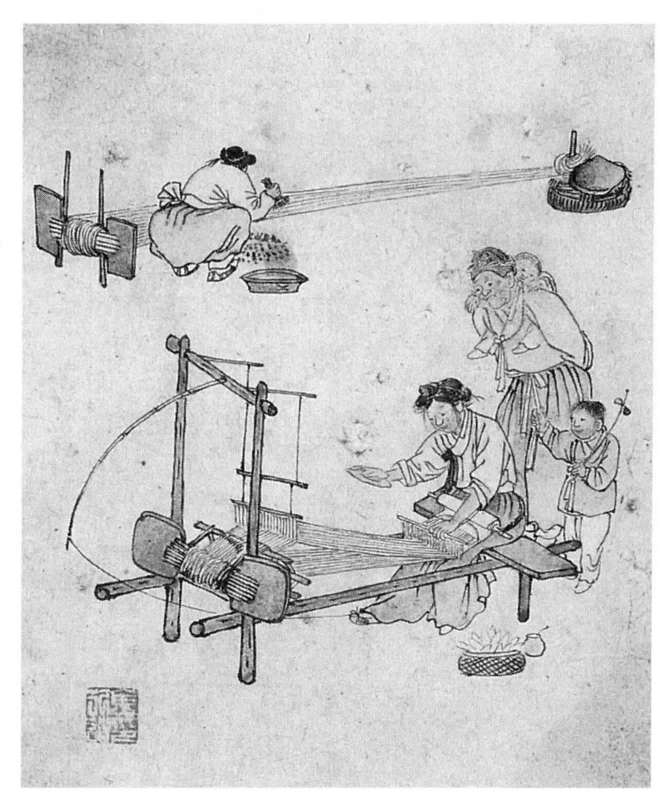

김홍도의 「길쌈」

畵)는 조선 회화의 독자적인 발전의 길을 열었다. 김홍도나 신윤복은
현실적인 서민들의 일상생활을 사실적으로 묘사하거나, 성과 애정을 노
골적으로 표현하는 서민생활의 멋과 풍취가 물씬 담긴 풍속화를 남겼다.
이와 같은 풍속화의 유행은 양반 중심적인 사회질서에 대한 저항이며
근대적 인간으로 성장하는 서민들의 인간회복과 새로운 자아의 각성을
보여주는 것이었다.

제3부

19세기 후반~20세기 한국의 역사와 문화

1장 서세동점 시대의 개막과 서양문물의 수용

1) 19세기 후반 세계체제와 동아시아

18세기 말 19세기 초 산업혁명을 겪으면서 자본주의체제를 확립한 유럽의 여러 나라들은 19세기 중반 이후 제국주의체제로 이행하였다. 유럽 열강들은 제국주의 경제체제를 유지 확대하기 위하여 값싼 원료의 공급지와 넓은 상품시장, 자본의 투자대상지로서 아시아·아프리카·남아메리카 등지를 침략하여 식민지로 삼았다. 19세기 중반 이후 세계사는 서구 제국주의 국가들이 아시아 아프리카 등으로 진출하여 자신들이 주도하는 새로운 세계체제를 형성하는 역사였다. 이러한 역사 흐름은 정치, 경제, 사회, 문화의 모든 면에서 열강이 일방적으로 아시아 아프리카의 약소국을 압박하는 방향으로 진행하였다.

19세기 중엽 이미 세계의 대부분을 분할 지배하고 있던 서구제국주의 열강은 아직 미개척지로 남아 있던 동아시아로 진출하였고, 이에 동아시아의 기존 국제질서와 전통사회는 큰 변화를 맞게 되었다. 영국은 동아시아 시장을 확보하기 위해 1840년 아편전쟁을 도발하여 1842년 난징조약을 맺고 주요 항구를 개방시키면서 중국에 대한 침략을 본격화하였다.

미국은 1844년 중국과 통상조약을 맺은 이후 1854년 미국의 해군제독 페리가 이끄는 흑선(黑船)의 무력시위로 일본과 통상조약을 맺는 데 성공하였다. 미국은 19세기 중엽부터 영토를 태평양 연안으로까지 확장하고 알래스카와 알류산 열도 그리고 남태평양의 서사모아제도를 장악하여 태평양에 대한 지배권을 확장하고 있었다. 나아가 중국, 일본과 체결한 불평등조약을 기초로 동아시아에 대한 침략을 가속화하였다.

서양세력이 동아시아를 장악하는 불평등한 세계체제가 형성되는 과정에서 조선, 중국, 일본은 서양의 자본주의와 과학기술, 군사력을 접하였

페리의
요코하마 상륙

고 이에 충격을 받았다. 결국 서양의 물질문명을 수용하려는 노력이 각국에서 전개되지 않을 수 없었다. 그러나 그 진행과 성과는 각국의 역사적 경험과 현실적 능력에 따라 서로 달랐다. 그 가운데에서 가장 발 빠르게 서양문명을 수용하며 근대국가로의 변신에 성공한 나라는 일본이었다. 일본은 하층무사들이 중심이 되어 에도 막부를 무너뜨리고 왕정복고를 단행하여[메이지유신(明治維新)] 서양문물의 수용에 매진하였다. 메이지 정부는 메이지 천황을 내세워 국민을 통합하는 한편 입헌주의 정치체제 확립, 식산흥업의 달성, 문명개화의 실현을 목표로 개혁을 추진하여 아시아에서 드물게 근대국가로 변신할 수 있었다.

조선은 몇몇의 경우 서구 열강의 군사침략을 효율적으로 방어하는 가운데 전통을 고수하고 소극적으로 임하였다. 그러는 사이에 조선보다 먼저 문호를 개방하여 근대국가를 수립한 일본이 서구열강에 당했던 쓰라린 경험을 조선에 덮어씌움으로써 조선은 일본을 통해 제국주의 세계체제에 편입되었다.

2) 서양세력의 침입과 위정척사론

조선에도 19세기 초부터 일본과 중국을 왕래하며 무역을 하던 외국상선, 즉 이양선(異樣船)들이 나타나기 시작하였다. 이들은 처음에는 식수

와 식량의 공급을 목적으로 접근하였지만 점차 통상을 요구하였다. 1860
년대 전후 이양선의 출몰은 더욱 빈번해졌고, 다른 한편 천주교의 교세가
확장되면서 서양신부들이 들어와 조선의 유교사회를 뒤흔들어 놓았다.
또한 국내에서는 민란이 자주 일어나는 등 19세기 중엽의 조선 사정은
매우 불안정하였다. 이러한 상황에서 1863년 어린 나이에 왕위에 오른
고종은 실권을 아버지인 흥선대원군에게 위임하였다.

흥선대원군은 조선왕조의 체제위기를 수습하기 위한 개혁정책과 함께
제국주의의 침략을 막아내기 위해 쇄국정책을 실시하였다. 그는 우선
세도정치의 핵심인 안동 김씨 세력을 제거하고 왕실권위의 상징인 경복
궁(景福宮)을 중건하였다. 또한 왕실의 권위를 회복하고 중앙집권체제를
강화하기 위해 비변사(備邊司)의 기능을 약화시키고 삼군부(三軍府)와
의정부(議政府)의 기능을 강화시키는 한편,『대전회통(大典會通)』,『육전
조례(六典條例)』등의 법전을 간행하였다. 이와 아울러 대원군은 부세대
상에서 빠져 있던 진전(陳田)을 찾아내고 양반에게도 군포를 징수하는
호포법(戶布法), 환곡제도를 개선한 사창제(社倉制) 등을 실시하여 국가
재정을 확충하고 농민층의 부담을 어느 정도 덜어주는 조치를 취하였다.

이와 함께 제국주의 세력의 침략에 대비하여 강화도, 교동, 영종도
등 서해안 일대와 한강 하구에 성(城)과 진(鎭)을 수축・정비하고 포대를
설치하여 해안경비를 강화하는 한편, 전국에서 포수를 모집・훈련시켜
군사력을 증강하였다. 또한 일본이 통상을 요구하며 보낸 외교문서의
형식이 오만하다고 하여 일본과의 통상도 단절할 정도로 철저한 쇄국정
책을 폈다. 대원군의 쇄국정책은 제너럴셔먼호 사건(1866년), 병인양요
(1866년), 신미양요(1871년) 등 미국과 프랑스의 침입을 격퇴함으로써
일단 개가를 올렸다.

조선정부는 천주교가 나라를 어지럽히고 서양세력을 끌어들일까 우려
하여 대대적인 탄압을 가하였는데, 그 과정에서 몇몇의 프랑스 신부들도
처형되었다. 프랑스는 이에 대한 책임을 묻는다는 구실로 동양함대를
파견하여 한양의 관문인 강화도 일대를 봉쇄하였다. 조선군은 프랑스군
과의 치열한 전투 끝에 한 달여 만에 이들을 격퇴하였다(병인양요). 프랑
스군은 퇴각하면서 관청과 민가를 불태우고 왕실의 서적을 약탈하였는
데, 한국과 프랑스 정부 간에 논의되고 있는 외규장각 도서 반환 문제는

신미양요 당시의
콜로라도 호

이 때 프랑스군이 가져간 왕실의 서적들을 돌려주는 것에 대한 것이다.

한편 1866년 미국 상선 제너럴셔먼호는 통상을 요구하며 대동강을 거슬러 올라가 소동을 일으켰는데, 평양 관민이 이 배를 불태워버렸다. 5년 후 미국은 이에 대한 보복으로 5대의 전함을 앞세우고 한강유역과 강화도 근해에 들어와 조선을 압박하였다. 조선군은 미군의 침입에 대항하여 백병전을 치르는 치열한 진투 끝에 미군을 격퇴하였다(신미양요).

프랑스와 미국의 침입을 몰아낸 흥선대원군은 전국 주요 도시와 포구에 서양세력의 침입에 맞서 싸울 것을 주창하는 척화비(斥和碑)를 세웠다. 대원군정권은 내부의 개혁정치를 통하여 어느 정도 민중의 지지를 받으며 무너져 가는 조선왕조의 체제를 다시 수습하고, 대외적으로 서양세력의 침입을 물리치는 데 일정한 성과를 거두었다. 그러나 조선사회가 안고 있는 문제를 근원적으로 해결할 수는 없었으며 강경한 배외정책은 근대문물의 수용을 지연시키는 결과를 가져왔다. 1873년 장성한 고종이 친정(親政)을 선포함으로써 대원군은 정권에서 물려나게 되었고, 이후 고종은 개화사상을 받아들여 개방정책을 취해 1876년 일본과 강화도조약을 맺고 서양문물을 적극 수용하였다.

그러나 이러한 개방정책에 반대하는 양반유생들은 강력한 위정척사운동(衛正斥邪運動)을 전개하였다. 이들은 주자학적 세계관, 즉 화이론적 입장에서 서양과의 통상을 거부하고 기존의 아시아적 세계질서를 지키고자 하였다. 대원군의 통상거부정책이 보수적 지식인들 사이에서 폭넓은 지지를 받았던 것은 이러한 사상적 뿌리에서 연유하였다. 위정척사론은 흥선대원군 집권기에 고조되었으나, 그것이 사회운동으로 발전한 것은 고종 친정 이후 집권세력으로 등장한 민씨정권의 외교방침을 비판하면서였다. 그 직접적인 계기는 1881년 수신사로 일본에 갔던 김홍집(金弘集)이 일본주재 청 외교관 황준헌(黃遵憲)으로부터 받은『조선책략(朝鮮策略)』을 보급시킨 것이었다. 이 책은 조선이 미국을 비롯한 서구 열강과 통상조약을 체결하는 데 직접적인 영향을 끼친 책이었다. 이 때 각 지방의 보수적인 유생들은 "러시아의 남하를 막기 위하여 중국과 친하고 일본과 결합하고 미국과 연대해야 한다."라는 내용을 집중적으로 비판하며 척사상소를 올렸다. 그러나 이러한 상소들은 모두 거부당하였고 상소를 올린 유생들도 엄한 처벌을 받았다. 또한 일부 척사론자들은 정변을 일으켜 대원군의 서장자(庶長子)인 이재선(李載先)을 국왕으로 추대하는 모의까지 하였으나 준비 과정에서 발각되고 말았다. 위정척사운동은 외세의 침략에 반대하여 투쟁하였다는 점에 의의가 있었으나 그 운동이 추구했던 바는 봉건적 사회체제였고 자주적 근대화를 이룩하려는 변혁운동은 아니었다.

3) 문명개화정책과 서양문물의 수용

1860~70년대에는 문명개화＝근대화라는 관점에서 서양의 사상, 학문 기술을 받아들여 나라를 부강하게 만들자는 개화사상과 정치세력으로서 개화파가 형성되기 시작하였다. '문명개화'라는 말은 일본에서 후쿠자와 유키치가 Civilization의 번역어로 처음 사용한 것으로, 1870년대 이후 일본이 구미열강의 문명과 습관을 배워 일본의 근대화를 수행해 가자는 메이지 정부의 국책을 표현하는 말로 쓰였다. 한국의 개화파들은 이러한 일본에 영향을 받으며 한국에서의 '문명개화'를 추진하고자 하였다. 초기 개화파는 북학파 계열의 학자 박지원(朴趾源)의 손자인 박규수(朴珪壽)의 문하생들로 김옥균(金玉均), 홍영식(洪英植), 서광범(徐光範), 박영효(朴泳孝), 유길준(兪吉濬), 김윤식(金允植) 등 명문 양반가 출신의 진보적 소장 지식인들이었다. 이들은 민씨정권 하에서 근대화정책의 입안 및 실무를 맡은 관료로서 봉건적 양이론(洋夷論)을 비판하고 부국강병

조일수호조규 체결

을 위해서는 시급히 서양문물을 받아들이고 근대적 개혁을 실시하는 것이 필요하다고 생각하였다.

고종 역시 문명개화사상을 받아들여 외교정책을 배외정책에서 개방정책으로 바꾸었다. 일본은 이 기회를 틈타 무력으로 압박을 해서라도 조선과 통상조약을 체결하고자 하였다. 그 방법의 하나로서 일본은 1875년 9월 군함 운요호를 강화도 내해에 파견하였다. 조선군이 이를 저지하려 하자 일본군은 포격을 퍼부으면서 근처의 섬을 점령하였다. 일본군의 위세에 눌린 조선정부는 다음 해 2월 강화도조약을 체결하였다. 그리하여 부산을 비롯한 3개 항구가 무역항으로 개방되었고, 일본인들은 개항장 거주와 일본화폐의 사용, 무관세 무역과 치외법권 등의 특권을 누릴 수 있게 되었다. 이것은 불평등조약으로서 이후 조선이 이중 삼중으로 압박을 받게 되는 통상조약의 시초가 되었다. 조선은 미국, 청, 영국, 러시아, 프랑스 등과 잇따라 이러한 종류의 수호통상조약을 맺게 되었다.

통상조약을 맺은 조선정부는 일본을 비롯하여 청과 미국 유럽에도 사절단을 파견하여 그 나라의 발전된 상황을 견문하도록 하였다. 젊은 개화파 관료들은 신사유람단이나 영선사에 참여하여 일본과 청의 근대화정책을 살펴보고 돌아와 외국서적들을 소개한다든지 『한성순보(漢城旬報)』를 간행하는 등의 계몽활동을 하였다. 또한 통리기무아문의 설치나 군제개혁에도 참여하여 세력을 확대하고 있었다.

그런데 1882년 군인봉기(임오군란) 이후 조선정부의 개화정책은 개혁

임오군란과
일본공사의 도주

의 방식과 주변국과의 관계를 둘러싸고 두 계열로 나뉘어졌다. 하나는
집권 여당 격인 민씨정권을 중심으로 청을 서양세력의 침투를 막아주는
보호막으로 생각하고 청의 양무운동(洋務運動)을 모방하여 점진적으로
근대화를 추진하려 하였다. 다른 하나는 청의 내정간섭을 배제하고 민씨
일파를 타도한 후 일본의 메이지 유신을 본받아 급속한 근대화를 추진하
려 했다. 이러한 대립 속에서 김옥균을 대표로 하는 급진개화파는 쿠데타
로 정권을 장악하여 개혁을 추진하고자 하였다. 그들은 외세를 끌어들여
서라도 일거에 정권을 쟁취하지 않으면, 자신들의 지위 확보는 물론 근대
화 추진도 불가능하다고 판단하였던 것이다. 이리하여 '이이제이(以夷制
夷)'의 원칙 하에 정한론(征韓論)의 분위기가 팽배한 일본을 이용하여
민씨정권과 청군을 타도할 방침을 세웠다. 때마침 일본도 1882년 이래의
청에 대한 열세를 만회하고 조선에 대한 지배권을 확보할 목적으로 다케
조에 신이치로(竹添進一郎) 일본공사를 통해 쿠데타 지원을 약속하였다.
당시 때마침 조선에 주둔해 있던 청군 병력의 절반이 베트남을 둘러싼
청불전쟁으로 인하여 본국으로 철수하였다.

　1884년 12월 4일 급진개화파는 우정국 낙성식 축하연에서 자체 군사
력과 일본군을 동원하여 민씨 일파를 몰아내고 개혁을 단행하였다[갑신
정변(甲申政變)]. 오늘날 남아 있는 14개조 정강(政綱)을 통해 보면 이들
이 생각했던 개혁정책의 내용을 알 수 있다. 정치 면에서는 청과의 관계

우정총국

를 단절하고 입헌군주제(立憲君主制)적인 정치구조를 수립하며, 경제 면
에서는 농상공업의 육성으로 국력을 진흥시키고 병력을 강화하여 자본
주의국가를 수립하는 데 있었다. 또한 이들 개화파정권은 지주제를 인정
한 위에서 중세적 부세제도만 근대적 조세제도로 바꾸는 지조(地租)개정
과 보부상단체인 혜상공국(惠商公局)을 폐지하여 상업의 자유로운 발전
을 주장하였다. 사회정책 면에서는 문벌 폐지를 통한 정치참여의 기회를
확대하고자 하였다.

　이러한 강령을 내건 갑신정변은 3일 만에 끝나고 말았다. 청이 예상외
로 신속히 개입하여 공격해 오자, 청과의 정면충돌은 아직 시기상조라
여긴 일본정부의 지시에 따라 일본군이 철수하였기 때문이다. 갑신정변
은 어설픈 준비, 청군의 개입, 일본의 소극적 태도 등이 겹쳐 실패로
끝났다. 서재필(徐載弼)은 회고담에서 "위안스카이(袁世凱)의 간섭으로
독립당의 3일몽은 또 깨지고 말았는바, 그 독립당 계획에는 부실한 것도
많았지만 무엇보다도 제일로 큰 패인은 그 계획도 모르고 반대하는 일반
민중의 무지·몰각이었다."고 말하였다. 이것은 역으로 보면 개화파의
정변이 그만큼 민중들에게 뿌리박지 못하고 유리된 상황에서 진행되었
음을 반증하는 것이었다. 이들은 개항 이후 개화정책의 실시로 피해를
보던 서울의 상인과 빈민들 사이에 확산되고 있던 배일의식을 충분히

갑신정변의
주도세력

고려하지 못한 가운데 일본에 지나치게 의존함으로써 대중으로부터 철저히 외면당하였다. 또한 외세의존적인 개혁 자세는 결과적으로 청일 양국의 침략행위에 이용 당하는 결과를 낳았다. 보수관료가 다시 정권을 잡은 조선정부는 일본과 한성조약을 체결하여 피해보상을 약속하였다. 청일 양국은 이 사건을 계기로 양국군의 철수와 파병시 상대국에게 사전 통보할 것 등을 규정한 텐진조약을 체결하였다. 바로 이것이 1894년 동학농민전쟁이 일어났을 때 양국의 군대가 출동할 수 있는 단서가 되었다.

조선정부가 문호를 개방하고 문명개화정책을 추진함에 따라 근대문명의 이기가 속속 유입되었다. 특히 전등, 전신, 전화, 전차, 기차, 기선 등의 도

전차 타는 조선인들

고종황제의 자가용

입은 조선인의 생활을 편리하게 해주었을 뿐만 아니라, 삶의 방식을 바꾸어 놓는 역할을 하였다. 그러나 서양문물의 도입이 도움을 준 것만은 아니었다. 전신, 전화, 기차, 기선 등은 대부분 열강, 특히 일본이 한국에 세력을 뻗치기 위한 수단으로 이용되었다. 일본은 이들을 활용하여 막대한 경제적 이권을 챙겼을 뿐만 아니라 결국 조선을 식민지로 만드는 발판으로 삼았다.

2장 주변 열강의 세력다툼과 근대 개혁운동

1) 청·일의 대립과 동학농민전쟁

개항 이후 농민이나 소상인들은 경제적으로 몰락이 가속화되고 있었다. 개항 이후 들어온 일본상인은 불평등조약을 이용하여 많은 이득을 얻었고, 지주들은 일본상인들에게 쌀을 팔아 많은 이득을 얻고 그 돈으로 다시 더 많은 땅을 사들였다. 더욱이 곡물 수출로 곡가가 오르고 외국산 기계제 면포 수입으로 조선의 토착수공업이 위축되면서 지주·부농·대상인 등의 사회경제적 지위는 높아져 간 데 비하여 빈농을 비롯한 영세수공업자·영세상인·도시빈민 등의 처지는 더욱 어려워졌다. 이에 농민들 사이에는 지배층과 무역의 주대상국인 일본에 대한 저항의식이 고조되었다. 또한 봉건체제의 구조적 모순이 심화되는 가

최제우 초상

운데 삼정문란을 계기로 농민항쟁이 계속 발생하였다.

이러한 상황에서 1860년경 몰락양반 최제우(崔濟愚)가 동학을 창도하여 민중들이 여기에 많이 귀의하였다. 동학(東學)은 서양의 종교인 서학(西學)에 대항한다는 의미를 지니고 있는데다가, "천심이 인심," "사람을

하늘같이 섬기라"고 하여 봉건적 신분질서를 부정하고, 후천개벽(後天開闢)을 통하여 만민평등의 지상천국 건설을 주장하였기 때문에, 외국의 압박 아래 도탄에 빠져 있던 민중에게 큰 위안이 되었다. 그리하여 교도의 수가 급격히 늘어나고 1890년대에 들어서는 조선 남부의 대부분 지역으로 퍼지게 되었다.

조선정부는 동학의 교세가 확대되자 세상을 어지럽히고 백성을 속인다는 죄명으로 교주를 처형하였으며, 동학교도라는 누명을 씌워 부민(富民)들을 수탈하기도 하였다. 이에 맞서 동학교도들은 대규모 집회를 열어 정부의 탄압을 규탄하기 시작하였다. 이 때 동학교도들은 동학을 합법화하여 자신들의 처지를 개선하려는 입장과 동학 조직을 농민봉기와 결합시켜 반봉건·반침략 투쟁으로 고양시키려는 세력으로 나뉘어 있었다. 1893년 3월에 열린 보은집회와 금구집회는 이러한 양 세력의 차이를 극명하게 보여주었다. 최시형(崔時亨)을 중심으로 한 동학교문은 보은집회를 열어 교조신원운동(敎祖伸寃運動)을 전개하였지만, 서장옥(徐璋玉)·황하일(黃河一)·전봉준(全琫準) 등 남접지도자들은 금구집회를 열어 척왜척양(斥倭斥洋)과 '수령의 불법침학 반대'를 외치면서 반봉건·반침략투쟁의 정치운동을 지향하였다.

후자의 세력들에 의해 1894년 동학농민전쟁이 시작되었다. 1894년 4월 전라도 일대의 동학교도와 농민이 합세하여 봉기하였던 것이다. 동학농민전쟁의 발단이 되었던 곳은 전라북도 고부였다. 곡창지대에 위치한 고부는 전통적으로 봉건적 수탈이 심한 곳이었으며 개항 이후에는 쌀 수출과 관련하여 지주제가 강화되고 일본상인들의 침투가 확대되고 있었다. 이러한 모순이 누적되는 가운데 고부군수 조병갑(趙秉甲)은 갖은 수단을 다하여 농민들을 수탈하고 무단행위를 일삼아 고부농민들의 분노를 샀다. 전봉준을 비롯한 고부 일대의 남접지도자들은 1893년 11월 말 만석보(萬石洑)의 개수와 수세(水稅)징수 문제를 직접적인 계기로 하여 봉기를 준비하였다.

1894년 1월 10일 새벽, 이들은 위기에 처한 나라를 지키고 곤궁에 빠진 백성을 구한다는 목표를 내걸고 고부관아를 공격하였다. 동학농민군은 도처에서 관군을 이기고 전라도와 그 주변 관청을 속속 점령하였다. 동학농민군의 기세에 놀란 정부는 청에게 진압군의 파견을 요청하는

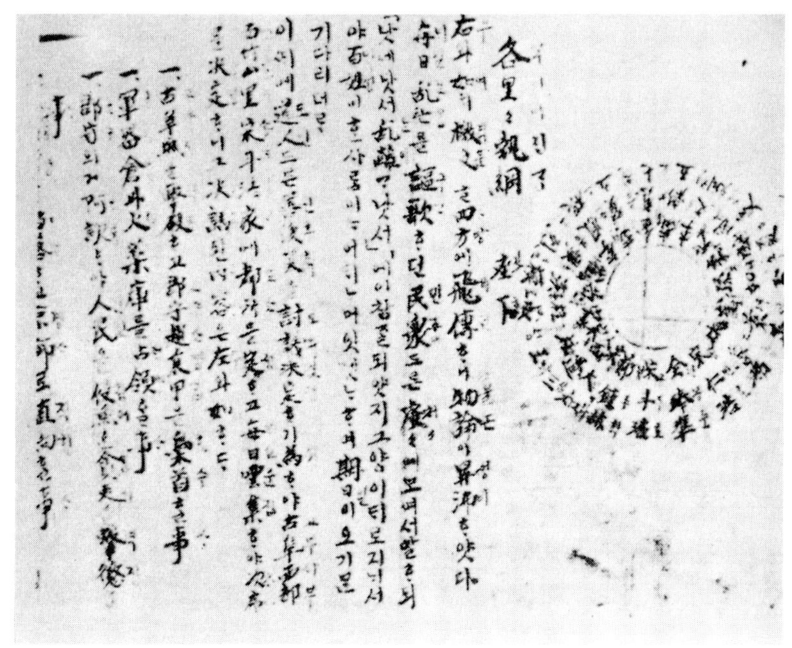

사발통문

한편, 동학농민군의 지도자 전봉준과 협상을 벌였다. 정부군과 농민군은 6월 11일 전주성에서 전주화약(全州和約)을 맺고 동학농민군은 각자 고향으로 돌아가 폐정개혁(弊政改革)을 추진하였다. 농민군은 자신들이 점령한 지역에 집강소(執綱所)라는 행정기구를 설치하고 개혁정책을 추진하였는데, 개혁의 내용은 불량한 양반의 처벌, 신분차별제도폐지, 인재의 공정한 등용, 무명잡세의 폐지, 고리채의 무효와 청춘과부의 재가 허용, 외적과 내통하는 자의 처벌, 토지의 균등경작 등이었다.

정부와 동학농민군의 화약으로 수습 국면에 들어갔던 농민전쟁은 청이 아산만으로 진압군을 파견하고, 또 일본이 인천으로 더 많은 군대를 파견하자 다시 불붙었다. 조선정부는 양국에 군대의 철수를 요구했으나, 일본은 오히려 내정개혁을 구실로 내세워 경복궁을 침입하여 친일적인 인물로 새 정부를 구성하였다. 그리고 청군을 기습공격하여 청일전쟁을 도발하였다(7월 25일). 청일전쟁은 예상을 뒤엎고 일본의 일방적 승리로 끝났다. 그리하여 일본은 청 대신 조선에서 강력한 지위를 확보하게 되었다.

고향에 돌아가 폐정개혁에 노력하고 있던 농민군은 일본군이 나라를 짓밟는 것을 보고 다시 봉기하였다. 농민군은 이번에는 일본군을 물리치는 것을 일차 목표로 하였다. 10월 21일 전봉준 등이 이끄는 20여만

일본군 혼성여단의
서울 주둔

명의 농민군은 한양을 향해 올라오면서 정부군을 앞세운 일본군과 수차
례 전투를 벌였다. 공주 우금치에서 결정적 패배를 당하고 논산, 금구,
태인으로 퇴각한 농민군은 일본군의 화력에 밀려 결국 패하고 말았다.
일본군은 농민군을 추격하여 철저히 색출하고 학살하였다. 농민군의 지
도자 전봉준도 붙잡혀 처형당하였다. 그리하여 민중의 염원을 담으며

잡혀가는 전봉준

새로운 근대적 평등사회를 만들고자 하였던 동학농민전쟁은 일단 실패
로 끝났다. 그러나 나라와 백성을 구하기 위해 봉기했던 농민군의 전통은
대한제국기의 민중운동과 이후의 의병전쟁으로 계승되었다. 또한 농민
군들이 추진한 폐정개혁은 전근대적인 사회질서를 개혁하고 일본 등
외국세력의 침투를 막아내는 것을 목표로 한 최초의 실천이었다는 점에
서 의의가 있다. 이에 정부도 농민군의 요구를 수용하여 정치에 반영하게
되었는데, 갑오개혁과 을미개혁이 그것이다.

2) 갑오·을미 개혁

청일전쟁에서 승리한 일본은 조일합동잠정조관(朝日暫定合同條款)을
체결하여 내정간섭을 합법화하는 동시에 철도 전선의 이권과 개항장의
증설을 요구하였다. 이것은 최혜국대우 조항에 따라 후일 열강의 이권침
탈의 단서가 되었다. 또한 대조선일본양국동맹을 체결하여 조선에서의
일본군의 군사활동을 합법화하고 군량제공을 의무화하였다. 이렇게 일
본이 압력을 가하는 가운데, 친일적인 개화관료를 중심으로 갑오개혁
(1894년)·을미개혁(1985년)이 추진되었다. 김홍집을 수반으로 경복궁
에 사실상 최고 권력기관인 군국기무처를 설치하여 의회적인 운용방식
과 군사정권적인 속성을 발휘하면서 개혁안을 입안하였다. 일본은 자기
의도대로 조선의 개혁을 추진하고자 하였으나 개혁사업 자체는 동학농
민전쟁 등에서 제기된 조선사회의 문제를 해결하고자 하였던 개화파나
조선정부의 의도대로 이루어진 측면도 많았다. 그러나 일본인 고문이
깊숙이 개입하면서 강압적인 개혁이 추진되었다.

갑오개혁을 통해 조선에서는 커다란 변화가 일어났다. 정치제도에서
는 내각제·의회제 및 신식관료제의 도입, 사법권의 분리, 지방제도의
개혁 등이 추진되었다. 경제적으로는 조세의 금납화, 재정기관의 일원화,
화폐제도의 개혁, 도량형 통일, 환곡제 폐지 등이 추진되었으며, 문화
면에서는 과거제도의 폐지, 소학교 교육의 실시, 외국어·군사·사법학
교의 설립 등 학교제도의 정비, 한글과 한문의 혼용 등이 시행되었다.
갑오·을미 개혁에서 가장 두드러진 부분은 사회개혁이었다. 반상간의
신분차별 철폐, 노비제 폐지, 과부의 재가 허용, 조혼 금지 등 봉건적

명성황후 시해 그림

사회제도의 개혁이 이루어졌다. 그러나 당시 국내외 정세가 어수선하고 민심의 지지기반이 취약하였기 때문에 일률적으로는 시행되지 못하였다. 오히려 일본이 내정에 간섭한다는 의혹이 퍼져, 성과를 올리기보다는 반발을 초래하기도 하였다.

한편 조선정부는 일본의 내정간섭이 심해지자, 일본의 횡포에서 벗어나기 위하여 친일적 관료들을 점차 몰아냈다. 그리고 미국과 러시아 세력을 이용하여 일본을 견제하였다. 이러한 움직임의 중심에 선 인물이 명성황후였다. 조선정부의 저항에 세력만회를 위해 일본정부는 외교관, 군인, 정치 낭인(浪人) 들을 동원하여 1895년 10월 8일 경복궁을 습격, 명성황후를 시해하고 시신을 경복궁 동쪽에서 불태우는 을미사변(乙未事變)을 일으켰다. 그리고는 김홍집·유길준 등으로 구성된 내각을 출범시켜 이른바 을미개혁(乙未改革)을 단행하였다. 일본정부는 을미사변을 명성황후와 홍성대원군 간의 정권싸움으로 위장하려 하였으나, 서양언론이 그 진상을 내외에 보도하자 일본정부는 할 수 없이 미우라 고로(三浦梧樓) 공사 등을 한때 감옥에 가두었다. 그러나 일본정부는 이들을 모두 무죄라 하여 풀어주었다.

3) 러·일의 대립과 대한제국

일본의 행동에 위협을 느낀 고종은 1896년 2월 러시아공사관으로 피신하였다[아관파천(俄館播遷)]. 고종이 러시아공사관에 머물게 되자 일본

세력이 약화되는 반면 러시아의 영향력이 커졌다. 러시아 고문과 사관을 초빙하고 러시아어학교와 한러은행을 설립하고 러시아 무기도 반입하였다. 또한 러시아는 각종 이권에 개입하여 압록강 주변의 삼림벌채권, 경원·종성의 채광권 등을 획득하였다.

<표> 열강의 이권침탈

국 가	이권 침탈 내용
일 본	경부철도 부설권 (1898) 평양 탄광 석탄 전매권 (1898) 경인 철도 부설권(1899)- 미국으로부터 매입 충남 직산 금광 채굴권 (1900) 인삼의 수출 독점권 (1901) 충청, 황해, 평안도의 어업권 (1904) 전라, 경상, 강원, 함경도의 포경권 (1900)
미 국	경인철도 부설권 (1896)-일본에 백만 달러에 매도함. 평북 운산 금광 채굴권 (1896) 서울 전기□수도 시설권 (1897) 서울전차 부설권 (1898)
러시아	함경북도 경원, 종성 금광 채굴권 (1896) 인천 월미도 저탄소 설치권 (1896) 두만강, 압록강 유역과 울릉도의 삼림 벌채권 (1896) 부산 절영도 저탄소 설치권 (1897) 동해안 일대의 포경권 (1899)
프랑스	경의철도 부설권(일본에 넘김 - 1896) 평북 창성 금광 채굴권 (1901) 평양 무연탄 광산 채굴권 (1903)
영 국	평남 은산 금광 채굴권 (1898)
독 일	강원도 금성, 당현 금광 채굴권 (1898)

　　러시아 공사관에 피신했던 고종은 독립협회와 자강개혁을 요구하는 민중의 요구를 받아들여 1년여 남짓 만에 경운궁으로 돌아왔다. 그리고 고종은 경운궁 앞에 새로 지은 원구단에 나아가 황제 자리에 올랐다. 이와 동시에 황제와 정부는 조선의 국호를 '대한제국(大韓帝國)'으로 고쳐 내외에 선포하고 연호를 광무(光武)라 제정하였다. 대한제국의 성립은 대한이 자주독립국가임을 국내와 세계에 알린 역사적 사건이었다.
　　대한제국의 성립 후 그 정치체제를 놓고 자강개혁(自强改革)을 주장하는 독립협회파와 집권한 친러파 사이에 정치적 견해가 크게 대립되었다.

러시아공사관의 고종

독립협회는 열강의 침략으로 이미 이권을 많이 빼앗긴 상황 하에서의 전제군주제는 취약할 수밖에 없으므로 국민에게 참정권을 주고 의회를 설립하는 입헌대의군주제를 수립해야 한다고 주장하였다. 이에 대하여 친러파는 의회를 개설하여 입헌대의군주제를 만드는 것은 민권(民權)을 신장시키고 군권(君權)을 감소시켜 황제의 지위를 약화시키기 때문에 전제군주제를 유지해야 한다고 주장하였다. 독립협회는 1898년 초에 친러파정부가 절영도(絶影島)를 러시아에 조차해 주려고 하자, 이에 대한 반대운동을 시작하면서 본격적인 전제군주체제 개혁운동을 전개하였다.

독립협회는 1898년 3월 10일 서울 종로에서 1만여 명의 시민들을 모아 만민공동회를 개최하고 자유민권운동을 전개함과 동시에 7월 3일 의회설립을 요구하는 상소를 올렸다. 이러한 독립협회 운동의 결과로 마침내 10월 12일 박정양(朴定陽)·민영환(閔泳煥)을 중심으로 한 개혁파 내각이 수립되고, 1898년 11월 2일 역사상 최초의 의회설립법인 '중추원신관제'가 공포되었다. 그러나 개혁파 정부가 입헌대의군주제를 수립하여 개혁정책에 성공할 경우 정권에서 배제될 것이라고 판단한 친러파의 모략과 자주독립세력을 꺾는 것이 일본의 한국침략에 유리하다고 판단한 주한일본공사관이 고종에게 독립협회의 운동을 탄압할 것을 권고하여 1898년 12월 25일 독립협회지도자 430여 명이 체포되었으며, 독립협회·만민공동회도 강제해산 되었다.

　수구파 내각은 1899년 8월 17일 전문 9조의 「대한국국제(大韓國國制)」를 공포하였다. 이것은 전제군주권의 기본 내용을 규정한 것으로서, 군권(君權)의 기본 내용은 육·해군 통수권, 입법권·사면권·행정권, 관리

건립 당시의
독립문과 독립관

임면권과 포상권, 조약체결권과 사신임면권 등으로 구성되어 있다. 이후 대한제국의 정책은 대한국국제의 기본이념 방향에서 수립, 진행되었다. 주요 정책의 내용은 첫째, 황제가 국내 육해군을 직접 통수하는 체제에 의거하여 군부(軍部) 외에 별도로 원수부(元帥府)를 신설하여, 이 부서를 통해 황제가 직접 서울과 지방의 모든 군대를 지휘하게 하였다. 둘째, 대한제국과 황제의 권위를 높이는 상징의 제작에 정책적 노력을 투입하여 국가(國歌)·어기(御旗)·친왕기(親王旗)·군기를 제정하고 황제를 대원수로 한 프러시아식 복장과 관복을 제정하여 착용하게 하였다. 셋째, 전국의 광산·철도·홍삼제조·수리관개사업은 궁내부 내장원에서 관할하게 하여 이 부문의 수입은 정부의 예산과 관계없이 황제의 직접 수입이 되었다. 넷째, 상업은 자유상업을 허락하지 않고 정부의 승인을 얻도록 하였으며, 다섯째, 공업은 황실직영의 방직·유리·제사공장의 설립 외에 일반민간의 공장 설립은 정부 허가를 받도록 하였다. 여섯째, 양전(量田)사업과 지계(地契)사업을 실시하였다. 이는 근대적 토지소유권 증명제도를 수립한 사업이었으나 그 목적이 조세징수를 위한 것이었으므로 큰 효과를 거두지 못하였다.

대한제국이 추진한 일련의 사업을 당시 연호를 따서 광무개혁(光武改

원구단

革)이라고 한다. 광무개혁은 조선정부가 종래 추구해 온 개혁안과 선진국
의 개혁안을 절충한 것으로서, 일제 강점 이전 근대국가 수립을 위한
마지막 개혁이었다. 그러나 러·일의 대립과 미국·영국의 이해관계가
얽히면서 1904년 러일전쟁이 일어나고 영국과 미국의 간접지원을 받은
일본이 승리함으로써 대한제국은 일본의 지배권에 예속되어 갔다. 이리
하여 대한제국이 추진하던 개혁정책은 수포로 돌아가고, 나라의 주권마
저 빼앗기게 되었다.

3장 일본의 한국 강점과 무단통치

1) 20세기 초 동아시아의 갈등관계와 일본의 한국강점

1894년 청일전쟁 이후 1904년 러일전쟁까지는 세계 열강의 식민지 영토분할 경쟁이 최종단계에 이른 시기였다. 특히 동아시아지역에서는 산업혁명을 끝내고 독점자본주의 단계에 접어든 서구 열강의 이권침탈과 영토분할이 치열하게 전개되고 있었다. 여기에 당시 산업혁명을 수행하던 일본도 자본의 미성숙 때문에 영국의 독점자본에 종속되면서도 군사력을 확충하여 식민지를 건설하고 제국주의로 전화하기 위하여 온갖 노력을 다하고 있었다.

이 때 한반도를 둘러싼 각축전은 이러한 일본과 남하정책을 수행하던 러시아와의 대결로 압축되고 있었다. 3국간섭 이후 본격화하기 시작한 양국의 대립은 1900년 중국민의 의화단운동을 계기로 러시아가 중국 동북부를 점령하면서부터 더욱 격화되었다. 일본은 1901년 1월 7일 러시아가 제의한 열강 공동보호 하의 한국중립화안을 거부하는 한편, 영·미의 후원 아래 러시아의 동아시아 침투를 막는 극동의 헌병으로서의 지위를 굳혀 나갔다. 1899년 문호개방정책(open door policy)을 선언한 미국은 러시아의 만주점령에 반발하였을 뿐 아니라 일본과 맺은 최혜국대우조항을 이용하여 국제상의 이권을 확보하는 정책을 취하고 있었다. 또한 루즈벨트(Theodore Roosevelt)는 1900년 일본의 한국에 대한 위임통치의 정당성을 피력하고 정책의 기조로 삼고 있었다. 세계 각지에서 러시아와 충돌하고 있던 영국도 청일전쟁 이후 대러시아정책에서 일본과 협력관계를 유지하는 가운데 1902년에는 영일동맹을 체결하였다. 이리하여 러시아에 대한 영·미·일 연합전선이 구축되고, 일본은 영·미의 독점자본에 종속된 채 이들의 '대리'전쟁에 나섰다.

러일전쟁은 1904년 2월 9일 일본함대가 러시아함대를 기습 공격하면
서 시작되었다. 조선은 1월 23일 이미 중립을 선언하였지만, 일본은 이
선언을 완전히 무시하고 2월 23일 군사적 위협을 가하면서 한반도에서
일본군의 행동과 군사기지 설치의 자유를 강요한 「한일의정서」를 체결하
였다. 5월 말에는 한국에 대하여 "정치 경제상 보호의 실권을 갖고, 경제상
으로도 일본 이권의 발전을 기도한다."는 「대한방침」을 결정하였다. 「대
한시설강령」에서는 이 방침을 더욱 구체화시켜 일본군대의 대한 주둔,
재정과 외교의 감독, 산업부문에서의 척식계획 등 체계적인 침략방침을
세웠다. 드디어 8월 윤치호(尹治昊)가 주선하는 가운데 그 실질적인 조치
인 「제1차 한일협약」을 강압적으로 체결하였다. 이 협약은 일본이 추천한
재정·외교고문의 채용과 중요 외교안건에 대한 협의를 규정한 것이었다.

일본은 1905년 3월 봉천싸움에서 승리를 거두었지만, 그 전력이 한계
에 달하고 있었다. 이에 일본은 조선을 식민지화할 방침을 굳히고 러시아
와 강화교섭을 추진하였다. 이와 더불어 7월에는 미국과 가쓰라-태프트
(桂-Taft) 협정을, 8월에는 영국과 2차 영일동맹을 맺었다. 이것은 미국의
필리핀 지배, 영국의 인도 지배를 승인하는 대가로 일본이 조선에 대한
'감리와 보호 조치'를 승인 받은 것이었다. 이 점은 9월 5일 포츠머스
조약(Portsmouth treaty)에서 재확인되었다.

열강으로부터 한국에 대한 독점적 지배권을 승인받은 일본은 한국을
식민지화하기 위한 다음 단계 전략을 추진하였다. 우선은 친일파나 친일
단체를 동원하여 국내 여론을 날조하는 동시에, 국가권력을 장악하는
것이었다. 일본은 이토 히로부미(伊藤博文)를 한국에 파견하여 「을사조
약(제2차 한일협약)」 체결을 강행하였다. 1905년 11월 17일 이토는 일본
군을 출동시킨 가운데 조약에 반대하는 첨정대신 한규설을 끌어내고,
내부대신 이지용, 군부대신 이근택, 법부대신 이하영, 학부대신 이완용,
농공상부대신 권중현 등 '을사오적(乙巳五賊)'의 찬성 하에 고종에게 「을
사조약」의 승인을 강요하였다. 을사조약에 따라 통감부를 설치하고 외교
권은 일본 외무성이, 내정은 통감이 관할하게 되었다. 한국정부는 이제
완전히 허수아비가 되었다.

일본의 지배가 강화되는 가운데 고종황제는 1907년 6월 헤이그에서
열린 만국평화회의에 을사조약이 무효임을 열강에 호소할 의도로 밀사

통감부 건물

헤이그에 파견된
3인의 특사. 왼쪽부터
이준 · 이상설 · 이위종

를 파견하였다. 이 사건을 빌미로 일본은 고종을 퇴위시키는 한편, 「제3
차 한일협약」을 체결하여 군대를 해산하고 차관 이하 각 요직은 물론
권력의 말단까지 장악하였다. 이러한 일제의 강압에 저항하여 전국적으
로 의병이 거세게 일어나자 일본은 이를 진압하기 위하여 군대 · 헌병 ·
경찰을 증강하였으며, 1908년에는 조선인을 헌병보조원으로 채용하여
감시체제를 강화하였다. 이렇게 군사적 지배체제를 구축한 일본은 1909
년 7월 적당한 시기에 한국을 병합할 방침을 세웠다.

경복궁 근전정에
내걸린 일장기

　1910년 5월 일본은 현직 육군대신 데라우치 마사타케(寺內正毅)를 통감으로 임명하고, 무력에 의한 강권적 병합에 착수하였다. 6월에는 '합병 후 한국에 대한 시정방침'을 세우고 7월에는 헌병경찰제도를 완성하였다. 드디어 8월 22일 군대와 경찰을 동원하여 비상경계망을 편 가운데, "한국 황제는 한국정부에 관한 모든 통치권을 완전히 그리고 영구히 일본 천황에게 양여"하는 「한국 병합에 관한 조약」을 체결하였다. 이 조약은 8월 29일 발표되었다.

　이리하여 모든 제국주의 열강의 원조와 승인 하에 예정된 일본의 한국 강점이 단행되었다. 이것은 한국인의 의사를 완전히 무시하고 전쟁도 없이 지배층 사이의 흥정에 따라 통치권을 확대 시행한 점령이었다. 이제 한국은 일제의 영토로 편입되고, 총독에 의한 강권 통치가 막을 열게 되었다.

2) 조선총독부의 설치와 무단통치

　일제는 국권 강탈 이후 식민지 최고 통치기구로서 조선총독부를 설치하였고, 한국 사회를 급속히 식민지 지배구조로 재편하기 위한 폭압적인 무단통치(武斷統治)를 실시하였다. 조선총독은 육·해군 대장 중에서 선발되었으며, 일본 천황의 직속이었다. 그는 조선주둔군의 통솔 및 파견

조선총독부 청사

권, 정무총리권, 제령(制令)제정권, 총독부령 발포권, 사법기권 감독권 등 모든 권력을 한 몸에 체현한 절대권자로, 오직 일본 천황에 대해서만 책임을 지는 '한국의 전제군주'와 같았다.

무단통치의 물리적 기반이 되었던 것은 헌병경찰과 군대였다. 헌병경찰제도는 헌병이 일상 경찰업무를 담당할 수 있도록 한 것으로서 한국 민족을 군사적으로 억압·감시하려는 목적으로 만들어졌다. 이것은 의병과 같은 한국인의 강력한 저항을 막기 위하여 1907년 '한국 주차(駐箚) 헌병에 관한 건'을 만들어 "한국에 주둔하는 헌병은 주로 치안 유지에 관한 경찰업무를 장악한다"고 규정한 것에서부터 시작되었다. 이에 따라 경찰관서와 헌병부대가 전국에 분산 배치되었으며, 각지 헌병부대 책임자가 경찰관서의 장(長)을 역임하였다.

헌병경찰은 의병의 토벌, 첩보 수집, 검사업무대리, 범죄즉결처분권, 민사쟁송 조정권 등의 권한도 지녔고, 심지어는 일본어 보급, 농사개량, 징세, 산림·위생 감독 등의 행정업무까지 수행하였다. 이들은 법적 수속과 정식재판을 거치지 않고 멋대로 한국인에게 벌금, 태형, 구류 등의 처벌을 가할 수 있었다. 일제는 1912년 봉건적인 체벌형인 조선태형령을 부활시킴으로써 한국인의 기본권조차 무시하는 헌병경찰의 잔악 행위를 합법화하였다.

조선헌병대
사령부

　　일본이 한반도의 식민지화를 실현하는 가운데 가장 중시한 것은 경제
분야였다. 조선총독부는 1910년 9월 '임시토지조사국'을 설치하고 1912
년 토지조사령을 공포한 후 토지조사사업을 실시하였다. 1918년까지 계
속된 토지조사사업은 근대적인 토지소유제도를 확립한다는 이유를 내세
워 토지소유권, 토지가격, 지형 및 지목을 조사한 것이었다. 조선총독부
가 토지조사사업을 실시한 일차적인 목적은 막대한 총독부 소유지를
확보하여 식민지 지배의 경제적 기반을 만드는 데 있었다. 이 밖에도
토지조사사업은 조선총독부의 지세(地稅) 수입을 급증시켜 그 식민지
지배를 재정적으로 뒷받침해 주었다. 소유권 확인 과정에서 경작농민들
이 가지고 있던 부분소유권으로서의 도지권(賭地權) 등은 토지소유권에
서 완전히 배제되었고, 지주의 소유권이 유일한 배타적 권리로서 확정되
어 지주제는 식민지 농업구조에 예속적으로 편입되었다. 또한 궁방전(宮
房田) 등 농민이 실질적인 소유주로서 대대로 경작해 오던 땅들이 총독부
소유로 넘어갔고, 이러한 방대한 토지는 동양척식주식회사나 일본인 개
인지주에게로 넘어갔다. 그 결과 한국인들의 토지 상실은 증가하였다.
결국 일제는 토지조사사업에 기초하여 농민수탈을 위한 식민지 지주적
농업구조를 확립하였으며, 일본 자본의 요구에 따라 지주 위주의 농업정
책을 전개하여 일본 자본주의의 구조적 문제인 저미가(低米價)=저임금
문제를 해결해 나가고자 하였다. 그러나 농민들은 이러한 수탈구조 속에
서 토지로부터 이탈되어 빈궁과 몰락의 길을 걷게 되었다. 이러한 농민의

토지조사사업 당시 측량기구를 지고 가는 한국인들과 기념촬영을 하는 일본 기술자들

불만은 3·1운동 등에서 농민들의 광범위한 저항으로 나타났다.

〈표〉 1910년대 총경지 증가 추이와 일본인 소유경지 증가 추이 (단위 : 정보)

연도	전국 총 경 지			국유지	일본인 소유지	동척 소유지
	논	밭	합 계			
1910	847,667	1,617,236	2,464,903		69,312	10,944
1911	1,002,325	1,720,891	2,705,216	97,460	93,380	25,265
1912	1,024,394	1,822,542	2,846,935		107,980	44,549
1913	1,067,290	1,818,621	2,885,911		155,862	60,529
1914	1,089,320	1,869,838	2,959,503		159,861	65,395
1915	1,177,530	1,993,079	3,170,609		169,007	68,674
1916	1,340,235	2,249,178	3,589,503			68,671
1917	1,435,093	2,439,907	3,875,080	124,499	236,586	69,550
1918	1,544,430	2,797,660	4,342,090			69,446
1919	1,543,089	2,781,589	4,321,678			70,554

자료 : 조선총독부, 『조선총독부통계연보』 1910~1919년

<h1 style="text-align:center">4장 '전쟁'과 '혁명'의 시대와
3 · 1운동, 대한민국 임시정부</h1>

1) 1차대전 이후의 국제정세

1914년~1918년에 걸쳐 일어난 제1차 세계대전은 독점적 자본주의체제가 형성되면서 나타난 서구 국가들 사이의 불균등한 발전으로 인해 식민지와 시장 확보를 둘러싸고 폭발한 제국주의 전쟁이었다. 이 전쟁은 열강의 힘의 관계를 재조정하면서 자본주의 세계체제를 재편하였다. 세계 경제에서 지도적 지위를 차지하던 영국은 그 지위를 상실하고 대신 전쟁으로 막대한 이득을 얻은 미국이 세계 자본주의 체제의 주도적 지위를 차지하게 되었다. 한편 제1차 세계대전 중인 1917년에 일어난 러시아 10월혁명은 러시아를 제1차 세계대전에서 이탈하게 하여 제국주의 전쟁을 전면 부정하고, 사회주의 혁명과 약소민족의 해방을 가시화하여 반자본주의 · 반제국주의 사상을 고양시켰다. 그리하여 제1차 세계대전의 종전과 함께 세계적으로 침략주의와 군국주의에 대한 비판이 고조되고 제국주의 열강의 세계 지배체제에 대한 비판과 전제주의, 봉건적 착취, 자본주의 사회의 모순 등으로부터 인간해방을 추구하는 이상주의 사조가 고조되었다.

이러한 이상주의 사조의 영향과 함께 자본주의와 사회주의의 대립, 자본주의 국가들 사이의 세력조정이라는 국제정세의 변화 속에서 식민지의 위상에도 중대한 변화가 생겼다. 1917년 신생 소비에트공화국의 레닌은 자국 내의 100여 개 이상에 달하는 소수민족에 대해 민족자결의 원칙을 선언하였다. 또 1918년 1월 미국대통령 윌슨은 세계대전 패전국들의 식민지 처리에서 민족자결주의를 적용하자고 주장하였다. 윌슨과

레닌의 민족자결주의는 그 함축하는 내용은 다른 것이었으나 민족자결
주의가 전후의 새로운 사조로 등장하여 결과적으로 식민지 약소민족들
을 크게 고무하였다. 제1차 세계대전 종전에 즈음한 이러한 새로운 시대
적 분위기의 고양은 우리 민족에게도 독립의 기운을 불러일으켰다. 특히
국내외 지식인들은 윌슨의 민족자결주의에 의한 베르사이유 체제의 성
립에 주목하여 이를 '세계 개조의 신시대'로 파악하고 세계 열강의 힘을
빌려 독립의 기회를 얻고자 하였다.

1919년 3·1운동과 대한민국임시정부의 수립은 이러한 국제정세의
변화를 이용하여 외교적으로 한국의 독립을 인정받기 위한 노력의 일환
으로 추진되었다. 일제 강점기 민족해방운동은 일제의 식민지배에 대한
저항의지가 전제되어 있었지만, 구체적인 운동 현상은 해당 시기의 객관
적인 정세와 조건이 작용하여 발생할 수 있었다. 3·1운동과 대한민국임
시정부 수립 역시 예외가 아니었다.

2) 3·1운동

3·1운동은 약 200만 명의 참여와 7,500여 명의 피살, 16,000명의 부상,
46,000명의 검거라는 엄청난 희생을 치른 일제하 민족해방운동사에서
가장 대표적인 항일투쟁이었다. 이러한 3·1운동을 최초로 준비한 것은
'민족대표'로 불리는 종교계 지도급 인사들이었다. 천도교와 기독교의
교단조직을 매개로 관련을 맺고 있던 지식인들과 각 교파의 지도급 인사
들은 1918년 말부터 1919년 초에 걸쳐 독립요구를 위한 정치적 의사표시
에 대해 논의하였다. 이들이 운동을 논의하게 된 직접적인 계기는 윌슨
대통령의 민족자결주의 제창과 이에 호응한 상해·미주·동경 등지의
독립운동 소식이었다.

상해에서는 1918년 11월 여운형(呂運亨), 김규식(金奎植), 장덕수(張德
秀), 김철(金澈), 선우혁(鮮于爀) 등이 신한청년당(新韓靑年黨)을 결성하
고 독립청원서를 작성하여 중국에 온 윌슨 대통령의 특사 크레인(C. R.
Crane)에게 전하는 한편, 1919년 1월 김규식을 파리강화회의에 파견하
기로 하였다. 미주지역에서는 1918년 12월 대한국민회 중앙총회를 개최
하고 이승만(李承晩), 민찬호(閔瓚鎬), 정한경(鄭翰景) 등 3인을 파리강화

3·1운동 시위장면

회의에 파견하고자 하였으나 미국이 이들의 출국을 허용하지 않아 미국대통령에게 3개항의 청원서를 제출하는 등의 외교활동을 전개하였다. 동경에서는 1919년 1월 조선인 유학생학우회가 동경 YMCA회관에서 웅변대회를 가장하여 회합을 열고 조선청년독립단을 결성하여 '민족대회소집청원서'와 '독립선언서'를 작성하여 발표하니 이것이 곧 2·8 독립선언이다. 이들은 준비 과정에서 송계백(宋繼白)을 국내로, 이광수(李光洙)를 상해로 각각 파견하여 각지의 운동과 연계를 도모하였다.

이러한 해외의 움직임은 먼저 손병희(孫秉熙)·최린(崔麟) 등 천도교측 인사들과 이승훈(李昇薰) 등 평안도의 기독교계 인사들에게 전달되었다. 천도교, 기독교계 인사들과 불교계의 한용운(韓龍雲) 등은 수차례의 회합을 통해 운동방법에 대해 여러 가지로 구상하였는데, 독립선언과 일본정부에 대한 독립청원을 병행하기로 결정하였다. 그리고 운동전개의 3원칙으로서 대중화·일원화·비폭력 노선을 정하였다. 그리하여 선언서, 파리강화회의와 윌슨 대통령에게 보내는 독립청원서, 일본정부에 보내는 독립의견서 등이 작성되었고, 2월 27에는 독립선언서가 인쇄되어 종교교단을 중심으로 배포되었다. 그리고 학생들의 비밀조직망에 의해 시위 및 대중동원계획이 수립되었다.

3·1운동은 고종의 인산일인 3월 1일 정오 서울을 비롯하여 평양·진남포·안주·의주·선천·원산 등지에서 동시에 일어났다. '민족대표'가 현장에 나오지 않은 가운데 파고다공원에서 거행된 독립선언식은

<표> 3·1운동 입감자의 계층·계급별 구성

지역	경기	강원	충남	충북	함남	함북	평남	평북	황해	경북	경남	전남	전북	계
해당 감옥	서대문 인천	춘천	공주	청주	함흥 원산	청진	평양 진남포	신의주	해주	대구	부산 마산 진주	광주 목포	전주 군산	계
농민(일부 지주 포함)	884 (46.3)	81 (77.1)	325 (78.9)	119 (70.0)	502 (65.7)	54 (67.5)	761 (62.7)	289 (52.5)	623 (66.6)	698 (64.9)	408 (54.1)	80 (32.3)	145 (49.7)	4969 (58.4)
노동자	125 (6.5)	1 (1.0)	3 (0.7)	1 (0.6)	20 (2.6)	2 (2.5)	47 (3.9)	13 (2.4)	12 (1.3)	59 (5.5)	25 (3.3)	12 (4.8)	8 (2.7)	328 (3.9)
지식인·청년·학생 — 교사 학생	416	4	31	24	83	4	134	80	51	149	87	93	70	1226 (14.4)
지식인·청년·학생 — 종교인	103	1	3	0	11	0	26	24	19	32	43	2	3	267 (3.1)
지식인·청년·학생 — 기타공무 자유업자	57	1	12	8	21	3	30	20	40	23	40	12	16	283 (3.3)
지식인·청년·학생 — 계	576 (30.1)	6 (5.7)	46 (11.2)	32 (18.8)	115 (15.1)	7 (8.8)	190 (15.9)	124 (22.0)	110 (11.8)	204 (19.0)	170 (22.5)	107 (43.1)	89 (30.5)	1776 (20.8)
상공업자 — 상업종사자	136	11	23	10	86	13	110	49	96	53	76	22	33	718 (8.4)
상공업자 — 기타자영업 종사자	31	2	2	1	9	2	31	27	38	10	8	5	7	173 (2.0)
상공업자 — 공업종사자	98	2	9	3	26	2	19	22	29	36	22	7	8	283 (3.3)
상공업자 — 계	265 (13.9)	15 (14.3)	34 (8.3)	14 (8.2)	121 (15.8)	17 (21.3)	160 (7.6)	98 (17.8)	163 (17.4)	99 (9.2)	106 (14.1)	34 (13.7)	48 (16.4)	1174 (13.8)
무직자	61 (3.2)	2 (1.9)	4 (1.0)	4 (2.4)	6 (0.8)	0 (0.0)	55 (4.5)	27 (4.9)	27 (2.9)	16 (1.5)	45 (6.0)	15 (6.1)	2 (0.7)	264 (3.1)
계	1,911 (22.5)	105 (1.2)	412 (4.8)	170 (2.0)	764 (9.0)	80 (0.9)	1213 (14.3)	551 (6.5)	935 (11.0)	1076 (12.6)	754 (8.9)	248 (2.9)	292 (3.4)	8,510 (100.0)

*近藤釰一, 『萬歲騷擾事件』 1, 1964, 223~227쪽.

* ( ) 안의 숫자는 퍼센트를 나타냄.

대중의 반일감정이 자연발생적으로 폭발한 만세시위운동으로 확산되었다. 3월 상순에는 경기도·평안도·함경도·황해도의 도시를 중심으로 기독교·천도교의 조직력이 강한 지역에서 시위가 주로 전개되었다. 그리고 3월 중순 이후로는 경상도·전라도·강원도·충청도로 확대되어 운동은 전국적 규모로 확산되었다. 운동은 5월까지 지속되었고, 특히 3월 하순에서 4월 상순 사이에는 동시다발적이고 격렬한 투쟁양상을 보여 운동이 최고조에 달하였다. 청년·학생층, 노동자, 농민, 중소상공

미국 신문에
보도된 3·1운동

업자 등 대규모 군중의 만세시위가 일상화되었을 뿐만 아니라 점차 폭력
적인 양상을 띠었다. 각계 각층의 광범위한 민중들의 적극적인 참여는
비타협적인 투쟁을 지속시키고 3·1운동을 진정한 의미에서 전 민족적
인 항일운동이 되게 하였다. 운동이 가장 치열했던 3~5월까지 구금된
입감자의 구성을 보아도 농민이 50% 이상을 차지하는 것을 비롯하여
지식인, 청년, 학생, 상공업자 등 다양한 각계 각층의 총체적인 참여 모습
을 보여주었다.

국내에서 3·1운동이 발생하자 만주, 연해주, 미국 등 국외 동포사회에
서도 이에 동조하는 시위운동이 전개되었다. 서북간도의 조선인들은 무
장시위를 통해 일제가 조선을 강제 병합한 사실을 입증하고 파리강화회
의에서 독립을 승인 받고자 하였다. 이 지역의 조선인들은 무장대를 편성
하여 국내 일부지역을 점령, 한국공화가정부(韓國共和假政府)를 수립하
려는 의도로 독립군 편성을 추진하였다.

제1차 세계대전 이후 등장한 이상주의 사조와 국제정세의 변화에 영향
받으며 일어난 3·1운동은 대외적으로 거족적인 독립선언임과 동시에
내적으로는 자유와 평등을 이념으로 하는 인간해방과 신사회 건설에
대한 민족 해방의 의지를 확인한 것이었다. 이러한 경험이 토양이 되어
이후 한국 근대사상과 민족운동은 보다 다양하게 확대 발전할 수 있었다.

3) 대한민국임시정부

3·1운동을 전후한 시기에 민족해방운동의 총본부로서 임시정부의 필요성이 제기되었다. 지속적인 민족해방운동의 전개, 전체운동의 통일적인 영도, 외교활동의 원활한 수행을 위해서는 정부 수립이 필요하다는 공감대가 이루어졌기 때문이다. 아울러 많은 독립운동가들을 미국의 윌슨 대통령이 제창한 '민족자결주의'에 대해 막연한 기대를 갖고 파리강화회의 등 국제사회와 열강을 상대로 외교활동을 전개할 때도 개인이나 단체의 명의보다는 정부 명의로 활동하는 것이 훨씬 효과적이라는

상해임시정부청사 터

판단아래 정부 수립을 적극 추진하였다. 임시정부 수립운동은 러시아령·상해·국내 세 곳에서 추진되었는데, 정부의 위치를 당분간 상해에 두고 한성의 정부 수립운동에 정통성을 주기로 협상이 되어 한성정부의 수반 이승만을 대통령으로, 러시아령의 이동휘(李東輝)를 국무총리로 하여 임시정부는 수립되었다(1919. 4. 13). 상해임시정부는 연통제(聯通制)의 실시와 외교활동에 주력하였다. 연통제는 상해에 위치한 임시정부가 국내 및 만주지방과 연락을 취하기 위하여 만든 연락망이었다. 임시정부의 외교활동의 일차적인 목표는 파리강화회의나 워싱턴회의 등 각종 국제회의로부터 독립을 보장받고 국제연맹에 가입하는 것이었다. 그러나 파리강화회의나 워싱턴회의에서는 임시정부가 기대했던 것과는 달리 독립보장은커녕 한국문제에 대해 한 마디 언급조차 얻지 못하였다.

그 후 임시정부는 중국, 소련, 미국, 영국 등 각국으로부터 개별적 승인을 받는 데 이차적인 목적을 두고 파리위원부, 런던위원부, 구미위원부 등을 설치하였다. 세 위원부 가운데 지속적으로 활동을 한 구미위원부는

외교활동뿐만 아니라 미주지역 동포들로부터 성금과 공채금을 받아 위원회를 유지하였다. 구미위원부는 주로 미국의회를 통해 한국문제에 대한 관심을 높이기 위한 선전과 로비활동을 하였다. 한편 소련, 중국 정부와의 교섭도 있었다. 소련정부와는 한러공수동맹(韓露攻守同盟)을 체결하고(1920년), 소련정부는 임시정부에 40만 루블의 자금을 제공하였다. 이 자금의 일부를 국무총리 이동휘가 자의로 처분했다 하여 말썽이 되기도 하였는데, 나머지는 국민대표회의(1923년 1월) 자금으로 사용되었고 일부는 국내로 들어오기도 하였다. 중국과의 관계는 1930년대 들어 성과를 맺었는데, 특히 1932년 윤봉길의 의거를 계기로 장제스(蔣介石) 국민당 정부의 적극적인 후원을 받았으며, 중일전쟁 발발 후에는 광복군을 양성할 수 있었다.

임시정부는 운동 방법론에서는 초기에는 외교론에 경도되어 있었으나, 1910년대 만주나 연해주 등지에서 독립운동기지를 건설하고 무력항쟁을 전개하던 계열의 절대독립론, 독립전쟁론을 배제할 수는 없었다. 홍범도·김좌진의 봉오동·청산리 전투(1919, 1920년)의 성과와 만주로 이민온 한국인을 기반으로 한 독립군의 활동은 당시 가장 적극적인 독립운동의 모습이기도 하였다. 그러나 초기의 임시정부는 군사활동에 대한 능동적인 방침을 수립하지 못하여 독립운동진영 전체를 통괄하는 데에는 많은 한계를 안고 있었다. 이승만의 외교론, 안창호의 준비론, 이동휘의 무장독립론 등의 갈래로 나뉘어졌는데, 1923년 국민대표회의 이후 이동휘가 임시정부를 떠나면서 외교노선이 한층 강화되었다. 그러나 1923년 국민대표자회의 실패 이후 약화된 임시정부는 중국 국민당 관내에서 명맥을 유지하며 상황의 변화에 따른 운동방법의 전환을 모색하여, 테러와 무력저항을 시도하게 되었다. 그리하여 일제 말기 광복군을 결성하고 일제와 군사대항을 준비하게까지 되었던 것이다.

임시정부의 수립이 갖는 또 다른 의미는 민족운동의 이념에서 근대적인 국가사상이 자리잡게 되었다는 것이다. 임시정부는 1919년 4월 11일 발표한 「대한민국임시헌장」에서

제1조 대한민국은 민주공화제로 한다.
제2조 대한민국은 임시정부가 임시의정원의 결의에 의하여 이를 통치

1930년대 임시정부 요인들. 앞줄 왼쪽부터 조완구·이동녕·이시영, 뒷줄 왼쪽부터 송병조·김구·조성환·차이석

한다.
제3조 대한민국 인민은 남녀, 귀천 및 빈부의 계급이 없고 일체 평등하
다.

등의 10개 항을 주장하고 있는데, 여기에서 공화주의적 정체(政體)와 국민의 자유와 평등을 인정하는 근대 국민국가의 이념을 보이고 있다. 이는 이전까지 남아 있던 왕권국가 사상이 독립운동의 이념에서 일단 청산되었음을 의미하였다. 복고적인 근왕사상 대신에 공화주의가 주도적인 이념으로 자리 잡아 가면서 형성된 임시정부는 정치이념상의 혼란을 극복하고 형성된 최초의 공화제 정부로서 그 의의가 크다. 이러한 공화주의적 민주주의 이념은 해방 이후 수립할 국가의 정체를 전망하는 방향성을 제시하였기 때문에 이후의 역사 전개에 끼친 정치사상사적인 영향이 자못 크다고 할 수 있다.

5장 문화정치와 민족운동의 다양화

1) 일제의 '문화정치'

1910년대 말 제1차 세계대전의 종전에 즈음한 제국주의 열강의 세력 재편, 사회주의의 등장, 식민지 약소민족의 민족해방운동의 고양 등에 의해 한반도를 둘러싼 정세는 변화하고 있었다. 일본은 내부적으로 제1차 대전기를 거치면서 경제가 급속히 팽창하는 가운데 사회적 모순의 심화로 노동쟁의가 격증하는 한편, 1918년 쌀소동을 계기로 하라 게이(原敬) 정당내각이 출범하였다. 이와 함께 피억압계층의 자기해방을 추구하며 사회 각 분야의 민주적 개조를 주장하는 운동들이 다이쇼(大正)데모크라시의 영향 하에서 전개되고 있었다.

이러한 상황에서 일어난 3·1운동은 일제의 식민지 통치방식에 대한 점검과 그 정책의 일정한 전환을 가져오게 하였다. 3·1운동 이후 일제 당국자들은 종래의 무단통치를 시대의 조류에 맞게 폐지하고 강점 당시 통치방침으로서 천명한 동화주의를 더욱 강화하기 위한 점진적이고 사회구조적인 정책의 구현을 추구하였다. 이러한 의도 하에서 새로운 통치책으로 표방한 것이 내지연장주의(內地延長主義)에 입각한 '문화정치'였다. 1919년 9월 2일 총독으로 조선에 부임한 사이토 마코토(齋藤實)는 부임 다음 날 '문화적 제도의 혁신으로 조선인을 유도함으로써 그의 행복, 이익의 증진을 도모하여 장차 문화의 발달과 민력의 충실에 따라 정치상 사회상의 대우에서도 내지인과 똑같은 대우해야 하는 것이 궁극의 목표'라고 하여 '문화'를 강조하고 '문화정치'를 천명하였다. 이는 제1차 세계대전 이후 무력주의·침략주의 등 제국주의의 강권적 지배를 비판한 이상주의 경향과 문화주의 사조와 무관하지 않았다. '문화'는 영어의 'culture'를 번역한 것으로, 제1차 세계대전이 과학과 산업화를

주축으로 한 물질적인 '문명(civilization)' 가치가 압도한 결과라는 비판
에서부터 '문화론'이 대두하였다. 이 때 문화는 '자연(自然)'의 반대말로
서 '인공(人工)을 가하여 가치를 생성한 정치, 경제, 사회적인 측면을
모두 포괄하는, 문명보다도 심원한 기초를 갖는 것'으로서 이해되었다.
이러한 사회조류 속에서 식민통치에서도 강권적인 통치가 아닌 '문화적'
지배를 표방하는 것이 대세였다. 일제 당국자들의 관심은 제1차 세계대
전의 승전국의 일원으로서 3·1운동의 폭압적 진압에 대한 국제여론의
비판을 무마하면서, 3·1운동 이후 확인된 한국인의 민족적 의지를 잠재
우고 보다 안정적이고 지속적인 동화(同化)를 관철시키는 것이었다.
　그러나 '문화정치'는 1910년대부터 형성시켜 온 식민지체제의 궤도
위에서 유화정책을 실시하여 민족의 붕괴, 민족해방운동의 분열과 개량
화를 시도한 식민정책일 따름이었다. 조선총독으로 부임한 사이토는 '문
화의 창달과 민력의 충실'이라는 슬로건을 내걸고 몇 가지 개량적인 조치
들을 취하였다. 그 내용은 총독 무관제(武官制)의 폐지, 헌병경찰제 폐지,
조선인 관리의 임용과 대우 개선, 언론·출판·집회 등의 제한적 허용,
산업개발, 지방자치의 실시를 위한 조사연구 등이었다. 그러나 이러한
정책들은 식민지 지배를 강화하고 그것을 은폐하기 위한 허구적인 조치
들에 불과했다. 총독 무관제를 폐지한다고 하였지만 실제로 초대 총독
이래 7대 총독에 이르기까지 문관출신은 단 한 사람도 없었다. 또 헌병경
찰제를 폐지하였다고 하지만 이전의 헌병을 제대시켜 경찰 병력으로
돌리는 한편 새로 경찰관을 선발하여 그 수를 늘렸다.
　문화통치의 진정한 의도는 민족분열정책에 있었다. 이것은 3·1운동
까지 보여주었던 전 민족적인 항일의지를 약화시키고 한국 내부의 안정
적인 침략의 대행자들을 형성하려는 것이었다. 이로써 한국 사회 내부에
는 일제에 동조하는 친일파들이 구조적으로 형성되기 시작하였다. 문화
통치의 본질은 바로 식민지의 안정적인 지배를 위해 협력자인 일부 친일
파들에게는 특혜를 주고, 대다수 사람들에게는 극심한 탄압과 수탈을
가하는 분리통치(divide and rule)였다. 조선총독 사이토는 「조선 민족운
동에 대한 대책」에서 친일파를 육성하는 방안으로, 첫째 귀족·유생·부
호·실업가·교육가·종교가 등으로 각종 친일단체를 조직할 것, 둘째
수재교육이라는 이름 아래 조선 청년을 친일분자로 양성하며, 학식있는

유지 출신에게 관직을 줄 것, 셋째 조선인 부호와 자본가를 일본의 자본가와 연결시켜 줄 것, 넷째 민간의 유지에게 수제회(修齊會)를 조직하게 하여 농촌지도 등을 담당하게 할 것 등을 제시하고 이를 적극 추진하였다.

또 한국인에게 한글로 된 신문과 잡지 등의 발행을 허가하고 제한된 범위 내에서 정치와 결사의 자유를 허용하였다. 한국인은 이 기회를 이용하여 『조선일보』『동아일보』 등의 신문과 『창조』『개벽』 등의 잡지를 발행하고, 총독부의 말단 관리나 면협의회, 도의회 등의 의원으로 진출할 수 있었다. 일본은 이 '문화정치'를 통해 한국인의 사고와 행동을 폭넓게 파악하고, 한국인을 식민지 지배체제 속에 좀더 깊숙이 끌어들일 수 있었다.

2) 문화운동

1920년대 일제의 '문화정치' 아래에서 일본의 다이쇼 데모크라시의 영향, 문화주의 사조의 유입 등으로 개인의 정신적·인격적 가치를 구현하는 문화운동이 대두하였다. 이 운동은 우선 문화적·경제적 실력을 양성한 이후에 독립을 얻어야 한다는 논리에 입각한 실력양성운동이 중심이 되었다. 이들은 언론·출판 기관이나 각종 연구단체들을 통하여 농민, 노동자, 청년 및 교양, 봉사 단체를 조직하여 계몽활동을 하고 민중의 지적 수준을 높여 정치적 각성을 촉구하는 운동이 가장 효과적인 방법이라고 주장하였다.

1920년대 초반 '문화운동'은 신문화건설론, 정신개조·민족개조론 등을 그 이론적 기초로 하고 있었다. 여기서 신문화건설이란 자본주의 문명의 건설을 주장하는 것으로, 교육과 산업 발달 및 구습(舊習)의 개량을 의미하였다. 교육과 산업의 진흥 등 실력양성에 주력하여 독립할 수 있는 능력을 갖추자는 논리였다. 정신개조·민족개조론은 이 시기 전래된 문화주의 철학의 영향을 받은 것으로, 조선의 신문화 건설을 위해서는 사회를 구성하는 개개인의 인격 향상이 선결과제이기 때문에 '내적인 정신개조'의 필요성을 주장한 논리다. 1920년대 초 민족개조론은 『동아일보』의 송진우(宋鎭禹), 『개벽』의 이돈화(李敦化), 김기전(金起田), 현상윤(玄相允), 이광수 등에 의해 제창되었는데, 상해임시정부에서 이탈하여 귀국한 이광수(李光洙)는 이러한 이론을 정리하여 「민족개조론(民族改造論)」

물산장려운동
기사

(1922), 「민족적경륜(民族的 經綸)」(1924)을 발표하였다. 이광수는 민족
개조론에서 "조선인은 허위되고 공상과 공론만을 즐겨 나태하고 서로
신의와 충성이 없고 극히 빈궁하고 이런 의미로 보아 이 개조는 조선
민족의 성격을 현재의 상태에서 반대 방면으로 변화하는 것이다."라고
주장하였다. 이러한 민족개조론은 우리 민족의 열등성을 강조하여, 일본
민족과의 동화, 나아가 독립불가능론으로 전락할 소지를 안고 있었다.

이러한 논리에서 전개된 문화운동은 언론·출판을 통한 문화운동, 물
산장려운동, 민립대학설립운동, 사회단체를 통한 계몽운동으로 전개되
었다. 이러한 운동은 신교육의 보급과 민족자본의 육성, 그리고 전근대적
인 의식과 관습의 탈피를 통해 문화적·경제적 실력을 갖춘 서구 근대
자본주의 문화를 수립하는 것을 지향하였다. 이것들은 한국 사회의 근대
화만을 추구할 경우에는 상당한 의미를 지니는 내용들이었다. 그러나
이 운동이 식민지배 하에서의 운동이었음을 전제할 경우, 민족해방·독
립의 과제를 전면에 내세우는 데에는 많은 한계가 있었다. 우선 언론·출
판, 기업 운영, 교육제도 등의 영역은 조선 총독부의 허가와 관리 하에서
운영되고 있었는데 총독부 당국의 방침을 어기면서 한국의 독립을 위한
운동을 전면에 내세우는 것은 거의 불가능하였다. 이러한 점 때문에 문화
운동은 신채호(申采浩)가 지적하였듯이 "식민지 지배 하에서 '신문화건

설'이라는 것은 일제 지배자들에 의해 한계가 뚜렷하게 주어져 있거나, 아니면 그들에 의해 왜곡된 방향으로 진행될 수밖에 없는 것"이었다. '선실력양성, 후독립'이라는 이론에 입각하여 근대화라는 신문화건설만을 민족운동의 일차적 과제로 삼을 때, 민족운동·독립운동은 탈정치화하여 체제내적인 운동으로 전락할 소지가 많았다. 1920년대 후반 문화운동을 주장한 사람들이 '독립'의 주장을 철회하고 '자치'를 내세운 것은 그러한 성향의 귀결이었다.

3) 사회주의 사조의 유행과 조선공산당

1920년대 들어 사회주의 사상은 민족해방운동의 새로운 이념으로 급속히 확산되었다. 1917년 러시아 볼세비키 혁명의 성공, 민족자결주의와 국제연맹 중심의 외교운동의 허구성 확인, 민족주의 운동의 한계와 변절, 1920년대 이후 소작쟁의·노동쟁의 등 대중운동의 고양 등은 사회주의 사상이 쉽사리 보급될 수 있는 환경을 만들었다.

초기 사회주의 운동은 일본 유학생을 통해서 사회주의 사상이 유입되어 사회주의 단체가 조직됨으로써 시작되었다. 초기에 결성된 사회주의 단체로 중요한 것은 북성회, 신사상연구회다. 북성회는 1923년 1월 15일 동경에서 김약수(金若水) 등 60여 명이 모여서 조직된 단체로 한국 내에서 사회주의 사상을 선전하는 데 주력하였다. 북성회는 1925년 1월에 일월회(日月會)로 명칭이 바뀌고 안광천(安光泉), 이여성(李如星), 하필원(河弼源), 최익한(崔益翰) 등으로 회원들도 바뀌었다. 1923년 7월 7일 서울에서 홍명희(洪命憙) 등이 결성한 신사상연구회는 1924년 화요회(火曜會)로 명칭을 바꾸어 활동하였는데, 주요 멤버로는 김재봉(金在鳳), 조동우(趙東祐), 조봉암(曺奉岩), 김단야(金丹冶), 박헌영(朴憲永), 권오설(權五卨) 등이 있다.

사회주의 운동가들은 대중운동, 사회운동 단체와 연계되면서 활동기반을 넓혀 나가고자 하였다. 1924년 4월 서울에서 조선노농총동맹과 조선청년총동맹이 결성되었으며, 이 같은 대중단체와 사회주의적 여러 단체들을 기반으로 하여 1925년 4월에 조선공산당과 고려공산청년동맹이 결성됨으로써 한국에서의 사회주의 운동은 새로운 단계에 접어들었다.

당시 국제공산주의 운동은 모스크바에 있는 코민테른(COMINTERN : 제3 인터내셔날)의 지도 하에 있었기 때문에 각국 공산당은 코민테른 지부로 승인을 받아야 하였다. 조선공산당도 대표를 모스크바로 보내 1926년 4월 코민테른으로로부터 정식 승인을 받았다.

반(反)자본주의, 반(反)제국주의를 표방한 사회주의는 제국주의 일본의 체제를 전면 부정하는 것이었기 때문에 일제는 치안유지법을 제정하여 한국의 사회주의운동을 탄압하였다. 1925년 11월 신의주에서 비밀문서가 적발된 것을 계기로 조선공산당원 100여 명이 구속 기소 된 것을 시작으로, 1928년까지 네 차례의 대량 검거가 있었다. 이런 정황에서 1928년 말경부터 코민테른 등 국제공산주의 운동 조직들에서는 한국의 공산주의운동에 대한 새로운 방침들이 제시되었다. 그 중 국내 공산주의자들에게 큰 영향을 미친 것은 1928년 12월에 나온 코민테른의 「조선의 농민 및 노동자의 임무에 관한 테제」(12월테제)였다. 이 테제는 공산주의 운동에서의 분파투쟁을 중지하고 지금까지 지식인에 중점을 두었던 공산주의운동을 노동자·농민에 기반을 두고 공산당을 재건하는 것을 내용으로 하고 있었다. 이후 12월테제에 의거한 당 재건의 움직임이 계속되었으나 일제의 탄압으로 모두 무산되고, 만주나 일본에서의 활동도 1930년 3월 코민테른의 '일국일당주의 원칙'에 의해 중국공산당과 일본공산당에 통합되어 버렸다.

한국의 사회주의운동은 이념의 기본 원칙대로 노동자·농민이 중심이 되기보다는 지식인들의 운동이 주류를 형성하였고, 내부적으로도 분파 문제가 극심하였다. 그러나 일제하 사회주의운동은 식민지하 항일운동의 성격뿐만 아니라 해방 후 건설하고자 하는 국가의 성격에서 부르주아·자본주의적인 것과 대비되는 상(像)을 제시하였다는 점에서 해방 이후의 역사와 연계된다. 1945년 해방 이후 극심했던 좌·우 대립과 분단·냉전이데올로기의 정착은 이러한 일제하 민족운동의 노선 차이에 그 역사적 연원을 두고 있기 때문이다.

4) 좌우의 날개로 민족해방운동

1920년대 이후 민족해방의 독립운동 선상에는 문화운동, 실력양성운

신간회 기사

동과 사회주의 사상의 등장, 노동·농민 등 대중운동이 다양하게 전개되었다. 이러한 운동들은 자본주의적이냐 사회주의적이냐, 친일적이냐 반일적이냐 하는 내용들이 교차하는 가운데 이념적으로 민족주의계열과 사회주의계열로 대별되고 있었다. 이 양 계열의 운동은 각기 항일독립의 방법이나 독립을 통해 세우고자 하는 국가상(國家像)에 대해 이견을 가진 채 상호 대립하기도 하고 연대하기도 하면서 발전해 갔다.

1927년 2월에 결성된 신간회(新幹會)는 이 양 계열의 운동이 최초로 연대를 보여준 민족연합전선이었다. 실력양성론을 주장하는 민족개량주의운동이 절대독립론에서 한 걸음 물러나 일제에 타협적인 자치운동을 전개하자 이에 반대하는 민족주의자들은 비타협적인 입장을 주장하였다. 이러한 비타협적인 민족주의자들은 사회주의자들과의 연대를 통해 항일운동전선을 공고히 할 필요성을 인식하였다.

신간회는 "1. 우리는 정치적·경제적 각성을 촉구한다. 2. 우리는 단결을 공고히 한다. 3. 우리는 기회주의를 일체 거부한다"라는 강령을 내걸고 창립되었다. 창립대회에서 조선일보계의 이상재(李商在)와 천도교 구파인 권동진(權東鎭)을 각각 회장과 부회장으로 선출하였다. 신간회는 창립 이후 일제의 탄압 때문에 한 번도 전국대회를 가지지 못하였지만, 중앙본부의 간부들이 지방을 순회강연하고 또 지회활동을 통해 노동쟁의·소작쟁의·학생운동을 적극적으로 지원하는 한편, 일제의 식민지배 정책에 구체적으로 대항하였다. 이러한 활발한 활동의 결과 신간회는 군단위의 지방지회 141개 소와 4만 회원을 가진 조직으로 성장하였고, 일본의 도쿄와 오사카에서도 지회가 조직되었다.

신간회의 비타협적인 운동은 일제의 철저한 탄압을 받게 되었다. 일제는 신간회 본부의 간부들을 체포하고, 또 각 지회에 압력을 가하여 신간회의 해산을 종용하였다. 이와 때를 같이하여 신간회 내부에서도 해산을 촉구하는 움직임이 태동하였다. 신간회를 주도하고 있던 사회주의 진영에서 해체론을 들고 나왔던 것이다. 사회주의 계열 인사들은 1929년 세계 대공황을 계기로 세계 공산주의운동(코민테른)의 지도 노선이 민족주의 진영과 분리하여 투쟁하는 방침으로 바뀌었다는 이유를 내세워 신간회의 해체를 주장하였다. 이리하여 신간회는 1931년 5월 16일, 일제 경찰의 임석 하에 마지막 총회를 열고 사회주의 진영의 일방적인 결의로 해체되고 말았다.

신간회의 해체는 당시 민족독립운동의 역량을 크게 감퇴시켰다. 신간회가 해체됨으로써 민족주의 진영은 말할 것도 없이, 해산을 주장한 사회주의 진영의 독립운동조차 국내에서 발붙일 기반을 상실하였다. 신간회의 해산으로 이익을 보았던 것은 일본 제국주의와 그에 의존하여 살아갔던 일부 반민족적 집단이었다. 그러나 신간회가 비록 해산되기는 하였지만 민족해방투쟁이라는 공동의 명제 아래 좌우 세력이 협동전선을 결성하였던 기본 취지는 1930~40년대의 민족해방운동에 커다란 정신적 자양분으로 작용하였다. 중국과 만주 등지에서 활동하였던 독립운동 세력들은 그 후에도 좌우 합작의 민족협동전선 구축을 위해 끊임없이 노력을 전개하였던 것이다.

6장 식민지 근대화와 사회변동

1) 근대성과 식민성의 교착

서구 제국주의 국가들이 그랬던 것처럼 일본도 조선을 식민지화한 다음, 미개하고 야만적인 식민지를 '문명화'하는 것이 식민정책의 방침임을 표방하였다. 제국주의 국가들은 '서구적 문명화'를 '인류문명화'라는 보편성으로 등치시키면서 식민 민족 고유의 정치·제도·문화를 폐기하도록 강압하고, 제국의 새로운 '국민'이 되도록 하였다. 이는 문명일원론적 관점에서 '후진민족의 선진민족화'라는 문명화론에 입각하여 제국주의의 우월성과 '근대성'을 강조하는 것이었다. 일본은 이러한 문명이식을 '동화(同化)'라고 하였고, 강점기간 내내 조선에 대한 식민지배의

도시화된 경성 거리

조선고무, 별표고무 광고전단

이상임을 내세웠다.

　이러한 식민지 문명화 과정은 피식민지민에게 제국주의가 이식시키고자 하는 문명에 대한 반감과 선망을 동시에 심어주었다. 그것은 동시에 전통에 대한 집착과 부정이기도 하였다. 기존의 삶의 방식에 배어 있는 전통은 문명화를 추진하는 일제에 대한 저항의 근원이 되기도 하였고, 다른 한편으로는 버리고 부정해야 할 낙후성으로 인식되었다. 그 결과 일제에 대한 저항성=전통적, 친일성=근대적이라는 도식이 쉽게 나올 수도 있었다. 요컨대 근대=문명화의 가치를 지배 규율로 작동시킨 일제 지배체제 하에서 전통과 근대는 연속적인 상호작용을 제약 받게 되었고 결국 양자는 대립적인 것으로 이해되었다. 이것은 식민지 하에서 자생적인 근대 주체가 형성되기 어려웠음을 반증하는 것이었다.

　따라서 세계사에서 서구적 근대만이 근대화의 유일한 유형이 아니라는 것을 인정한다면 식민지적 근대는 근대 주체의 형성이 불완전한 가운데 복잡한 양상을 띠었다고 할 수 있다. 현실에서는 전통과 문명화가 대립적인 것만도 아니며, 서구적 근대화의 기준에 일방적으로 적용될 수 없는 것들이 많았다. 제국주의가 근대적·문명적 식민제도 속에서 식민지 근대 인간의 형성을 의도했다 해도, 식민지민의 자기 존재에 대한 정체성은 전통에서 연유한 삶—개인적이든 민족적이든—과 밀접하게 관련되어 있기 때문이다. 더욱이 조선처럼 오랜 기간 자기 정체성의 기반인 언어와 민족, 국가를 영유해 온 경우에는 외래적 근대의 이식이 곧바로 전통의 부정으로 갈 수는 없었다. 예컨대 일본이 조선인을 문명화시키기 위해 세운 근대적 학교들은 근대 지식을 교육하고 일본이 의도한 식민 국민을 만들기 위한 것이었으나, 교육받은 학생들은 한편으로는 식민지배의 규율에 길들여지는 측면도 있었으나 다른 한편으로는 자각된 근대의식이 민족의식을 강화시키기도 하였다. 뿐만 아니라 식민 통치자 측에서도 문명화를 강조하면서 전근대적인 제도나 사상·가치관들을 이용하고 주입하여 왜곡된 근대화를 조장하는 모순을 보였다. 충량한 일본 제국주의의 신민(臣民)을 만들기 위하여 식민지 조선에 봉건적 지주제를 강화하고, 유교사상·관습과 무속 등을 '전통'이라는 이름으로 주입하였던 것은 그 대표적인 예다.

이러한 점에서 20세기 전반기 일제 강점기에 이식된 문명화란 서구의 보편적 기준에 맞춘 근대화를 의미하는 것이 아니며, 식민지배라는 특수성이 적용된 식민지 근대화였다. 식민지 근대화는 정치군사적 지배뿐만 아니라 사회문화적으로 보이지 않는 규율에 의해 왜곡된 근대의 모습을 형성하였다. 그러한 사회변동의 흐름 속에서 형성된 다양한 근대 주체들은 때로는 일제 체제의 문명화에 길들여지면서 다른 한편으로는 식민지 대중으로서의 건강성을 발휘하기도 하였다.

2) 이식 자본주의 경제의 모순

일제 강점 이후 한국은 외견상 공업화나 사회 간접자본이 발전하는 모습을 취한다. 따라서 혹자는 일제 강점 하의 한국은 근대화의 경제발전을 이루었고, 그것이 해방 후인 1960년대 이후 한국의 경이적인 경제발전의 기반을 이루었다고 한다. 그러나 이러한 주장에서 간과하는 것은 경제성장의 주체는 조선인이 아니라 일본인이었다는 사실이다. 근대화를 추진하여도 식민지 주민인 조선인들은 언제나 주변일 수밖에 없었다. 조선의 경제발전을 통해 생산수단을 집중 소유하는 일본인이 증가하였고, 민족별 소득분배도 불평등해져 갔다. 그것은 외형적으로 계량적인 경제성장을 보였다고 하더라도, 그 본질은 수탈에 있었기 때문이다. 수탈을 위한 개발'이었고, '이익을 위한 투자'였던 것이다.

함흥질소비료공장

대표적인 예로 농민소득을 증대시켜 생활을 안정시킨다는 명목으로 쌀의 증산을 추진한 산미증식계획을 살펴보자. 제1차 대전 이후 일본은 일본 국내의 쌀 부족 현상을 해결하기 위해 식민지 한국에 '산미증식계획'을 수립하게 되었다. 이 계획은 1910년대 토지조사사업으로 구축된 농업생산체계를 기반으로 하면서 토지개량과 수리시설의 확충을 통해 쌀 수탈을 강화하는 데 중점을 두었다. 이에 따라 1920년부터 15년 동안 2억 3,620만 원을 들여 42만 7,200정보의 토지를 개량하고 영농방법

〈표〉 1910~1930년 한국의 미곡생산과 수출·소비량

연도	생산고 (천석)	일본 수출량 (천석)	한국인 1인당 소비량(석)	일본인 1인당 소비량(석)
1912	11,568	2,910	0.7724	1.068
1915	14,130	2,058	0.7376	1.111
1917	13,933	1,296	0.7200	1.126
1919	15,294	2,874	0.7249	1.124
1920	12,708	1,750	0.6301	1.118
1921	14,882	3,080	0.6749	1.153
1922	14,324	3,316	0.6340	1.100
1923	15,014	3,624	0.6473	1.153
1924	15,174	4,722	0.6032	1.122
1925	13,219	4,619	0.5186	1.128
1926	14,773	5,429	0.5325	1.131
1927	15,330	6,136	0.5245	1.095
1928	17,298	7,405	0.5402	1.129
1929	13,511	5,609	0.4462	1.110
1930	13,511	5,426	0.4508	1.077

자료 : 조선총독부 농림국, 『조선미곡요람』, 1937.

미곡유출(군산항)

개선을 지도하여 899만 5천 석을 증수하고 그 중 800만 석을 일본으로 반출해간다는 계획이 수립되었다. 일제는 토지개량을 위해 개간사업을 추진하였는데, 이 개간사업은 일본 대장성 예금부와 동양척식주식회사, 식산은행 등의 융자를 받은 일본인 대농장회사가 국유 미간지나 간석지 등을 불하받은 뒤, 조선농민을 동원하여 개간하는 방식으로 진행되었다. 조선농민들은 개간이 끝난 뒤 아무런 권리도 인정받지 못한 채, 수리조합비나 고리대에 묶인 채무노예 상태로 전락했다. 또한 일본의 국가자본·금융자본이 지주제를 매개로 실시한 '산미증식계획'으로 인해 한국인의 쌀 소비는 아래의 표에서 보듯이 일본인 1인당 쌀 소비량의 절반에 불과할 정도로 분배의 불균형이 심각하였다.

지하자원 개발정책을 실시하는 한편, 금비 사용을 적극 장려함으로써 조선질소비료공장 등의 상품판매시장을 확대해 주었다. 이에 따라 일본의 중요 재벌인 미쓰이(三井), 미쓰비시(三菱), 노구치(野口) 등은 방직, 화학, 기계, 금속공업, 광업 부문에 본격적으로 진출하였다.

중일전쟁 이후에는 전시 통제경제를 강화하여 조선의 공업을 군사적으로 재편하였다. 조선경제를 전시통제경제체제로 개편하는 과정에서 일제의 국가자본과 금융자본·독점자본은 총독부의 지원을 받으면서 군수생산 분문에 집중적으로 진출하였다. 그리하여 식량·의복·병기·

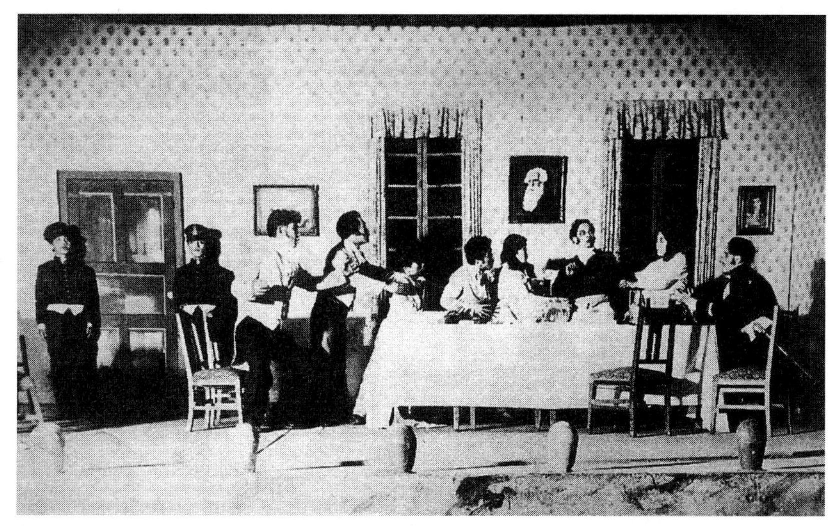

극예술연구회
공연(1932)

탄약 등은 기형적으로 팽창하고 소비재 생산은 위축되었다. 그 결과 조선
내의 농업과 공업, 중공업과 경공업 사이의 불균형은 더욱 심화되었고,
주로 소비재산업에 진출해 있던 조선인 자본가는 급속히 몰락하였다.
1942년 말 현재 조선에 투하된 자본 중 조선인 자본의 비중은 1% 내외에
불과했다. 이러한 상황에서 조선인 자본가들이 일제의 금융기관을 이용
하고 경제적으로 성장하기 위해서는 일제 권력이나 독점자본과 유착하
지 않을 수 없었다. 즉 그 성장의 정도가 높으면 높을수록 일제에의 종속
이 심화되는 것이라고 할 수 있었다.

3) 모던걸, 모던보이의 등장

일제 강점기 사회는 일정한 식민지적 근대 규율이 일상에 정착되면서
근대화·도시화가 진행되었다. 교육, 문화, 노동, 주거, 패션 등 구체적이
고 일상적인 생활 속에서 식민 모국 일본의 모습을 자연스럽게 받아들이
고 근대 서구문화를 향유하는 신세대로서 모던걸, 모던보이(modern girl,
modern boy)가 등장하였다. '근대여(近代女),' '근대남(近代男)'이라고도
불린 이들은 1920년대 이후 제한적이나마 열려진 공간에서 젊은 세대로
서의 진취성과 이념적 진보성, 도시적 소비생활에 익숙한 새로운 식민지
근대 주체로서 형성되었다.

모던걸의 대명사는 '여학생 신여성'이었다. 근대적 여성교육기관인

안석영, 「모던 걸의 藏身運動」, 『조선일보』 1928. 2. 5.

안석영, 「1930년 여름-5」, 『조선일보』 1930. 7. 19.

이화학당이 세워진 이래 '여학생'들은 분명한 근대의 한 주체로 자리 잡게 되었는데, 여학교는 여성해방·남녀평등과 같은 근대적·서구적 가치관을 배출하는 창구 역할을 하였다. 따라서 여학교를 나온 인텔리 신여성, 여학생은 폐쇄적인 규방을 벗어나 근대에 대한 분명한 자기 인식을 갖춘 근대의 주체가 되었다.

그러나 '여학생'을 비롯한 인텔리 신여성 대다수가 근대적 의식을 가지고 진취적이었던 것은 아니다. 오히려 그들 대다수는 근대가 베풀어 주는 새로운 상품을 탐닉하고, 자본주의와 물질문명의 흐름 속에서 부패하고 타락한 모습을 보이기도 하였다. 모던걸의 세태를 묘사한 한 신문의 시사만화에 보면 방학을 맞아 고향에 내려가는 여학생들의 손에는 미쓰꼬시와 조지아 백화점에서 산 화장품들이 들려 있고, 통근·통학하는 전차 안에서 손잡이를 잡고 선 손과 팔뚝엔 '모던'과 '부'를 과시하는 황금팔뚝시계와 보석반지가 번쩍인다. 근대라는 유행에 휩쓸린 여학생들의 몰개성을 희화화한 것이다.

또한 모든 신여성이 부유할 수는 없었다. 실업이 횡행하던 당시로선 여학교를 나왔다고 해도 취업을 하기 힘들었던 것이 식민지 조선의 상황이었다. 그리하여 상당수는 배고픔에 시달려 먹을 것을 해결하기 위해 '유녀(遊女)로서의 모던걸[近代女]'의 길을 가지 않을 수 없었다. 인텔리 여성이 부잣집의 첩이 된다든지, 도시의 거리로 나간 것이다. 당시 고학력 신여성들은 근대적 지식과 정서를 익힌 혜택 받은 존재였으나, 식민지사회의 민족적·경제적·성적 차별을 뛰어넘기에는 힘이 부족하였다. 그리하여 경제적 자립을 이루기 어려웠고, 여전히 봉건적 인습이 강한 결혼이라는 통과의례를 주체적으로 개척할 수 없었다. 또한 고학력의 남학생은 대부분 기혼자가 많았기 때문에 자신들과 교육수준, 생활정서가 비슷한 미혼 남성이 드물었다. 그리하여 신여성은 자유연애를 위해, 경제적 풍요를 위해 또는 집안을 위해 희생하여 첩이나 후처가 되기도 하는 왜곡된 근대 여성상을 보이고 있었다.

식민지 하에서 교육기관이 증가하고, 새로운 지식이 수용되면서 1920년대부터 젊은 지식청년 세대들은 사회변화에서 중요한 역할을 하였다. 진보적이고 진취적인 젊은 세대들의 활동을 반영하듯 '청년'이라는 용어가 하나의 시대적 유행어가 되었고, 이들의 집단적 활동을 상징하는 각종 청년단체들이 결성되었다. 그러나 이념적 진보성과 진취성을 갖는 청년뿐만 아니라 자본주의와 물질문명의 일상화 속에서 식민지 근대 규율에 길들여져 가는 도시화한 젊은이들도 형성되었다. 또 다른 식민지 청년의 자화상이기도 한 이들을 '모던보이'라고 하였다. 당시 모던보이라면 대개 '자본가의 아들, 부르주아의 후예'를 의미하였다. 그들은 근대적인 교육기관을 나와 식민권력에 복속하여 '일류 신사'가 되는 것을 사나이의 꿈으로 삼았다. 그러나 근대적 교육기관이 늘어나면서 교육을 받는 인텔리층의 숫자는 점차 늘어났지만, 이들을 소화할 수 있는 일자리는 부족하였다. 특히 1930년대 중반 이후 식민지 경제는 더욱 악화되어 실업자 수는 점차 늘어만 갔다. 일찍부터 '모던'의 세례를 받아온 가난한 인텔리들은 모던보이를 흉내 내며 모던보이 대열에 합류하기 위해 부단히 노력하였다. 그것은 우선 패션에서 양복을 입는 것이었다. 그래서 그들은 고물상 양복점에서 양복점을 뒤지고, '모던 공간'인 찻집에서 온종일 앉아 있기도 하였다. 1930년대 중반이 되면 한때 이념

「만추풍경1-고물상 양복」, 『조선일보』 1933.10.20.

적 진보성을 견지하던 마르크시스트 청년들까지도 자신들의 생각을 접고 평범한 모던보이로 변모하기도 하였다. 식민지 사회·경제가 일자리를 제공하지 못하는 상황에서 지식인 룸펜이 양산되고, 그들은 마약, 음주, 흡연, 난봉에 빠져 식민지 현실을 외면하고 무력감에 빠져 지내게 되었다. 이는 식민지 근대화를 통해 자본주의적 문명화가 진행되면서 나타난 한국사회의 비극적인 자화상이었다.

4) '대중'의 대두와 대중운동

1920년대 이후는 문화정치라는 제한적이나마 열려진 공간을 활용하여 청년, 농민, 노동자, 여성, 학생 등 대중들이 주요한 사회세력으로 부각된 시기였다. 새로운 사회세력으로서 대중이 부각되고 나아가 민족운동·항일운동의 주체세력으로 대두한 것은 3·1운동이 계기가 되었다. 3·1운동의 전개 과정에서 서울에서는 3월 22일 노동자대회가 열려, 전차종업원·경성철도노동자·만철노동자 등이 파업으로 일제에 저항하였다. 농촌에서는 조선후기 농민봉기 때 등장했던 횃불시위·산상봉화시위·산호(山呼)시위 등이 다시 벌어졌고, 원거리 시위에 참여하는 의도적 시위군중인 '만세꾼'이 등장하기도 하였다. 청년 학생들은 시위와 봉기를 조직하고 그 과정에서 각종 비밀결사를 조직하기도 하였다. 경기도 부천의 혈성단(血誠團), 조치원 청년단, 조선독립단 이원지단(利原支團), 조선독립고흥단(朝鮮獨立高興團), 전남 순천의 도란사(桃蘭社), 대구의 혜성단(彗星團), 조선독립개성회 등은 대표적인 비밀결사였다.

이와 같이 3·1운동이 대중적으로 확산되면서 다양한 대중의 실체가 부각되었고, 이후 민중의 사회적 역량과 역할을 중시하는 인식이 고조되었다. 그리하여 1920년대에는 민중의 활력을 조직화하려는 움직임이 실현되어 전국 각지에서 청년회·노동조합·소작인조합 등 대중운동이 활발히 전개되기 시작하였다. 당시 일본의 경우도 제1차 대전기를 거치면서 일본 경제가 급속히 팽창하는 가운데 사회적 모순의 심화로 노동쟁의가 격증하는 한편 1918년 쌀소동을 계기로 피억압계층의 자기해방을 추구하는 사회 각 분야의 민주적 개조운동들이 전개되고 있었다. 또한 도시 중심의 생활문화, 소비문화가 확산되면서 대중매체를 통한 '개인'

과 '생활'에 대한 요구와 계
몽이 보다 대중적으로 전개
되었다.

청년은 근대적 계몽의 주
체로서 1920년대 새로운 사
회대중으로 부각되었다. 그
리하여 1920년대 전반기에
수많은 청년단체가 결성되
었고, 이들은 문화주의로부
터 사회주의에 이르기까지
다양한 사상적 조류를 접하
면서 청년의 조직화를 도모
하였고, 구성원들은 각 지방

원산 총파업

의 노동운동과 농민운동 단체에도 참여하였다.

1920년대 이후 식민지 한국은 일본 독점자본의 진출이 본격화하면서
공장노동자가 양적으로 성장하였다. 그러나 일제 자본은 보다 많은 식민
지 초과 이윤을 착취하기 위하여 조선인 노동자들에게 민족적 차별 임금
과 가혹한 노동조건을 강요하였다. 농민들 역시 토지조사사업과 산미증
식계획의 결과 토지를 잃고 몰락하여갔다. 1920년대 말 조선인 농민 가운
데 자소작을 포함한 소작농은 81.6%에 달할 지경이었다. 이에 노동자,
농민들의 경제투쟁은 곧 일제에 대한 항일투쟁의 성격을 띠게 되었고,
소작쟁의·노동쟁의는 1920년대 대중운동의 중심이 되었다.

일제 강점기 식민지 교육제도의 정착과 한국인 특유의 교육열은 학생
의 수적 증가를 가져왔다. 학생들은 식민지 교육의 근대성을 습득하면서
도 민족적·사회적 모순을 인지하는 지식인으로 성장하고, 그 결과 학생
운동을 전개하였다. 학생운동은 대개 동맹휴학 형태로 전개되었는데,
식민지 노예교육 철폐, 조선역사 교육, 교내 조선어 사용, 학생회 자치,
언론·집회·결사의 자유 등을 요구하였다. 크고 작은 동맹휴학과 반일
운동은 1929년 광주학생운동으로 그 정점에 달하였다.

7장 일제 말기 전쟁의 광기와 조선인의 삶

1) 전쟁과 식민지 파쇼체제의 강화

1929년 가을 미국에서 시작된 세계대공황을 겪으면서 일본 경제 역시 미증유의 대공황에 들어갔다. 일본은 이 파국적인 경제공황의 돌파구를 제국주의적 팽창정책, 일본 독점자본의 군사적 재편성, 식민지 정책의 강화, 중국 대륙의 침략 등에서 찾아 나갔다. 당시 일본 본국도 이른바 다이쇼(大正) 데모크라시 시기가 끝나고 파시즘(Fascism) 체제로 전환되어 가면서, 일본 독점자본의 군사적 재편성에 기초한 군국주의화의 길로 접어들어 갔다. 본격적인 대륙침략의 계기를 만주사변(1931년)에서 연 일본은 이후 다시 중일전쟁(1937년), 태평양전쟁(1941년)으로 그 침략전쟁을 확대시키면서 식민지 한국에 대한 심한 파쇼통치체제를 실시하였다.

식민지 파쇼통치체제의 강화는 먼저 군사력과 경찰력의 증강에서 시작되었다. '문화정치' 시기에 2개 사단이었던 한국 주둔 일본군은 만주사변 후 곧 1개 사단이 증가되었다. 중일전쟁기를 거쳐 태평양전쟁 말기에는 약 23만 명의 일본군이 한국에 배치되는 한편, 경찰병력도 태평양전쟁이 일어났을 때는 3,212개 관서에 35,239명으로 증가하였다. 특히 비밀고등경찰, 헌병스파이, 경찰보조기관인 경방단 등을 두어 한국인의 일거수 일투족까지 감시하였다.

파쇼체제 강화의 또 하나의 방법은 철저한 사상통제로 나타났다. "일본의 국체(國體) 및 정체(政體)의 변혁과 사유재산 제도를 부인하는" 치안유지법 위반자를 감시하기 위해 조선사상범보호관찰령(1936. 12.)을 만들어 서울·평양·대구 등 7개 소에 보호관찰소를 설치하였다. 중일전쟁을 도발하면서는 조선중앙정보위원회(1937. 7.)를 두고 지식인에 대한 개인적 정보를 수집하는가 하면 사상전향자들의 단체인 시국대응전선사

강제된 신사 참배

상보국연맹(時局對應全鮮思想報國聯盟)(1938. 8.)을 만들어 "사상국방전선에서 반국가적 사상을 격멸하는 육탄용사"가 되기를 강요했다. 태평양전쟁기에 들어갈 즈음에는 사상통제가 더욱 강화되어, 1941년 1월에는 이 사상보국연맹을 개조하여 '야마토주쿠(大和塾)'를 만들고 사상범으로 지목된 사람을 모두 가입시켰다. 1943년 현재 야마토주쿠는 91개 지방에 5,400명이었다.

일제의 파쇼 통치체제는 일반 주민들의 생활 전반까지 철저히 통제하였다. 중일전쟁 발발 뒤인 1938년부터는 국가총동원법이 적용되었고, 국민생활 통제의 모체인 국민정신총동원조선연맹(1938. 7.)이 결성되었다. 이 연맹은 도, 부·군, 읍·면, 동·리 연맹 등의 지방연맹과 각 직장연맹으로 조직되었다. 지방연맹 밑에는 10가구를 단위로 '애국반'을 만들고 세대주를 반원으로 삼았다. 1942년 4월 현재 전국 36만여 애국반에 448만 명의 반원이 있었다. 이 애국반은 정기적으로 반상회를 열어 일장기 게양, 신사참배, 일본 천황의 궁성에 대한 배례, 일본어 상용, 방공방첩, 애국저금 등을 강요하였고, '일본정신 발양주간(日本精神發陽週間)'

‘근로보국주간(勤勞報國週間)’ ‘저축보국주간(貯蓄報國週間)’ 등을 계속
만들어 그 실천을 강요함으로써 힘겨운 침략전쟁을 이끌기 위한 한국인
통제를 지속하였다.

2) 친일파 문제

일제의 한국지배를 위한 대리인·안전판 역할을 한 친일파는 일제
식민지배정책의 산물이었다. 1920년대 ‘문화정치’ 하에서 민족분열정책
의 결과 식민지 조선사회 안에서 구조적으로 양산되기 시작한 친일분자
는 1930년대 후반 일제의 침략전쟁이 확대되고 파쇼통치가 강화됨에
따라 그 질이나 규모에서 급격하게 확산되었다.

1920년대 일제는 ‘문화정치’를 시행하면서 분리통치(divide and rule)
방법을 보다 효과적으로 하기 위해서 친일단체의 조직에 착수하였다.
3·1운동 이후 조선에 부임한 조선총독 사이토 마코토는 ‘조선민족운동
에 대한 대책’을 수립하고 귀족, 양반, 유생, 부호, 실업가, 교육자, 종교인
등 각각의 사정에 맞게 각종 친일단체를 조직할 것을 지시하였다. 그
가운데에서 총독부 당국이 가장 심혈을 기울인 것은 민족주의 지도자들
을 포섭하는 것이었다. 이를 위해 일제는 이념적으로 민족개량주의를
유포시켜 독립의식을 말살시키고자 하였으며, 민족운동을 대일 타협의
테두리 안에 묶어두기 위해 문화운동·자치운동을 유도하였다. 민족주
의 세력을 분열시키려는 일제의 이러한 정책 아래 3·1운동 직후부터
3·1운동에 참여한 명망있는 인사를 친일세력으로 끌어들이고자 하였
다. 총독부는 1921년 5월 이광수를 회유하여 중국에서 귀국시키고, 6월
에는 3·1운동으로 복역중이던 최린·최남선을 가출옥시켜 이들로 하여
금 언론기관을 통하여 ‘문화운동’의 추진과 민족개량주의의 선전을 담당
하게 하였으며, 박영효를 내세워 은밀하게 민족주의자와 타협하도록 하
였다. 이들이 선전한 민족개량주의·문화운동의 골자는 일제의 지배체
제를 인정하는 가운데 조선인의 지위향상을 꾀해야 한다는 것으로서,
실질적으로는 독립을 부정하는 논리였다.

중일전쟁 이후 독립에 대한 희망이 완전히 상실된 채 적극적인 친일
행각들이 시작되었다. 그것은 개인의 선택 이전에 정계·관계·실업

계·교육계·종교계·언론계·문학예술계 등 전 사회 분야에 걸친 친일
구조로서 가동되었다. 중일전쟁 이후 본격적인 친일행위를 한 대표적인
단체 및 인물들을 소개하면 다음과 같다.

국민정신총동원조선연맹은 관·민 일
체의 최대의 황민화 운동조직으로서 전
국에 지역연맹과 그 산하에 애국반을 조
직하여 총독부의 정책협력을 선동하는
데 중심적인 역할을 하였다. 1938년 창립
당시 한국인으로 김성수, 민규식, 김활란,
박흥식, 윤치호, 최린, 한상용, 박영철 등
이 이사로 참여하였다. 이 연맹은 1940년
국민총력조선연맹으로 재편되어 총독
미나미 지로(南次郎)를 총재로 하여 조직
이 강화되었다. 그리고 문화선전활동을
강화하기 위해 문화부를 독립시켰는데
이 때 선임된 문화위원은 김동환, 김두헌,
백철, 박영희, 유진오, 이능화, 이서구, 홍
난파 등이며 여성부 위원으로는 송금선,
이숙종이 선임되었다. 1939년 10월에 결
성된 조선문인협회(회장 이광수)와 그 후
신인 조선문인보국회(1943년 4월)는 국
민총력운동에 발맞추어 시국강연회, 전
쟁문학의 밤, 황민문학건설 등의 활동을
하였다. 이들은 일제의 대동아전쟁의 정

오장(伍長) 마쓰이 송가(頌歌) 서정주

마쓰이 히데오!

그대는 우리의 오장(伍長) 우리의 자랑.
그대는 조선 경기도 개성 사람
인씨(印氏)의 둘째 아들 스물한 살 먹은 사내

마쓰이 히데오!
그대는 우리의 가미가제 특별공격대원…

우리의 동포들이 밤과 낮으로
정성껏 만들어 보낸 비행기 한 채에
그대, 몸을 실어 날았다간 내리는 곳
소리 있이 벌이는 고흔 꽃처럼
오히려 기쁜 몸짓 하며 내리는 곳
쪼각쪼각 부서지는 산더미 같은 미국 군함!

수백 척의 비행기와
대포와 폭발탄과
머리털이 샛노란 벌레 같은 병정을 싣고
우리의 땅과 목숨을 뺏으러 온
원수 영미의 항공모함을
그대
몸뚱이로 내려쳐서 깨었는가?
깨뜨리며 깨뜨리며 자네도 깨졌는가…

당성과 일본군의 필승을 소리높여 외쳐댔고 일제의 승리가 마치 한국인
의 행복과 직접 관련이 있는 것처럼 선전했으며, 마침내는 한국 청년들에
게 침략전쟁의 총알받이로 나갈 것을 강요하였다.

일제와 야합하여 자신과 민족의 혼까지 팔아먹은 인사들이 아무런
반성과 청산 없이 해방된 국가의 지도자가 될 수는 없는 것이다. 친일파
문제는 개인의 처벌 차원이 아니라 식민지로부터 해방된 나라가 새로운
국가를 건설하는 데 선결조건인 식민 잔재의 청산문제와 직결된다. 그러

나 해방 이후 미군정기와 정부수립 초기에 친일파는 처리되지 않았다.

3) 조선의 전쟁기지화와 강제동원

일본은 '만주사변' 때부터 전쟁인력의 부족을 느껴 장차 조선인에 대해 징집제를 실시할 것을 구상하였다. 이러한 구상은 중일전쟁으로 전쟁이 확대된 이후 「육군특별지원병령」(1938년 2월)으로 실행되었다. 지원병령에 따라 약 18,000명 가량의 청년들이 일본군에 '지원'했다. 지원병제도의 실시를 쌍수를 들어 환영한 이른바 '지도계급 인사'들은 막상 지원해야 할 단계에 가서는 남을 권하고 제 자식은 모면하게 함으로써 '지원병'은 가난한 농민의 아들들이 대부분을 차지하였다. 이러한 지원병제는 1944년 태평양전쟁이 막바지에 다다르자 마침내 징병제로 바뀌어

〈표〉 한국인 징용노동자의 강제연행 통계

연도	구분	국민동원 계획 수	연행자 수				
			석탄광산	금속광산	토 건	공장기타	계
1939	일본내	85,000	32,000	5,597	12,141		49,819
	사할린		2,578	190	533		3,301
	계	85,000	34,659	5,787	12,674		53,120
1940	일본내	88,800	36,865	9,081	7,955	2,078	55,979
	사할린	8,500	1,311		1,294		2,695
	남 양					814	814
	계	97,300	38,176	9,081	9,249	2,892	53,398
1941	일본내	81,000	39,019	9,416	10,314	5,117	63,866
	사할린	1,200	800		651		1,451
	남 양	17,800				1,781	1,781
	계	100,000	39,819	9,416	10,965	6,898	67,098
1942	일본내	120,000	74,098	7,632	16,959	13,124	111,823
	사할린	6,500	3,985		1,960		5,945
	남 양	3,500				2,083	2,083
	계	130,000	78,083	7,632	18,929	15,207	119,851
1943	일본내	120,000	66,535	13,763	30,639	13,353	124,290
	사할린	3,300	1,835		976		2,811
	남 양	1,700				1,253	1,253
	계	125,000	68,370	3,763	31,615	14,606	128,354
1944		290,000	82,859	21,442	34,376	157,795	286,432
1945		50,000	797	229	836	8,760	10,622
계		907,300	342,620	67,350	108,644	206,073	724,787

출전 : 이종범 · 최원규 편, 『자료한국근현대사입문』(혜안, 1995), 333쪽.

패전할 때까지 약 20만 명이 징집되
었다.

　침략전쟁 시기 일본이 한국인의
희생을 대량으로 강요한 또 다른 경
우는　　모집·징용·보국대(保國
隊)·근로동원·정신대(挺身隊) 등
을 통한 노동력의 강제 수탈이었다.
일본은 농촌의 값싼 노동력을 '모
집'이라는 형식으로 일본의 토목공
사장이나 광산에 집단동원하였다.
그러나 중일 전쟁 이후에는 「국가
총동원법」을 공포하고 이어 「국민
징용령(國民徵用令)」(1939년)을 실
시하여 많은 한국인들을 침략전쟁
수행을 위해 전쟁터로 끌고 갔다.
이에 약 7백만 명의 한국인이 전쟁
노동력으로 동원되었고 50만 명의
한국인 청년들이 전투인력으로 동
원되었다. 강제 징용된 한국인 노동

징병제 시가행진

자들은 일본, 사할린, 남양 지역의 광산, 토건공사, 군수 공장 등으로
보내져 많은 사상자를 내었다.

　또한 「여자정신근로령(女子挺身勤勞令)」(1944년)을 만들어 12세에서
40세까지의 여자 수십만을 강제로 동원하였다. 이들은 일본과 한국 내의
군수공장에서 일하는 경우도 있었지만, 그 상당한 인원을 중국과 남양
지역의 전쟁지구로 보내 군인상대의 위안부가 되게 하는 만행을 저질렀
다. 위안부는 철저히 폭력에 의한 강제동원을 통해 이루어졌고 그 수는
적게는 8만, 많게는 20만으로 추정된다. 전쟁의 역사는 인류의 역사만큼
이나 길지만 이른바 '종군위안부'를 데리고 다니면서 전쟁을 치른 군대
는 동서고금을 막론하고 일본 군대밖에 없었다. '종군위안부'의 대명사
가 된 여자정신대는 전쟁을 통한 병사들의 사기 증진을 위해 매춘부의
파견을 당연시하는 일본의 성문화가 식민지배를 빌미로 하여 발생시킨

종군위안부

비인륜적인 범죄행위였다.

　일제의 식민지 강점 하에서 대다수 한국인이 겪었을 강제동원의 뼈아픈 상처는 당사자들을 위해서나 한·일 간의 정상적인 관계 개선을 위해서 사실에 입각한 역사적 판결과 치유를 필요로 하는 과제들이다.

8장 해방과 분단의 쌍곡선

1) 2차 세계대전의 종전과 38선

1945년의 해방은 일제 식민지 하에서 계속된 민족해방운동의 성과이
자, 강대국 사이의 대립으로 인해 일어난 제2차 세계대전의 소산이었다.
식민지 시기 전체를 통해 민족해방운동은 부단히 계속되었고 많은 희생
을 치렀다. 그러나 그것은 민족해방의 일차적이고 직접적인 원인이 되지
는 못하였다. 태평양전쟁 말기 각 전선에서 민족해방운동의 군사력은
연합국의 군사력과 분산적으로 공동작전을 폈으나, 불행하게도 그 어느
쪽 군사력도 국내로 진격하여 직접 일본군의 항복을 받거나 무장 해제할
단계에는 이르지 못하였다. 결국 해방은 파시즘 세력에 대항하여 공동전
선을 편 미·소 양 강대국
의 힘에 의해 이루어질 수
밖에 없었다. 따라서 8·
15해방은 자주독립국가의
건설로 직결되지 못하고,
양 강대국에 의한 남북분
단과 군사적 점령을 수반
하는 불완전한 것이 되고
말았다.

카이로 선언(1943. 11.)
이후 얄타 회담(1945. 2.),
포츠담 선언(1945. 7.)에
이르기까지 연합국은 한
국의 독립을 거듭 확인하

카이로 회담

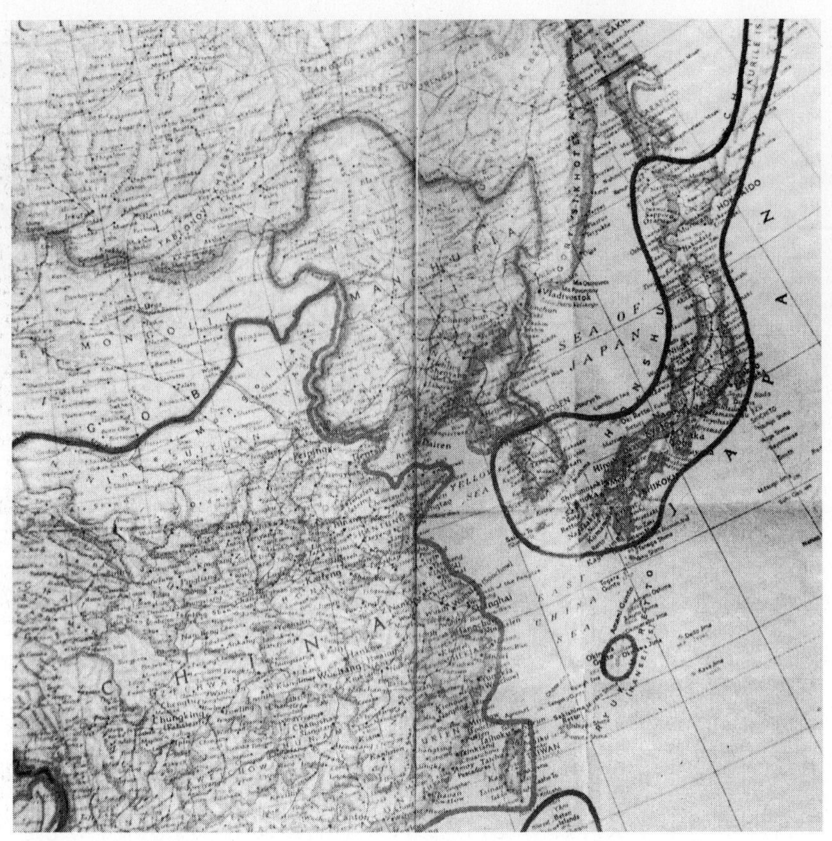

지도에 표시된 38선

였지만, 그것이 즉각적인 독립을 의미하는 것은 아니었다. 제2차 세계대
전은 표면적으로는 파시즘 진영과 반파시즘 진영 사이의 전쟁이었으나
그 속에는 자본주의와 사회주의의 대립, 제국주의와 식민지 약소민족의
대립도 작용하고 있었다. 전쟁이 끝남에 따라 파시즘과 반파시즘 진영의
대립은 해소되었으나 자본주의와 사회주의, 제국주의와 식민지 진영의
대립은 표면화하였다. 그에 따라 우리나라를 둘러싼 국제관계도 변화되
었다.

　알타 회담의 결과에 따라 일본과의 전쟁에 참가한 소련은 만주를 공격
하는 한편 조선의 웅기를 점령하고(1945. 8. 11.) 이튿날 나진과 청진에
상륙하여 계속 남진하였다. 반면 미국군은 아직 오키나와에 진주하여
한반도에 상륙하는 데에는 상당한 시일을 필요로 하였다. 당시 미국은
한반도의 일부라도 직접 점령하고자 소련에게 북위 38도선을 잠정적인
군사분계선으로 삼자고 제의하였다. 소련이 이 제의를 받아들임으로써

미・소군은 남북한에 진주하게 되었다. 자본주의진영의 맹주인 미국과 사회주의 강대국인 소련의 군대가 진주함에 따라 한반도는 자본주의와 사회주의, 제국주의와 민족해방운동 진영 사이의 격전장이 될 위기에 처하였다.

1945년 9월 8일 미군이 인천에 상륙하였다. 9월 9일 그 진주군 사령관 하지(Hodge)와 조선총독 아베 노부유키(阿部信行) 사이에 항복조인이 체결되어 36년간에 걸친 일본의 조선에 대한 식민지배는 끝났다. 그러나 진주한 미국군은 당시 중경(重慶)에 있던 대한민국 임시정부와 국내 건국 준비위원회를 중심으로 선포된 조선인민공화국 어느 쪽도 주권기관으로 인정하지 않았다. 미태평양 방면 육군총사령부의 명의로 "북위 38도선 이남의 조선 영토와 조선 인민에 대한 통치의 전체 권한은 당분간 본관의 권한 하에 시행된다"고 포고하고 군정청을 설치하여 군정을 실시하였다.

미국은 자본주의 국가 건설을 지향하는 정치세력을 지원・육성함으로써 이들을 통해 한반도에서 자신의 이해를 실현하려 하였다. 그리고 일본이 만들어 놓은 거대한 식민지 통치기구가 남한의 효율적인 지배에 매우 적합하다는 판단에 따라, 과거 식민통치 기구를 가능한 한 그대로 유지하고자 하였다. 이에 따라 대체로 친일경력이 있는 자본가・지주 출신의 인사들이 군정의 행정고문이나 고위관료로 임명되었고, 일제 시기의 관료・경찰기구가 부활되었다. 이들은 자신의 기득권을 지키기 위해 미군정에 적극 협력했으며, 미국은 이들을 공산주의에 대한 방파제로 이용하였다.

한편 소련의 북한점령정책은 미국에 비해 소극적이었다. 군정청을 설치하여 직접 통치하는 대신, 행정권을 각 도마다 결성된 인민위원회에 넘겨주고 민정부를 설치하여 영향력을 행사하였다. 그렇지만 소련 역시 한반도에 우호적인 정부가 수립되기를 바랐다. 따라서 5도 행정국에는 소련 전문가들이 고문으로 있었으며 각 지방에는 위수사령부를 설치하였다.

결국 미・소의 한반도 분할점령으로 인해 해방 직후의 상황은 민족분단의 위험이 가장 높아져 갔다.

2) 냉전체제의 형성과 분단정부 수립

모스크바 3상회담

미·소의 한반도 분할점령으로 인해 해방 직후의 상황은 민족분단의 위험이 가장 높아졌다. 반도라는 지정학적인 위치를 이점으로 살린 국제정치상의 완충지대 내지 중립지대로서의 통일민족국가 수립을 위한 민족적 지혜가 어느 때보다 절실히 요청되는 시기이기도 하였다. 그러나 1945년 모스크바 3상회담 이후 신탁통치안을 둘러싼 좌우익의 대립과 외세에 영합하여 분단정권을 세우려는 세력들은 민족 분단의 내적 원인을 제공하였다.

미국·영국·소련 3국의 외상들은 1945년 12월 모스크바에 모여 한반도에 대한 향후 방침을 결정하였다. 그 결정의 주요 내용은 미·소 양군사령부의 대표자들로 공동위원회를 설립하고, 공동위원회와 한국의 민주적 정당·사회단체들이 협의하여 임시민주정부를 수립한 후, 최고 5년간 미국·영국·소련·중국 등 4개 국의 신탁통치를 실시한다는 것이었다.

제2차 세계대전이 끝난 후의 한반도지역을 일본의 지배로부터 분리하여 독립시키되 일정 기간 신탁통치를 해야 한다는 주장은 1942년부터 미국에서 나오기 시작하였다. 카이로 선언에서도 한반도 지역은 즉각 독립이 아니라 '일정한 절차를 밟아서(in due course)' 독립될 것이라는 유보가 들어 있었다. 이 유보에 대해 미국대통령 루즈벨트(F. D. Roosevelt)는 20~30년간의 신탁통치가 필요하다고 했고, 소련 수상 스탈린(I. V. Stalin)은 그 기간이 짧으면 짧을수록 좋다는 묵시적 동의를 표시하였다. 그 후 신탁통치안은 1945년 2월 8일 얄타 회담에서 스탈린(Stalin)에 의해 비공식적으로 승인되었으며 같은 해 12월의 모스크바 3상회의에서 공식적으로 발표되었던 것이다. 이 결정안은 5년간의 신탁통치 실시를 강조하는 미국의 입장과 임시민주정부 수립에 강조점을 둔 소련의 입장이 미묘하게 결합된 것이었다.

신탁통치 지지 시위

　이 결정은 신탁통치 5년 후 친미·친소 및 중립적 정부가 수립될 가능
성이 모두 열려 있는 조건 아래에서 미·소 양국이 각각 한반도에서
자국의 영향권에 드는 정부를 수립하기 위해 시간적 여유를 얻으려 한
타협의 산물이었다. 그럼에도 불구하고 신탁통치는 일본의 식민지였던
한반도지역을 독립시키기 위한 수단이요 과정이었지 신탁통치 자체에
목적이 있는 것은 아니었다. 그러나 그것이 국내에 전해지면서 독립보장
과 임시 민주정부 수립에 대한 내용은 생략된 채, 신탁통치문제만 부각되
었다.

　3상회의 결정이 국내에 전해지자 처음에는 좌우의 정치세력이 모두
반대하였으나 조선공산당을 중심으로 하는 좌익진영은 곧 찬탁(贊託)노
선으로 바뀌었다. 중경에서 귀국한 대한민국 임시정부의 여당격이었던
한국독립당과 국내 지주세력을 바탕으로 결성된 한국민주당 등을 중심
으로 하는 우익진영은 반탁운동을 통해 정치적 세력을 확대하고 진영의
결속을 강화하려 했다. 한편 미군정은 반탁운동을 이용하여 앞으로 있을
미소공동위원회에 대비한 정치적 기반을 마련할 목적으로, 1946년 2월
1일 반탁운동을 주도하던 김구(金九) 중심의 비상정치회의를 이승만(李
承晩)의 독립촉성중앙협의회와 합작시켜 비상국민회의를 조직하였다.
그리고 비상국민회의에서 선출한 최고 정무위원회를 남조선민주위원으
로 개편하고 자문기구로 삼았다. 한편 조선공산당과 인민당, 조선민족혁

이승만, 김구, 김일성

명당, 천도교청우당 등과 3상결정안을 지지하는 각종 사회단체는 미소공
동위원회에 대비하여 민주주의민족전선(민전)을 결성하였다.

1946년 3월 26일 제1차 미소공동위원회가 서울에서 열렸다. 그러나
미국과 소련은 임시민주정부의 수립을 위해 함께 협의할 정당·사회단
체의 선정 과정에서부터 팽팽하게 대립하였다. 소련은 모스크바 3상회의
결정에 반대하는 단체와 친일파를 협의대상에서 제외할 것을 주장하였
지만 미국이 이에 반대하였다. 결국 제1차 미소공동위원회는 5월에 이르
러 결렬되고 말았다.

제1차 미소공동위원회가 결렬된 후 이승만은 이른바 정읍 발언(1946.
6. 3.)을 통해 "남쪽만이라도 임시정부나 혹은 위원회와 같은 것을 조직하
여 38선 이북에서 소련이 철퇴하도록 세계 공론에 호소하여야 할 것이다."
라고 하여 남한 단독정부 수립을 제기했고, 한국민주당을 비롯한 극우세
력의 지지를 받았다. 그 후 12월에 이승만은 미국에 가서 조선문제의 유엔
토의와 미국의 조선정부 수립 원조를 요청하는 외교활동을 벌였다.

1947년 5월 21일 제2차 미소공동위원회가 개최되었다. 서울과 평양을
왕래하며 어느 정도 진전을 보이는 듯했으나 소련 측이 공동위원회 참석
을 위해 등록한 남한측 425개 단체를 118개로 줄일 것을 요구하여 다시
난관에 부딪혔다. 미국은 정체 상태에 빠진 공동위원회를 진전시키기

위한 방안으로 미·영·소·중 4개 국 회의를 요구하면서 보통선거에
의한 남북 각각의 입법기관 설치를 제의하였다. 소련 측은 미소공동위원
회가 임시정부 수립문제를 4개 국 회의로 가져가는 것은 부당하며 임시
입법회의를 구성하는 것은 남북의 분열을 조장하는 일이라 하면서 거부
하였다. 이렇게 되자 미국은 소련의 반대를 무릅쓰고 한반도문제를 유엔
에 이관함으로써 결국 제2차 미소공동위원회도 결렬되고 말았다(1947.
10. 21.). 1947년 3월 트루만 독트린 발표를 전후로 표면화된 미·소 간의
갈등은 냉전시대의 서막을 열었고, 이러한 국제정치의 변화 물결은 한반
도의 분단정부 수립을 예고하였다.

미국은 1947년 9월 17일 한국문제를 유엔에 이관하였고, 11월 5일
유엔 총회에서는 한국임시위원단의 감시 하에 인구비례에 의한 남북총
선거를 실시한 것을 결의하였다. 1948년 1월 23일 북한 당국이 한국임시
위원단의 북한 방문을 거부하자 미국은 남한만의 선거 실시안을 유엔에
제출하였고 이 역시 2월 26일 유엔 소총회에서 통과되었다. 남한 단독
선거는 제주도를 제외하고 1948년 5월 10일 실시되었다. 많은 정치세력
이 선거에 참여하지 않은 가운데 소집된 제헌국회는 헌법 기초작업에
들어가 대통령중심제 헌법을 제정하였다. 제헌국회는 이승만을 초대 대
통령으로 선출하고, 8월 15일 대한민국 정부가 수립되었다.

남한에서 단독정부가 수립되면서 북한에서도 독자적인 정권수립이
추진되었다. 1948년 8월 25일 북한의 각 시군에서는 최고인민회의 대의
원 선거를 실시하였고, 남한에서는 비밀선거를 추진하였다. 그 결과 572
명의 대의원으로 구성된 최고 인민회의 제1차 회의가 9월 2일 평양에서
열렸고, 9월 9일 김일성을 수상으로 하는 조선민주주의 인민공화국이
수립되었다.

3) 한국전쟁과 분단의 고착

한반도에 서로 다른 정권이 들어선 지 2년이 못 되어 한국전쟁이 일어
났다. 남과 북은 각기 자기 체제에 걸맞는 통일국가를 수립하려고 하였
다. 김일성은 1950년 1월 신년사에서 인민군은 전쟁준비가 다 되어 있고
적을 분쇄할 수 있는 마음의 준비가 되어 있다고 했다. 이승만은 1950년

부서진 대동강 철교

6월 14일 올리버(Oliver) 고문관에게 우리들은 김일성 일당을 내쫓고 두만강·압록강을 방위선으로 삼아야 한다고 했다. 한국전쟁이 발발하기 1년 전부터 38선에는 남북간의 지속적인 무력충돌이 발생하여 호전적인 분위기가 조성되었고, 남과 북의 갈등은 악화되어 갔다.

미국은 일본을 군사적·경제적으로 강화시킴으로써 한반도에서의 후퇴를 만회하려 하였고, 한반도를 미방위선에서 제외시킨다는 애치슨(Acheson) 선언을 공식적으로 표명하기도 하였다. 소련은 한반도의 일부 지역에 자신에게 우호적인 정권을 수립함으로써 일차적인 만족을 표시하였으나 북한군의 현대화 등 북한군을 강화시킴으로써 한반도 내의 무력통일 분위기를 현실화시키는 토대를 마련해 주었다.

1950년 6월 25일 오전 4시 무렵 38선 여러 지역에서 북한의 공세로 전쟁이 시작되었다. 북한인민군은 개전 4일 만에 서울을 점령하였고, 3개월 만에 남한의 거의 전 지역을 장악하였다. 미국은 북한의 무력남침을 비난하면서 UN을 소집하여 UN군의 한국전쟁 참여를 결의하였다. 미국이 중심이 된 UN군이 참전하고 중공군이 압록강을 건너게 됨으로써 이 전쟁은 국제적으로 확대되었다. 약 3년 동안 500만 명 남짓한 인명피해와 정치·경제·문화의 황폐화를 가져온 지루한 전쟁이 지속되었다. 밀고 밀리는 공방전을 계속하면서 전쟁이 교착상태에 빠졌을 때, 소련

이 휴전협정을 제기하여 휴전교섭이 시작되었다. 남북한의 좌우지도자
들은 전쟁의 지속을 주장하기도 하였다. 그러나 미국이 '한미상호방위조
약 체결, 경제군사원조의 보장 및 미군의 한국주둔 요구'를 수락하면서
1953년 7월 27일 정전협정에 조인하였다.

　한국전쟁으로 우리 민족은 수많은 인명과 재산의 손실을 입었을 뿐만
아니라, 남북한 정권은 서로 체제 이데올로기를 강화하는 계기가 되었다.
북한에서는 남로당계열을 비롯한 경쟁세력이 숙청되고 김일성에게 권력
이 집중되었다. 남한에서는 반공이데올로기로 정치적 반대세력을 제거
하고 국민의 기본권을 억압하여 이승만 정권이 유지되었다. 그리고 대외
적으로도 미국·일본·중국 등에 커다란 영향을 끼쳐 군사적 차원뿐만
아니라 정치·경제 영역까지 냉전체제가 뿌리를 내렸다. 또한 한국전쟁
은 미·일 안보체제를 성립시켜 병참기지 노릇을 한 일본경제를 부흥시
켰고 일본이 다시 무장하는 길을 열어주었다. 이러한 안팎의 상황 속에서
분단체제는 더욱 고착되었고, 지금까지 한반도는 반세기 넘게 지구상의
유일한 분단국가로 남아 있다.

9장 전후 재건과 경제개발

1) 원조경제와 삼백산업

남북간의 전쟁 결과 국토와 산업시설은 잿더미가 되고 국민의 경제생활은 어려움에 빠졌다. 남북한은 전쟁피해를 복구하기 위하여 피땀어린 노력을 기울였다. 남한과 북한은 각각 미·소로부터 막대한 원조를 받았다. 미국은 제2차 세계대전과 한국전쟁을 거치면서 생산시설을 급속하게 확충하였으나, 전후 경기가 위축되어 생산과잉 상태에 빠져 있었다. 미국은 한국 등 제3 세계 국가들에 대해 '원조'라는 이름으로 이 잉여물자를 반출하였고, 한국전쟁 이후 1950년대 한국경제는 미국의 원조에 크게 의지하며 운영되었다. 미국의 원조는 1948년 이후 1961년까지 대개 면, 밀, 보리 등 농산물과 소비재를 중심으로 하여 약 100억 달러에 달하는 물량이 도입되었다. 이들 물자는 '한미합동경제위원회'의 감독 하에 국내시장에 반출되었는데, 1957년 현재 정부 재정수입 중 원조물자 판매수입이 차지하는 비중은 52%에 달하였다. 그런데 원조물자가 주로 소비재를 중심으로 이루어졌기 때문에, 원조물자를 가공하는 소비재산업이 눈에 띄게 발전하였다. 제분업·방직업·제당업의 이른바 삼백산업(三白産業)을 위주로 한 소비재산업이 발전하여 1961년

국산 설탕의 생산

현재 전체 제조업의 77.3%를 점할 정
도가 되었다. 그렇지만 삼백산업으로
대표되는 1950년대의 공업은 원자재
를 거의 전량 수입에 의존하였으며
소비재 생산에 편중되어 자립적인 경
제기반을 형성하는 데에서는 많은 한
계를 드러냈다. 또한 삼백산업은 정
권과의 유착 속에서 적산불하와 각종
특혜를 통해 성장하였기 때문에 정경
유착과 독점화 등의 구조적인 문제를
야기시켰다.

1950년대 한국경제를 지탱하고
있던 미국의 무상원조가 1957년을
기점으로 세계경제의 침체와 함께
삭감되자 한국의 경제상황은 급속하
게 악화되었다. 경기가 하강하고 성
장률이 크게 둔화된 반면 물가는 크
게 올랐다. 소비재산업의 가동은 거

‘구직’을 써붙인 청년실업자

의 중단되었고 GNP 성장률도 1957년 8.7%에서 1960년 2.1%로 떨어졌
다. 그 결과 중소기업은 더욱 몰락하고 국민의 생활은 극도로 악화되어
실업자가 크게 증가하였다.

2) 한강의 기적

1960년 4·19혁명으로 수립된 장면(張勉) 정부는 실업난의 해소와 경
제부흥을 위하여 경제개발계획과 국토개발사업을 추진하였다. 1961년
5·16 군사 정변으로 정권을 잡은 박정희 정부도 이를 계승하여 수차례
의 경제개발 5개년계획을 추진하였다. 1962년부터 추진된 제1차 경제개
발 5개년계획은 그 추진기구로서 경제기획원을 설치하고, 정부가 경제개
발을 추진하는 통제력을 장악하고자 이른바 ‘부정축재처리’를 통해 재벌
기업이 보유한 은행주식을 국유화하고, 은행에 대한 통제를 강화하였다.

1960년대에는 노동집약적 경공업을 중심으로 한 수출주도형으로 경제구조가 재편되었다. 이는 취약한 자본과 기술수준, 그리고 협소한 국내시장 등의 난점을 풍부한 노동력과 외국으로부터의 차관도입을 통해 극복하려는 전략이었다. 박정희 정권은 1965년 한일국교정상화회담을 통해 일본으로부터 무상원조 3억 불과 재정차관 2억 불, 상업차관 3억 불을 제공받기로 하였으며, 약 5만 5천 명의 젊은이들을 월남에 파병하여 미국으로부터 대규모 군사원조와 1억 5천만 불의 장기차관을 도입하였다. 자본·설비가 취약한 상황에서 적극적으로 외화를 유치해서 경제발전을 추진하는 것은 불가피한 측면이 있었지만, 한일회담과 월남파병 등 반민족적이고 비인간적인 방법으로 외화를 벌어들인 사실은 이후 우리 경제의 왜곡과 파행을 시사해 주는 대목이다. 이 시기에는 매장량이 풍부한 석회석을 이용한 시멘트 공업이나, 주로 여성노동력을 이용한 가발·섬유·신발 등의 부문에서 큰 성과를 거두었다.

1970년대는 중화학공업이 크게 육성된 시기였다. 원자재 수입과 생산물 수출에 유리한 입지적 조건을 갖춘 울산·포항 등 국토의 동남부에 대규모 중화학 공업단지가 조성되어 철강, 조선, 석유화학 등의 부문이 획기적인 발전을 이룩하였다. 울산공단과 포항제철로 상징되는 1970년대의 중화학공업은 경제발전의 측면뿐만 아니라 노동자의 구성에도 중요한 변화를 가져와 근대적 대공장을 중심으로 한 남성노동자들이 증가하였다.

1960~70년대 한국경제는 정부주도의 경제개발이라는 성격이 강한 이른바 '차관경제체제'라고 한다. 제1차 경제개발 5개년계획 이후 19년간 연평균 40.7%의 높은 수출신장률과 20%의 외자저축증가율을 기록하였고, 연평균 8.9%의 높은 경제성장률을 달성하였다. 그 결과 오랜 가난에서 벗어날 수 있었다. 세계는 단기간에 이룩한 경제발전을 '한강의 기적'이라고 높이 평가하였다. 그러나 '한강

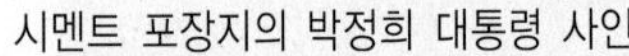

시멘트 포장지의 박정희 대통령 사인

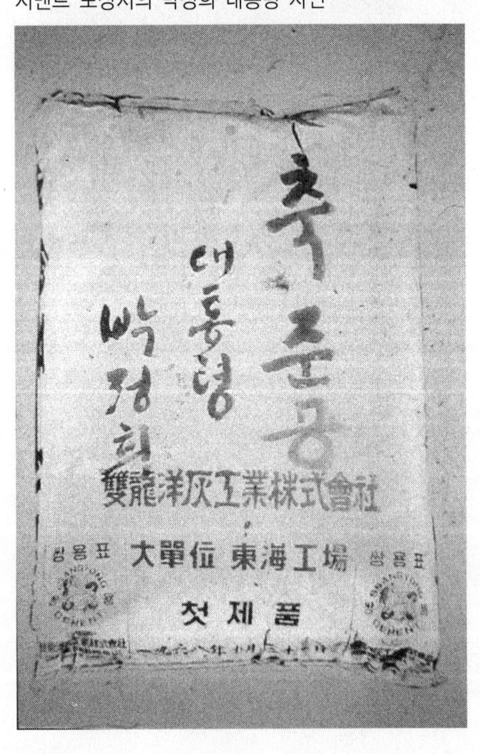

건립 초기의
울산공단 전경

의 기적'은 당시 정부만이 아니라 바로 생산현장에서 묵묵히 땀방울을 흘렸던 '산업역군'들의 희생의 열매였다. 수많은 노동자들이 영세한 사업규모와 열악한 노동환경 속에도 자신의 젊음을 불태우며 생산현장을 지키고, 이글거리는 중동의 태양 밑에서, 독일의 탄광에서 피땀을 흘려 가면서 외화를 벌어들인 결과였다.

근로자들의 일하는 모습(가발 공장)

3) 고도 공업화와 경제발전

1980년대 이후 경제는 1970년대 말 석유파동을 극복한 후 반도체, 컴퓨터, 생명공학 등의 첨단산업과 기계, 전기, 전자, 자동차, 화학 등의 고기술·고부가가치 산업에 중점을 두고 발전하였다. 그리하여 신발·섬유·의류 등의 전통적인 노동집약적 부문은 업종을 전환하거나 혹은 해외로의 진출을 꾀하는 방향으로 나아갔다. 1986년부터 본격화된 이러

미국으로 수출되는
현대자동차

한 산업구조 조정정책으로 인하여 한국경제는 획기적인 수출확대를 이
룩하였다. 특히 자동차와 반도체 부분에서의 발전 및 수출은 비약적으로
신장되었다. 그 결과 한국은 세계 10위권의 무역규모를 가지게 되었고,
1995년에는 경제협력개발기구(OECD)에 가입하였다.

경제가 발전하면서 국민생활도 전반적으로 향상돼 1980년대 말부터
는 서민들도 자가용을 보유하게 되었다. 그리고 해외여행도 자유화되면
서 이전에는 생각지도 못했던 해외 신혼여행이나 자녀의 외국유학 등이
흔한 일이 되었다.

그러나 1990년대 이후 신자유주의로 불리는 전 세계적인 차원의 자유
방임적인 시장경제의 강화와 우루과이라운드 타결, OECD 가입 등으로
수입자유화가 확대되면서 한국경제는 생존 경쟁을 위한 무한경쟁시대에
들어갔다. 더욱이 한국경제의 구조적 모순의 핵심인 재벌중심의 정경유
착 문제는 1990년대 한국경제를 위기로 몰아갔다. 1997년 1월 초에 터진
한보부도사태는 국민들 기억 속에서 사라지지 않을 정경유착의 폐해를

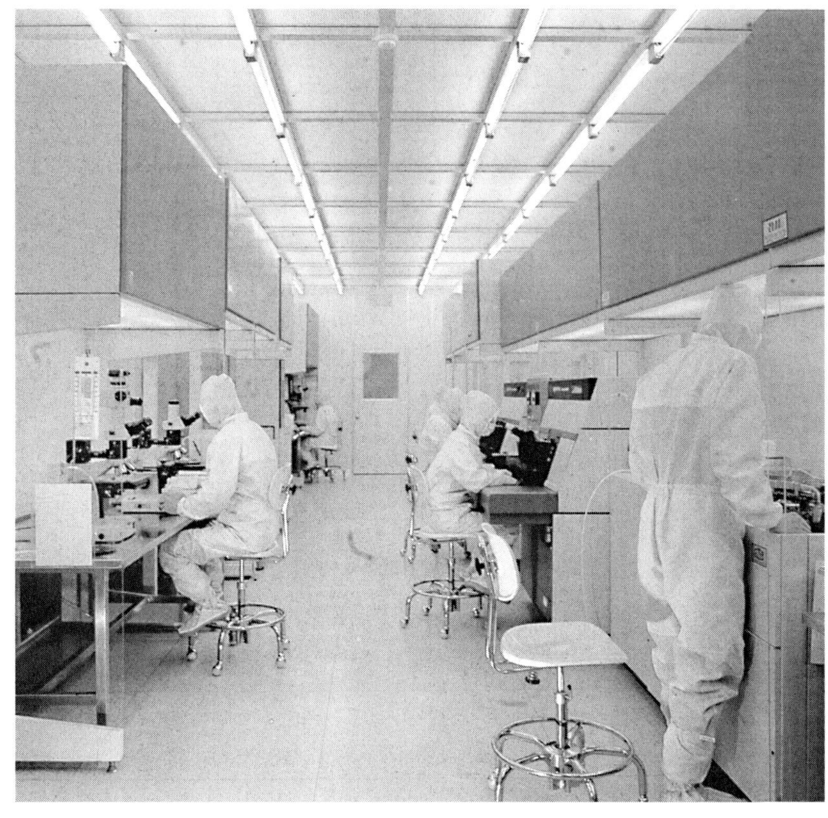

첨단산업의 상징
반도체

보여준 상징적인 사건이었다. 이러한 한국경제의 총체적 위기는 아시아
의 금융위기 속에서 외화보유고의 감소로 1997년 12월 3일 국제통화기
금(IMF)의 구제금융을 요청하는 사태로 이어졌다.

정부와 기업은 수출증가와 구조조정을 통해 외화를 벌어들이고 경제
체질을 강화하는 데 힘썼다. 국민들도 헤픈 씀씀이를 줄이고 금붙이를
모으는 등 외채를 갚는 데 힘을 모았다. 그 결과 한국경제는 2000년에
들어서서 IMF의 기금관리에서 벗어날 수 있었다. 기업도 활력을 되찾아
철강·자동차·반도체·가정제품·휴대폰·조선 등은 세계 시장에서
상당한 경쟁력을 갖추게 되었다. 특히 정보통신 분야의 발전이 두드러져
서 한국은 세계에서도 손꼽히는 IT(Information Technology) 강국으로
부상하였다.

10장 20세기 후반 정치의 굴곡과 민주화의 진전

1) 이승만 정권과 4 · 19혁명

한국전쟁 이후인 1954년 이승만 대통령은 영구집권을 위해 초대 대통령에 한해 3선 제한을 철폐할 것을 주요 골자로 하는 개헌안을 국회에서 변칙적으로 통과시켰다(사사오입개헌). 이승만 정권은 북한의 위협으로부터 국가를 수호한다는 명분 아래 권위주의적 통치체제를 통해 사회 전 영역을 권력유지의 도구로 활용하였다. 이러한 독재정치에 대하여 국민과 혁신세력의 비판이 높아져 갔다. 그 대표적인 중심세력이 조봉암(曺奉岩)이 이끄는 진보당이었다. 진보당은 1956년 조봉암을 대통령후보로 내세워 정치 혁신, 계획성 있는 경제정책의 구현, 민주주의 승리 하의 평화적 남북통일 등의 고양을 내세워 200만 표 이상을 획득하였다. 선거 결과 조봉암은 낙선하였지만, 그가 내세운 정책은 이승만의 자유당정권과 대비되면서 국민들의 많은 호응을 얻었다. 이에 이승만 정권은 1958년 1월 진보당이 국시(國是)를 어겼다 하여 불법화하고 당수인 조봉암과 박정호 등을 간첩으로 몰아 사형에 처하였다. 나아가 혁신세력과 진보적 언론을 억압하기 위하여 신국가보안법을 제정하여 반공이데올로기를 더욱 강화하였다. 이 법은 군사 분야뿐만 아니라 정치, 경제, 사회, 문화 분야 등 국민생활의 거의 모든 영역에 확대 적용한 것으로서 국민의 기본권을 크게 제약하는 것이었다.

이러한 권위주의적이고 국민의 기본권을 제약하며 정권을 유지하였던 이승만 정권은 1960년 3 · 15 부정선거를 통해 장기집권을 시도하였다. 이에 4월 19일 학생을 비롯한 국민이 민주주의의 실현을 내걸고 항거하여 이승만의 자유당정권을 무너뜨렸다. 부정선거 규탄운동으로 시작된 4 · 19혁명은 분단 이후 국내의 정치 · 사회적 영역을 질식시키고 있던

4 · 19시위

암울한 상황을 타개하고 국민의 민주의식에 불을 당김으로써 이후 한국 현대 민주화운동의 효시가 되었다.

4 · 19혁명으로 수립된 장면의 민주당정권은 권위주의를 불식하고 민주주의를 정착시키기 위해 노력하였다. 그리고 단절된 남북간의 대화를 시도하였다. 그러나 민주당 정권은 4 · 19혁명에 의해 나타난 국민의 여망을 제대로 실현하지 못한 채 1961년 5월 16일 박정희(朴正熙)를 중심으로 한 소장 군부세력들의 쿠데타에 의해 무너졌다.

교수단 시위

2) 군사정권

5 · 16 군사정변으로 권력을 장악한 군인들은 우선 군사혁명위원회를 설치하여 입법, 사법, 행정의 전권을 장악하고 비상계엄을 선포하였다. 군사혁명위원회는 이후 '국가재건최고회의'로 명칭을 바꾸고 박정희를 의장에 추대하였다. 군사정권은 '반혁명 세력의 색출 · 제거, 안정적인

5·16 당시 시청 앞의
박정희 등 소장군인들

권력 창출'을 위한 기구로 중앙정보부를 창설하고, 민정 이후를 대비한 민주공화당을 결성하였다. 또한 '정치활동정화법' 등으로 기존 정치인들의 활동을 철저하게 규제하였으며, 모든 정당, 사회단체를 해산시키고 수많은 신문·잡지를 폐간시켰다. 그리고 1963년 총선에서 박정희는 대통령으로 당선되었다.

박정희 정권은 자립경제와 '조국근대화'를 달성한 후 승공통일 한다는 '선건설 후통일론'을 내세우며 반공과 경제개발을 가장 중요한 목표로 내걸었다. 또한 박정희는 미국을 방문하여 경제개발에 필요한 지원을 얻는 대신 한일회담 추진과 베트남 파병을 약속하였다. 그리하여 1965년부터 1973년까지 연인원 31만 여명의 한국군이 베트남에 파병되었다. 1965년 6월 22일 조인된 한일협정은 철저히 비공개로 진행되었는데, 그것은 일본의 과거 조선 지배에 대한 사과도 없고 청구권이 배제되는 대신 경제원조 성격의 8억 불(무상원조 3억, 공공차관 2억, 상업차관 3억)를 제공받는 것을 골자로 하였다. 굴욕적인 한일협정은 당시 대규모의 학생 및 국민의 반대에 부딪혔으나, 정부는 서울 지역에 위수령을 발동하고 각 대학에 휴업령을 내려 이를 무력으로 탄압하였다.

1970년대 초 박정희 정권은 국내외적인 위기상황에 직면하였다. 국내적으로는 외자중심의 경제개발로 외채가 증가하고 부실기업이 늘어나는 한편 독재정치에 대한 국민의 반감이 점차 표면화하였다. 국민의 반감은 1971년 대통령선거에서 부정선거에도 불구하고 야당 대통령후보가 43.6%라는 높은 득표율을 보인 데서 간접적으로 나타났다. 국외적으로는 사회주의권의 이념분쟁으로 소련과 중국이 분열되었고, 닉슨 독트린과 미·중 국교수교로 국제적인 냉전이 완화되면서 화해분위기가 조성되었다. 급변하는 국제정세는 반공안보논리를 정권유지의 강력한 밑받침으로 삼아 온 박정희 정권을 궁지에 몰아넣었다.

이러한 위기 상황을 타개하기 위하여 1972년 10월 17일 비상계엄 선포, 국회해산, 정당 및 정치 활동의

10월유신 국민투표

금지, 헌법의 일부 효력 정지와 비상국무회의에 의한 대행 등을 내용으로 하는 '대통령특별선언'을 발표하고 같은 해 12월 27일에 유신헌법을 공포하였다. 유신체제는 국회의 국정감사권 폐지, 노동3권 제한, 언론통세, 고문수사의 합법화, 사회안전법 제정과 초법률적인 권한을 갖는 대통령의 '긴급조치'로 유지되었다. 유신체제를 반대하는 모든 행위는 긴급조치 위반으로 간주되어 영장 없이 군사재판에 회부되었다.

이러한 유신체제에 저항하는 반독재민주화 운동이 학생, 지식인, 종교계, 야당 등을 중심으로 집요하게 전개되었다. 언론사의 언론자유쟁취투쟁(1979년), YH사건(1979년), 3·1민주선언(1978년). 민주주의와 민족통일을 위한 국민회의(1979년), 부산·마산항쟁(1979년) 등이 유신 말기

광주민주항쟁

에 집중되었다. 유신정권 몰락의 직접적인 계기가 된 부산·마산 항쟁 직후 10월 26일 박정희는 서울 궁정동에서 중앙정보부장 김재규의 총탄을 맞고 사망함으로써, 유신체제는 급속히 붕괴하였다.

박정희의 사망으로 민주주의가 실현될 수 있는 기회가 왔으나, 전두환(全斗煥) 등의 신군부 세력이 민주화의 움직임을 제압하고 다시 정권을 잡았다. 군사독재의 연장을 반대하는 국민의 시위는 1980년 5월에 절정에 이르러, 5월 15일에는 10여만 명이 민주화를 요구하며 서울역에 모였다. 이에 신군부가 5월 17일 비상계엄 확대조치를 감행하자 이에 대항하여 광주와 전라남도 시민이 봉기하였다. 당시 신군부는 군대를 동원하여

전두환 대통령취임식

이를 탄압하였고, 그 과정에서 많은 사람들이 목숨을 잃거나 부상을 당하
였다(광주민주항쟁).

그 후 5월 31일 신군부는 입법·사법·행정이 집중된 '국가보위비상
대책위원회(국보위)'를 만들고, 전두환을 상임위원장으로 하였다. 국보
위는 강압통치로서 국회의원의 정치활동을 규제하고, 172개의 정기간행
물과 614개 출판사를 등록 취소시켰으며, 711명의 언론인·86명의 교
수·611명의 교사·8663명의 공직자를 해직하였고, 사회정화를 명목으
로 4만여 명을 '삼청교육대'로 보냈다. 그 해 8월 27일 전두환이 통일주체
국민회의를 통해 대통령에 당선됨으로써 제5공화국이 탄생하였다.

3) 민주화의 진전

4·19혁명 이후 유신정권 기간 내내 끊이지 않고 지속되었던 민주화를
위한 노력은 신군부에 의한 군사독재에 반대하며 5공화국 시절에도 치열
하게 전개되었다. 이 시기에는 각 부문별로 소규모 활동이 아닌 이념적·
조직적으로 확대 강화된 대중운동이 등장하였다. 노동운동에서는 기업
간·지역간 연대투쟁 방식이 등장하고, 정부의 개방화정책으로 피해가
심해진 농민들이 전국적인 농축산물수입반대운동을 전개하였다. 또한

6월항쟁

표현의 자유를 보여준 독립영화
「아름다운 청년 전태일」 포스터

민주화운동청년연합, 민주통일민중운동연합 같은 운동단체들이 결성되어 민중의 생존권 투쟁에 대한 지지와 헌법개정운동 등을 전개하였다.

이와 같이 각 분야의 사회운동이 활성화되는 가운데 군사독재정권을 종식시킨 전 국민적인 민주화의 열망이 분출되었다. 1987년 박종철 고문치사 사건이 계기가 되어 군사독재 반대, 대통령직선제 등 민주헌법 쟁취 등을 요구하며 6·10국민대회가 열렸던 것이다. 이 운동은 전국 24개 도시에서 500만 명 이상이 참가하여 19일 동안 계속되었다. 이에 전두환 대통령은 노태우 대통령후보를 통해 대통령직선제의 헌법 개정을 골자로 하는 '6·29선언'을 발표하였다. 군사정권의 항복선언이라고 할 수 있는 이 선언에 따라

김대중
대통령취임식

1972년 10월유신 이래 폐지되었던 대통령직선제가 15년 만에 부활되었다.

오랜 민주화운동을 거치면서 국민의 민주의식은 성장하였다. 그러한 민주의식의 성장은 1990년대 냉전체제의 붕괴와 함께 사회 각 분야에서 민주화가 진전되는 토대가 되었다. 정치적으로는 김영삼의 대통령 당선으로 군사정권이 아닌 '문민정부'의 등장을 체험하였고, 1997년에는 김대중의 대통령 당선으로 한국현대사 최초로 여·야의 평화적 정권교체가 뿌리를 내렸다. 또한 1990년대 사회주의권의 붕괴에 따른 탈냉전의 시대 분위기가 확산되면서 반공, 안보, 도덕, 윤리 등 갖가지 금기에 갇혀 있던 욕구들이 분출하였다. 경제발전과 정권안보를 우선하는 정책에 밀려 크게 제약받았던 인권과 생존권이 민주적 삶의 기본 가치로서 정착하였고, 신자유주의 시대의 무한경쟁에 대응하는 다양한 사고와 문화의 패러다임이 새롭게 제기되었다.

그러나 민주화가 많이 진전되었다고 하여도 민주주의가 정치와 생활의 내면에까지 뿌리를 내린 것은 아니었다. 대통령에게 권력이 집중됨으로써 정권을 차기하기 위한 여·야의 싸움이 격렬해지고, 지역간·계층간 갈등의 심화와 정치·행정의 부정부패도 여전하였다. 그리하여 국민들 사이에는 정치에 대한 실망과 불신이 깊어지는 경향이 나타나고 있다.

그러나 이 역시 한국인이 극복해야 할 과제다. 오늘날 한국인은 아시아에서 유례를 찾기 어려울 정도로 정치적 민주주의와 생활의 자유를 누리고 있다. 그것은 모두 한국인이 스스로 얻어낸 것이다. 그러한 저력을 바탕으로 남북분단의 어려운 상황 속에서 지역간·세대간·이념간의 차이를 극복하는 지혜와 노력이 더욱 요구되는 것이다.

11장 20세기 후반 생활·의식의 변화

1) 서구식 생활양식의 확대

미군정과 한국전쟁 이후 미국의 영향력이 강화되고 1960~70년대 경
제개발과 근대화가 추진되면서 서구적 삶이 풍요와 선진의 모델이 되었
다. 유신체제 하에서 실시된 새마을운동은 '잘살아 보세'라는 소득증대
사업과 의식개조사업을 추진하면서 농촌을 중심으로 주택개량 등 환경
개선사업을 추진하였다. 그리하여 황토벽이나 볏짚으로 덮은 초가집을
없애고 석면에 시멘트를 섞어서 만든 슬레이트 지붕을 얹어 붉은 색이나

새마을운동으로
변모된 농촌주택

아파트 단지

분식 권장 포스터

파란 색의 페인트를 칠하였다. 부엌은 아궁이가 있는 재래식 부엌에서 입식부엌으로 바뀌고 가족의 주된 생활공간은 방에서 거실로 바뀌었다.

일상생활의 삶의 공간도 농촌이 아닌 도시로 바뀌었다. 1960년대 이후 산업화가 추진되면서 인구가 대부분 서울 등 대도시로 이주하거나 신흥 공업도시로 몰려들었다. 이에 농촌의 젊은 인력이 대거 도시로 빠져나가 독립세대를 이루고, 부부와 자녀 중심의 핵가족 사회가 일반화하였다. 이와 동시에 도시로의 인구집중은 주택난을 야기하였고, 과밀한 도시주택으로 '달동네'가 등장하거나, 아파트와 같은 공동주택이 지어졌다. 아파트 단지의 등장은 사람들의 라이프 스타일을 바꾸는 중요한 역할을 하였다. 아파트 밀집지역에는 슈퍼마켓이라는 미국식 시장이 들어서고, 아이를 맡길 수 있는 놀이방과 손쉽게 외식을 할 수 있는 다양한 음식점들도 집중되었다.

식생활에서도 쌀밥을 주식으로 하던 우리의 식생활은 열량섭취와 영양상의 불균형 때문에 서구식 식생활로의 개선이 강조되었다. 올바른 영양 섭취를 위한 식생활 개선은 곧 서구식 식습관의

모방을 의미하게 되었고, 중·고등학교에서까지도 서양요리 조리법을
정규 과목에 넣어 가르치기에 이르렀다. 심지어는 영양학적으로 맞지
않는, 서구식 식단의 주식인 밀가루가 쌀보다 영양이 많다는 식의 광고가
나오기도 하였으며 정책적으로 분식이 장려되었다. 이와 더불어 맥주와
커피 등이 일상적인 기호식품으로 생활 깊숙이 들어오게 되었다.

한편 경제발전으로 인해 서구문화가 적극적으로 수용됨에 따라 청년
문화가 급속히 발전하였다. 그 대표적인 것이 미니스커트, 핫팬츠, 장발,
히피 풍이었다. 1970년대에 그룹 '비틀즈'가 전 세계적으로 유행시킨
긴 머리, 통기타 등의 대중문화가 국내에 들어오면서 이들이 즐겨 입던
블루진은 젊음의 상징으로 인식되었다. 한편 낡은 청바지, 장발, 통기타
로 상징되는 청년문화는 지나친 사회규제와 정치적 억압상황 속에서
젊은이들의 답답한 현실로부터의 일탈을 부추겨 대학가와 도심가를 통
해 저항문화의 상징이 되기도 하였다.

1980년대 이후 경제성장과 소득증대는 국민의 생활패턴을 선진국형
으로 바꿔놓았다. 외식문화와 자동차문화의 발달을 통해 소비생활이 변
화되고, 장발단속의 완화, 통행금지 해제·해외여행 자유화·교복 자율
화 조치 등으로 과소비를 낳는 한편, 대중문화의 양적·질적인 발전의
여건을 만들기도 하였다. 1980년대 후반부터 조짐을 보이기 시작한 영상
시대의 화려한 전개는 신세대의 문화소비를 자극하고 오늘날 IT산업의
발전과 함께 매체의 홍수를 이루고 있다. 한편 경제의 발전으로 가계에
여유가 생기고 노동시간의 단축으로 휴식시간이 늘어나자, 국민들은 다
양한 방법으로 여가를 즐길 수 있게 되었다. 도시에는 박물관, 미술관뿐
만 아니라 각 지방자치 단위별로 다양한 문화회관이 건립되고, 대규모의
스포츠시설이 만들어졌다. 각종 테마파크나 대형 할인매장의 등장 또한
변화된 일상생활의 풍속도가 되었다.

2) 개발과 환경파괴의 이중주

우리 사회에서 급속한 경제개발과 산업화가 시작된 1960~70년대는
국토개발의 시대라고 해도 과언이 아니었다. 차관과 외자 유치를 통한
공장건설과 항만·도로 등의 기간산업시설이 집중적으로 건설되기 시작

1920년대 청계천의 광경(빨래터)

복개된 청계 고가 건설 모습

했고, 간척사업도 활발하게 전개되어 한반도 지도가 바뀌었다는 말이 나올 정도였다. 또한 도시화가 본격적으로 진행되면서 하천이 점차 오염되고, 또한 도시개발과 도로망 확충의 필요성 때문에 하천 위를 시멘트와 아스팔트로 뒤덮는 복개공사가 착수되었다. 그 뒤 도시지역에서의 복개공사는 곳곳에서 이루어져 도심에서는 작은 개천마저 찾아보기 힘들 정도가 되었다. 2004년부터 복원공사가 시작된 청개천은 이 때 복개된 것이다.

1960~70년대의 급속한 개발과 공업화에 의해 전국적으로 건설된 공단에서 배출되는 폐수와 대기오염 물질, 인구증가와 도시화로 인한 생활폐수 문제, 도시지역의 대기오염 심화, 도시지역 녹지의 축소와 주택 밀집, 쓰레기 처리문제, 농촌에서의 농약과 화학비료의 남용 문제 등 각종 환경문제를 야기하였다. 그러나 당시에는 이러한 문제가 '개발'이라는 측면에 가려져서 사회적 이슈로 제기되지 않았다.

우리나라에서 환경파괴 문제의 심각성이 서서히 부각된 것은 1990년대 이후라고 할 수 있다. 1980년대 중반 이후 환경문제의 심각성이 알려지면서 민간차원의 환경운동이 시작되었고, 정부차원에서 환경문제에 관심을 갖고 환경 관련 부서를 독립시키는 등 최소한의 가시적인 노력을 보이기 시작한 것은 1990년대 이후였다. 우리보다 앞서 산업화를 경험한 구미의 여러 나라와 일본은 당연히 우리보다 훨씬 먼저 심각한 환경문제를 경험하였다. 이들 나라들은 자국 내의 환경문제에 대해서는 엄격한 법률을 집행하고 있고, 민간차원의 환경운동도 매우 활발한 실정이다. 이제 환경문제는 단순히 우리나라의 환경문제로서만이 아니라 전 세계가 공유하는 환경문제 속에서 풀어나가야 할 시기가 도래하였다. 전 세계적으로 환경친화적인 사업이 각광을 받고 환경오염 문제를 해결하는 산업이 급속하게 성장하고 있다. 환경은 보존한다는 차원뿐만 아니라 환경문제를 심각하

리우 환경협약 포스터

게 고려하지 않을 경우 경제적 성장에도 막대한 지장을 초래할 수밖에 없도록 리우협약(1992년), 그린라운드, 몬트리올 의정서(1987년)를 비롯한 국제간의 각종 환경조약과 협약 등이 계속 체결되고 있다.

그러나 이러한 관심의 증대에도 불구하고 우리 사회의 환경문제는 개발을 추진하는 정부·기업과 환경파괴에 저항하는 민간차원의 환경운동이 치열하게 대립하고 있는 것이 현실이다. 새만금간척사업이나 경부고속철도 천성산 터널 건설문제는 '개발'과 '환경보호'라는 양자의 대립을 극명하게 보여주는 사례들이다. 환경문제는 정부를 비롯한 공공부문이 적극적인 관심과 노력을 기울일 필요가 있을 뿐만 아니라 민간차원의 실천을 통해 더욱 활성화되어야 할 것이다.

2002월드컵을 응원하는 서울 시청 앞의 군중들

3) 국제교류의 증대와 전통문화의 재발견

1988년 서울올림픽과 2002년 월드컵 개최로 한국은 국제적으로 세계 속에서 분명한 자기 존재를 각인시키고 그 역량을 공인받았다. 경제발전으로 거품경제라는 우려 속에서도 한국은 자타가 공인하는 세계경제의 주요 국가의 하나가 되어 선진국의 테이블인 OECD에 가입하였다. 오늘날 한국과 세계의 교류가 넓고 깊어지면서 선진국과의 격차는 많이 좁아졌다. 미국이나 유럽에서나 볼 수 있었던 생활문화는 어느덧 우리 주변에서도 즐길 수 있을 만큼 고급화되고 세계화되었다. 견문을 넓히기 위하여 외국여행을 가거나 자녀를 외국에 유학시키는 일이 흔해졌다. 매년 약 500만 명 이상이 해외여행을 가고, 세계 어디를 가든지 한국인을 만나지 않는 곳이 없다. 또한 스포츠, 문화예술, 국제회의, 과학기술, 사회봉사 등 각 분야에서 국제교류가 빈번해져 이를 통해 한국인은 인류의 발전에 기여하게 되었다.

한편 국제적인 개방과 교류가 증대되고 문화의 세계화가 진행됨에 따라 전통문화에 대한 관심이 증폭하고 있는 것 또한 특징적인 현상이었다. 급속한 경제개발과 근대화는 서구문화에 대한 집착을 가져와 근대화=서구화였고 한국적인 것은 낙후와 빈곤의 상징으로 인식되던 시절이 있었다. 그러나 1990년대 이후 농수산물 수입개방에 따른 우리 농산물 애용운동은 '신토불이(身土不二)'라는 말을 유행시켰고, 서구식 식습관이 가져온 성인병의 증가에 대한 대책으로서 우리의 전통 식생활 습관으로의 전환을 모색하게 하였다. 한국적인 독특한 정서와 소재를 다룬 영화들이 흥행에 성공하고 세계영화계에서 주목받기도 하였다.

세계화시대, 국제화시대일수록 '발전'이라는 서구적 근대화에 대한 환상에 눌려 청산해야 할 잔재나 극복해야 할 대상 정도로 격하되었던 전통문화에 대한 관심이 고양되는 것은 의미있는 일이다. 세계화시대는 문화의 세계화, 문화의 다원화 시대이기 때문에 '우리 것'을 세계문화 속에 섞을 때 세계 속에서 독특한 가치를 인정받을 수 있다. 즉 우리 문화는 세계문화의 일부로서 다른 나라 사람들의 문화를 더욱 풍요롭게 할 수 있기 때문에, 세계화시대가 될수록 과거 앞만 보면서 달려오느라 잊고 있었던 '우리 것'에 대한 가치는 더욱 높아질 것이다. '21세기는 문화의 시대'라는 말이나 '문화도 상품이다'라

「서편제」 포스터

「태극기 휘날리며」 포스터

자연과 인간의
조화를 중시한
한국의 집

는 말은 이러한 우리 역사와 문화의 질적인 비약을 예견하는 표현이라고
할 수 있다. 그러나 전통의 재발견이 '복고(復古)'를 지향하는 것은 아니
다. 전통은 항상 창조되는 것이고, 우리는 오늘날 우리 시대의 전통을
창조하기 위하여 그 기반으로서 잊었던 전통을 오늘로 다시 끌어오고자
할 따름이다. 삶에 대한, 역사에 대한 자기 성찰을 출발점으로 삼아 미래
를 개척하려는 노력이 보다 진지하게 요구된다.

12장 통일을 향한 발걸음

1) 냉전체제 하의 남북관계

제2차 세계대전의 종전에 따른 미·소의 분할점령으로 남북이 분단된 한반도는 지난 50여 년 동안 자본주의 진영과 공산주의 진영의 전초기지로서, 자신의 체제를 수호하고 전파하기 위해 아직까지도 냉전체제가 지속되고 있는 긴장지역이다. 20세기 후반 지속된 세계적인 냉전체제는 한국전쟁 이후 심화된 남북의 반목을 더욱 굳게 만들었지만, 남북의 통일을 위한 노력은 지속되었다.

1950년대 이승만 정권은 반공이데올로기를 내세우며 북진통일론을 내세웠다. 오늘날에는 상식이 되어 있는 '평화통일'을 주장하는 것은 불법이었을 뿐만 아니라, 구체적인 통일론이나 정책이 시도되지도 않았다. 통일론이 활발하게 나오기 시작한 것은 4·19혁명 이후 약 1년간이었다. 이 시기 통일론을 주도한 것은 유도회(儒道會)의 원로이자 독립운동가 출신인 김창숙(金昌淑)이 대표였던 '민족자주통일중앙협의회(민자통)'이었다. 이 때에는 강대국의 개입을 배제하는 민족자주 통일, 남북 직접협상을 통한 평화통일, 한반도의 국제적 중립화를 지향하는 통일론 등이 거론되었고, 민자통은 민간단체의 교류와 서신왕래 및 경제·문화 교류, 남북 공동의 경제발전 계획 추진, 민주적 절차에 따른 남북의 자유 선거 등을 제시하였다. 그러나 장면 정권은 남북교류 시기상조론, 중립화 통일론 거부, 유엔 감시하의 남북한 총선거 실시를 주장하였다.

5·16 군사정변이 일어나면서 일체의 통일운동은 불법화하였다. '반공을 국시(國是)의 제일'로 출발한 군사정권은 국시에 어긋나는 다양한 민간적 통일논의를 '용공(容共)'으로 처벌하였다. 1960년대는 쿠바 사태, 베트남 전쟁 등 세계적으로 동서 냉전체제가 심화되는 상황에서 남북간

대립은 더욱 격화되었고, 크고 작은 충돌이 빈발하였다. 이 시기 북한의 통일정책은 군사문제 우선 해결의 원칙 아래 남북한 총선거안을 기조로 하면서도 과도적인 형태로 연방제를 주장한 것이었다. 북한은 1963년 미군 철수를 조건으로 남북 당사자간의 평화협정 체결을 주장하였다.

1970년대에 들어서 동서 냉전체제가 무너지고 새로운 데탕트 체제가 열리면서 남북의 대결과 갈등 상황에 변화가 일어났다. 미국은 두 개의 한국정책과 한·미·일 삼각 안보체제의 구축을 추진하며 박정희 정권에 남북대화를 종용하였고, 박정희 정권은 세계 정세의 변화와 국내적으로 정권의 위기를 타개하기 위하여 남북대화를 시작하였다. 그리하여 1972년 남북 정상의 지시로 평화적 공존을 천명하는 합의서인 「7·4 남북공동성명」이 발표되었다. 분단 이후 남북교류사에서 하나의 분수령이 된 7·4 남북 공동성명에서는 '자주·평화·민족대단결'이라는 통일 3대 원칙에 합의하였다. 그리고 몇몇 이산가족이 잠시나마 만날 수 있도록 주선하였다. 그러나 7·4 남북 공동성명 발표 후 남북의 정치상황은 각기 통치체제를 강화하는 방향으로 나아갔다. 남한은 10월 17일 '10월 유신'을 선포하고, 북한은 10월 27일 '사회주의헌법'을 제정하여 독재체제를 더욱 강화하였다. 결국 자주적 통일원칙을 표방했음에도 불구하고 강대국들의 '두 개의 한국' 정책에 편승하여 남북 당국은 각자의 통치권

6 · 15
남북정상회담

력을 강화하는 데 이용하였던 것이다.

2) 남북 교류 협력의 확대

남북 간의 대립과 반목이 지속되었음에도 남북 대화와 교류의 물줄기는 멈추지 않았다. 1990년대 초반 사회주의권의 몰락으로 냉전체제가 붕괴되자, 한반도에는 긴장완화의 분위기가 고조되었다. 1991년 12월 남북 고위급회담 제5차 본회담에서는 '남북 사이의 화해와 불가침 및 교육 · 협력에 관한 합의서'를 채택하고, 국제연합(UN)을 비롯한 국제기구에도 함께 가입하였다.

1990년대 후반에 들어 김대중 정권은 경제적 지원을 기반으로 일체의 무력도발 불용, 흡수통일 배제, 남북간 화해 · 협력 적극 추진 등 3대원칙을 제시하고 대북 포용정책을 추진하였다. 당시 북한은 경직된 사회주의 계획경제의 고집으로 경제 상황이 악화되었고, 소련을 비롯한 사회주의권이 몰락하자 경제적으로뿐만 아니라 외교적으로도 고립된 상황에 놓여 있었다. 이에 북한도 남한의 협력을 받아들여 남북의 대화와 교류가 급격히 확대되었다. 남한은 북한에 대해 거액에 달하는 식량, 비료, 현금 등을 제공하였다. 이러한 유화정책이 북한과의 교류, 협력을 증대시켜 남북이산가족의 만남이 자주 이루어지고, 국제경기에서 남북 선수가 한 반도기를 들고 함께 입장하는 분위기도 형성되었다. 또한 남한주민의 금강산 관광을 비롯하여 문화·예술 분야의 인적 교류가 활성화하여, 이질적 존재였던 남북이 하나의 동질성을 향해 가는 역사를 시작했다. 그리고 남북교류에서 정경분리의 원칙을 채택하여, 과거 군사·안보 등 민감한 쟁점 이슈 등과 연계되어 있던 대북 민간 경제협력 교류의 제한을 풀고 과감한 대북 교류의 확대를 추진하여, 경의선 철도 연결사업, 개성 공단 설립 등이 진행되었다.

2000년 6월 15일 남북의 지도자 김대중과 김정일이 평양에서 정상회 담을 개최한 것은 남북관계의 새로운 진전을 상징하였다. 이 회담에서 남북 지도자가 채택한 6·15공동선언에서는 자주적 통일, 연방제 통일, 이산가족 방문, 경제협력의 기본 틀을 합의하였다. 연방제 통일안은 북한 의 과도기적 개념의 낮은 단계의 연방제 통일안과 남한의 연합제 안이 차이는 있으나 공통성이 있다고 인정하고, 이 방향에서 통일을 지향해 나가기로 합의한 것이었다. 남북한이 서로의 통일방안을 두고 팽팽하게 맞섰던 지난 경험에서 볼 때, 이는 분단사상 획기적인 사건이었다.

남북간의 교류와 협력이 진전되었음에도 불구하고 통일의 문이 바로 열린다고 예측하기는 어렵다. 북한은 핵개발 문제로 미국을 비롯한 국제 사회의 신뢰를 얻지 못하고 있고, 경제악화로 탈북자들은 늘어 가고 있 다. 이러한 가운데 미국은 대북 강경파들이 주도하여 2004년 가을 '북한 인권법'을 제정하였다. 남한에도 북한에 대한 일방적인 경제지원에 불만 을 표시하는 목소리도 높다. 남북한이 대화와 교류를 지속하여 화해와 통일을 이루기 위해서는 앞으로 국내외의 신뢰와 협조를 얻는 데 더욱 힘을 쏟아야 할 것이다.

찾아보기